¿LIBERTAD INDIVIDUAL *VS*. BIEN COMÚN?

LECCIONES DE LA PANDEMIA Y *NUDGES* COMO ESTRATEGIA DE VACUNACIÓN

¿LIBERTAD INDIVIDUAL *VS*. BIEN COMÚN?

LECCIONES DE LA PANDEMIA Y *NUDGES* COMO ESTRATEGIA DE VACUNACIÓN

Ronald Cárdenas Krenz

COLEX 2024

© Editorial Colex, S.L.
Calle Costa Rica, número 5, 3.º B (local comercial)
A Coruña, 15004, A Coruña (Galicia)
info@colex.es
www.colex.es

I.S.B.N.: 978-84-1194-711-4
Depósito legal: C 1626-2024

A mi mamá, que me puso en el camino.

A mis maestros, que me llevaron por él: Francisco Miró Quesada Cantuarias, Carlos Fernández Sessarego, Luis Moisset de Espanés y María Dolores Vila-Coro.

A Gaby, Evián y Mateo, que le dieron sentido.

A mi papá, que, desde donde esté, ya debe haber leído estas páginas.

SUMARIO

ABREVIATURAS

PRÓLOGO

INTRODUCCIÓN

CAPÍTULO 1.
JAQUEADOS POR UN VIRUS

CAPÍTULO 2.
¿VACUNARSE O NO VACUNARSE? SOBRE SESGOS, RUIDOS Y OTRAS CUESTIONES QUE INFLUYEN EN NUESTRAS DECISIONES

CAPÍTULO 3
VACUNACIÓN – ASPECTOS JURÍDICOS

CAPÍTULO 4
NUDGES PARA PROMOVER LA VACUNACIÓN (Y OTRAS BUENAS PRÁCTICAS)

CONCLUSIONES

REFERENCIAS BIBLIOGRÁFICAS

SENTENCIAS

ABREVIATURAS

AED:	Análisis económico del derecho
CBE:	Comité de Bioética de España
CE:	Constitución Española
CEDH:	Convención Europea de Derechos Humanos
CPe:	Constitución Política del Perú
LBAP:	Ley Básica de Autonomía del paciente
LGS:	Ley General de Sanidad española
LGSP:	Ley General de Salud Pública española
LGSPe:	Ley General de Salud peruana
LJCA:	Ley de Jurisdicción Contencioso-administrativa
OMS:	Organización Mundial de la Salud
OPS:	Organización Panamericana de la Salud
RGPD:	Reglamento General de Protección de Datos
STC:	Sentencia del Tribunal Constitucional de España
TC:	Tribunal Constitucional español
TEDH:	Tribunal Europeo de Derechos Humanos

PRÓLOGO

La pandemia puso a la humanidad a prueba, poniendo de relieve el derecho a la vida, a la salud y a libertad en formas nunca vistas por nuestra generación.

No cabe duda de la importancia del descubrimiento de las vacunas para afrontar los estragos de la COVID-19 y superar este trance. Sin embargo, los gobiernos se encontraron con amplios sectores de la población reacios a vacunarse, invocando diversas razones, planteándose así la discusión acerca de los límites de la autonomía personal ante la búsqueda del bien común.

En esta circunstancia, los Estados tuvieron que adoptar diversas medidas, algunas más y otras menos impositivas, surgiendo entre otras alternativas la aplicación de *nudges*, como pequeños empujones para orillar a las personas a vacunarse.

La obra que se presenta profundiza, precisamente, en la relación entre la libertad individual y el bien común, buscando extraer algunas lecciones a partir de la experiencia de la pandemia, evaluando la posibilidad de recurrir a *nudges* en situaciones que interesan a la salud pública, sin vulnerar derechos fundamentales.

Constituye para mí una especial satisfacción presentar esta obra, cuyo contenido coincide sustancialmente con el de la Tesis realizada por el jurista peruano Ronald Cárdenas Krenz. Con ella obtuvo recientemente el Doctorado en Derecho Privado por la Universidad Pública de Navarra. Como podrá apreciar el lector, en ella se estudia, entre otros temas de interés, la libertad. Este es uno de los asuntos que, con gran rigor, ha trabajado el autor en sus publicaciones desde que, muy joven, fuera formado en la fundación alemana Friedrich Naumann. De hecho, en sus tesis de Maestría, la libertad ocupó un lugar fundamental y no es casualidad que escogiera el tema de la autonomía de la voluntad para su discurso de incorporación a la Academia Nacional de Derecho y Ciencias Sociales de Córdoba (Argentina) en mayo de 2015.

El tema tratado en la presente obra es relevante y novedoso en el ámbito de nuestro Derecho Civil, configurándose como una valiosa contribución para el conocimiento y la reflexión sobre la materia, que es abordada con gran solvencia, rigor y originalidad.

El lector podrá comprobar, en este sentido, que el autor no sólo realiza un adecuado tratamiento de las fuentes legales, doctrinales y jurisprudenciales, sino que además responde a las principales cuestiones que plantea la problemática analizada desde una interesante perspectiva bioética. Esta cuestión ha interesado al autor desde que, en el año 2000, fundara en la Unifé en el Perú, conjuntamente con María Dolores Vila Coro, presidenta de la Sociedad Española de Biojurídica y Bioética, la primera Cátedra Unesco de Bioética y Biojurídica.

Asimismo, el lector podrá comprobar que el texto de la presente obra es de fácil lectura, sin dejar de ahondar con esmero en las profundidades de su contenido axiológico. En ella queda patente también la gran trayectoria docente del autor que, actualmente, es catedrático y Decano de la Facultad de Derecho de la Universidad de Lima, su alma mater, habiendo sido incorporado por sus méritos académicos como Miembro Correspondiente de la Pontificia Academia para la Vida, con sede en Roma.

Para mí fue un honor y un placer dirigir la tesis de Cárdenas Krenz, a quien agradezco las enriquecedoras conversaciones, en las que, fiel reflejo de su formación humana y académica, quedaban integradas aportaciones de la Ética y de otras disciplinas jurídicas y no jurídicas, ofreciendo un panorama completo e interconectado de los asuntos tratados.

El autor da cuenta de que ningún derecho cuenta con una protección absoluta, pudiendo estos ser limitados en función de diversos valores fundamentales; así como cada uno tenemos derecho a la libertad, no puede su ejercicio individual afectar los derechos fundamentales de los demás; el reto, por tanto, es buscar un adecuado equilibrio, a partir de una debida ponderación de derechos y valores en aparente o real conflicto.

En este conjunto de consideraciones que nos transmite el autor, la presente obra busca plantear algunas coordenadas para salvaguardar la autonomía personal sin afectar la vulnerabilidad del resto, teniendo en cuenta los intereses superiores de la sociedad y la defensa de la libertad. Como reflexión final de conjunto, el Dr. Cárdenas Krenz concluye que, en ese camino, los *nudges* pueden ser una alternativa interesante, complementaria de las políticas públicas de todo Estado para la promoción y cuidado de la salud, buscando conciliar —y preservar— los valores y principios que sustentan nuestro sistema jurídico, como tarea fundamental para recordarnos nuestra condición humana y la importancia de pensar en el otro.

Deseo concluir estas palabras dando la enhorabuena al Dr. Cárdenas Krenz por la publicación de esta obra. En ella, y en otros trabajos suyos publicados, se pone de relieve su elevada formación. El lector, con las diferentes aportaciones provenientes, entre otras disciplinas, del Derecho y de la Bioética, queda invitado a reflexionar sobre esta interesante temática, tan original y minuciosamente tratada.

En Pamplona, octubre de 2024

María Jorqui Azofra

INTRODUCCIÓN

Según la Organización Mundial de la Salud (OMS), a diciembre del 2023, el número de fallecidos por la COVID-19 llegó a más de 7 millones de personas, estimándose que la cifra real sería de 21 millones de víctimas (Negrotti, 2024).

Hemos vivido —o más bien quizás, habría que decir sobrevivido— a una terrible pandemia, de efectos pluridimensionales: sanitarios, sociales, económicos, políticos e incluso existenciales, impactando en forma disruptiva tanto en lo individual como en lo colectivo.

Al habernos dado el tiempo ya cierta distancia desde aquel aciago acontecimiento, podemos intentar verla en perspectiva antes de que desaparezca de nuestras miradas.

Antes de la pandemia, entusiasmados con las mejores condiciones de vida alcanzadas y con el desarrollo de la medicina, cierta arrogancia pareció haberse adueñado de buena parte de la humanidad[1], junto con la pérdida del sentido de la fragilidad de nuestra existencia[2], proclamando tácitamente que las epidemias eran cosa de la historia o de países remotos; que la muerte era, a lo más, una visita lejana, individual y discreta.

Y así, en las últimas décadas, la muerte fue ocupando espacios cada vez más reducidos, sobre todo en la cultura urbana, como resalta Blázquez (2013, p. 112), siendo relegada, disimulada, escondida; y entonces, los difuntos

---

1 «La conciencia de fragilidad y vulnerabilidad del ser humano ha sido uno de los rasgos más comentados, debatidos e interiorizados por todos en este tiempo catastrófico que nos ha tocado vivir. Un virus inesperado ha puesto al mundo entre paréntesis, ha trastocado las formas de vivir, nos ha obligado a aceptar limitaciones que nunca hubiéramos imaginado, nos ha hecho un poco menos arrogantes y seguros de nosotros mismos». (Camps, 2021, p. 6).

2 «A medida que el hombre moderno crecía, perdió ese sentido de su fragilidad: tuvo la impresión de convertirse gradualmente en el amo y señor del universo, de la historia y también de la vida, a través del progreso de la medicina, la tecnología y las formas en que estas podían organizar su existencia. Pero nos damos cuenta —y la pandemia nos ha puesto los pies sobre la tierra a ese respecto— de que esta fragilidad subyacente no se elimina por completo, (...) nuestra fragilidad como humanos sigue existiendo». (Velázquez, 2024, p. 98).

dejaron de velarse en sus casas, el luto que se guardaba por meses se redujo a días, sino a horas; y la incineración de los cadáveres terminó convirtiéndose en algo funcional para evitar las visitas al cementerio.

Mas todo ello se vino abajo con la llegada feroz, mortal y brutal de la pandemia, para recordarnos, más allá de nuestra edad, nacionalidad o situación económica, «nuestra condición de seres limitados, frágiles, vulnerables, en definitiva, mortales» (Blázquez, 2013, p. 115), poniendo en jaque —acaso como nunca— el derecho a la vida, a la libertad, a la salud, al bienestar, a nuestra propia existencia.

No solo se trató de un problema epidemiológico, sino también social y epistemológico, pues nos puso ante la necesidad de pensar el mundo de otra manera (Innerarity, 2020, p. 41), planteando un nuevo *modo de ser* en el orden mundial (Calderón, 2020, p. 55).

Desde el lado de los ciudadanos, la incertidumbre, la impotencia ante la situación, las fracturas sociales, la falta de una cultura de respeto a la ley como mal de diferentes países, y esa mentalidad utilitarista que parecen despertar las crisis, contribuyeron a hacer de la pandemia un pandemónium.

El 5 de mayo del 2023, la OMS anunció públicamente que la emergencia sanitaria por la pandemia había terminado, precisando que, aunque la fase de emergencia —declarada el 30 de enero del 2020— había concluido, ello no significa que haya llegado a su fin, pues sigue siendo una amenaza para la salud mundial. Así, el virus sigue plenamente activo: solo se ha mimetizado, dejando en claro que llegó para quedarse, habiendo hecho los gobiernos e instituciones diversos esfuerzos para propiciar una «sana convivencia».

Así, teniendo en cuenta la advertencia de la OMS, no debemos bajar la guardia ante la COVID-19 (y otras amenazas), pues, aunque ya no estamos ante una emergencia internacional, el virus sigue «mutando y matando», advertía el diario oficial El Peruano en su edición del 14.01.24. Como advierten Moraga y Campins (2023): «COVID-19 remains a health and social problem, and the risks and uncertainties about its evolution are still a threat to global health» (p. 261).

Prueba de ello es que, a inicios del 2024, 1500 personas fallecían cada semana en Estados Unidos por culpa del virus, según diera cuenta el *New York Times* (Jewett, 2024, p. 6).

Sin embargo, el virus pareciera haberse difuminado en nuestra memoria, como algo ingrato que se guarda en el fondo de algún cajón del armario de nuestros olvidos para pretender que no existe.

Ello no deja de tener algo de paradójico, pues en el curso de la pandemia, especialmente en los momentos más álgidos, se hablaba con insistencia —casi como una promesa o invocación colectiva— de la necesidad de aprender de las lecciones que nos iba dejando tan difícil circunstancia. Hoy, que el mal parece haberse disipado y que a la gente parece importarle poco, vale preguntarnos qué tanto hemos aprendido (o podemos aprender todavía si estamos a tiempo) de tan dramática experiencia.

La tarea es esencial porque, entre otros múltiples riesgos, seguimos expuestos a viejos y nuevos males, que incluyen la aparición de patógenos desconocidos[3], invisibles amenazas de carácter químico o el regreso de enfermedades que se creían erradicadas aun en regiones con el desarrollo sanitario de Europa o Estados Unidos. Sin duda, otras pandemias y otros problemas nos esperan.

Después de un terrible año 2020, con millones de muertos en todo el mundo, la aparición y aplicación de las vacunas contra el coronavirus a partir del 7 de diciembre de 2020, coordinada entre los países europeos, generó una gran expectativa[4]. En el Perú, el primer lote de 300,000 dosis de vacunas llegaría el 7 de febrero del 2021.

No obstante, los gobiernos rápidamente se encontraron con la sorpresa de la negativa de muchas personas a recibir las vacunas, aduciendo diversas razones: desconfianza por la rapidez con la que habían sido creadas, miedo a que la vacuna sea más peligrosa que la enfermedad, la idea de que era solo un veneno[5] o una estrategia comercial de la industria farmacéutica, y hasta el temor de que todo era nada más que un pretexto para introducir un perverso chip en nuestros cuerpos para controlarnos.

Vale decir que dichos argumentos se agregaban a otros que ya venían esgrimiendo desde atrás los movimientos antivacunas. Siguiendo a De Montalvo (2022), analizando diversas páginas web, los motivos principales del rechazo serían: causan enfermedad idiopática, disminuyen la inmunidad, hay una infracomunicación de reacciones adversas, se producen solo por obtener ganancias económicas, existe la alternativa de la buena comida o la homeopatía, son contrarias a las libertades civiles, usan en su preparación tejidos de fetos producto de abortos (p. 300).

La relevancia del movimiento antivacunas es tal que, a principios de 2019, la OMS señaló que constituía nada menos que una de las diez amenazas a las que se enfrenta la humanidad»[6].

---

3 «No es raro que se descubran patógenos nuevos. En los últimos cincuenta años, según la OMS, los científicos han identificado más de 1.500, en su mayoría transmitidos de animales a seres humanos». (Gates, 2022, p. 15).

4 Es de señalar que España, junto con Portugal, ha sido el segundo país europeo que ha tenido más éxito en la vacunación (Sebastián, 2022, p. 245).

5 Así, por ejemplo, en diciembre del 2021, un grupo de personas protestaba en Cajamarca (Perú) cuestionando la disposición del gobierno nacional que obligaba a presentar el carnet de vacunación para ingresar a diversos establecimientos, argumentando que las vacunas son «veneno» (Ordoñez, 2021).

6 Véase el siguiente enlace: https://pncq.org.br/es/ptoms-movimento-antivacinas-e-uma-das-principais-ameacas-a-saudeenwho-the-anti-vaccination-movement-is-one-of-the-main-threats-to-healthesoms-pone-al-movimiento-antivacuna-como-una-de-las-p/

Hasta antes de la pandemia, los movimientos antivacunas se oponían fundamentalmente a la vacunación de niños, pero esto se hizo extensivo a toda la población con la pandemia.

¿Cómo explicar el desarrollo del movimiento antivacunas especialmente en los países en donde han tenido mayor éxito los programas de vacunación? Como ha señalado el Comité de Bioética de España (en adelante, CBE), una razón es el olvido en el que han caído muchas enfermedades que asolaban a la humanidad provocando la sensación en la sociedad de que las vacunas ya no son necesarias; también está la idea de que son solo un instrumento de las industrias farmacéuticas para hacer dinero, entre otras razones; así, puede decirse que el principal enemigo de las vacunas es su propio éxito. Junto a ello, se agrega su condición de medicina preventiva y el hecho de que los posibles acontecimientos adversos tienen mucho más eco que los datos que dan cuenta de sus virtudes clínicas (2016, p. 7).

Ante la urgencia de aplicar las vacunas para reducir el número de fallecidos y de pacientes internados en hospitales y clínicas por culpa de la enfermedad, así como para favorecer el más pronto retorno a la normalidad, los Estados decidieron adoptar medidas de la más diversa naturaleza para inducir a las personas a vacunarse; empero, más allá de su efectividad, varias de ellas fueron dejando dudas acerca de su legalidad.

Como parte de la lucha contra la COVID-19, en algunos casos, se apelaba directamente al razonamiento y comprensión de los ciudadanos, pero, ante la urgencia de las circunstancias y la falta de respuestas de la población, tuvo que recurrirse en diversos países a una serie de incentivos indirectos. Así, por ejemplo, aparecieron en España las multas por reuniones con más de 10 personas, o por asistir a fiestas sin mascarilla (pudiendo llegar a los 3.000 euros) (Bohórquez, 2020); en la República Checa, se establecieron multas de hasta unos 400 euros para quienes no se vacunaran, mientras en Austria la norma permitía sanciones de hasta 3600 euros al año por la misma razón, norma que fue suspendida en marzo de 2022 y luego abolida por considerarse desproporcionada.

Otra estrategia fue apelar a personajes públicos o referentes sociales (artistas, deportistas, *influencers,* etc.)[7], ya sea para campañas orientadas a promover el lavado de manos, reportar síntomas o alentar a vacunarse, promoviendo la responsabilidad, el compromiso, la reciprocidad y la solidaridad.

Si hablamos de leyes, es de anotar que un tema insuficientemente abordado es qué ocurrió con el Derecho ante la pandemia. Y es que ella no solo supuso un reto para el sistema de salud y social, sino también para el sistema jurídico,

7 Por ejemplo, Abhijit Banerjee, quien se hizo muy conocido en la India luego de ganar el premio Nobel de Economía, hizo un clip de 2.5 minutos, dirigido a 25 millones de habitantes de dicho país, mediante el cual les pedía reportar a las autoridades sanitarias si tenían síntomas, obteniendo resultados muy significativos.

poniendo en evidencia vacíos y contradicciones, así como su poca capacidad de reacción ante los cambios sociales (Junquera, 2004, p. 120), y entonces se tuvo que «legislar deprisa y sin la debida reflexión» (Martín, 2021, p. 9).

Como observa Álvarez (2021), el Derecho no puede anticiparse a todo; es imposible, especialmente tratándose de crisis extremas. De ahí que resulte comprensible que los Estados hayan debido recurrir a cláusulas generales de necesidad para habilitar a los poderes públicos para actuar ante una emergencia no prevista expresamente por el sistema jurídico (p. 25).

Márquez y Calderón (2020) explican que muchos gobiernos dictaron normas especiales con el propósito de lograr que el estado excepcional al que nos llevó el virus tenga su propia legalidad; otros optaron por mantener hasta donde se pudo un sistema normativo diseñado para épocas de normalidad, situación que puso en tensión «todo el sistema jurídico, obligando a la interpretación y aplicación de unas y otras reglas: las nuevas, buscando su mejor sentido y eficacia, y las antiguas, procurando adaptarlas a las necesidades de la hora» (p. 7).

En ese contexto, el derecho de emergencia o de excepción puede definirse como «los instrumentos útiles y disponibles mediante los cuales se coloniza el «derecho estable» con institutos provisorios para resolver las cuestiones de los derechos de los particulares que se han visto profundamente alterados por la pandemia» (Andruet, 20202, p. 3)[8], debiendo tenerse presente en cualquier ocasión, los principios de necesidad, proporcionalidad, responsabilidad y temporalidad (Aguilera, 2021, p. 49). Puede decirse también que el derecho de excepción es una respuesta política de la Constitución ante situaciones de excepcionalidad precisamente, pudiendo definirse como: «todas aquellas normas constitucionales que tienen una aplicación temporalmente limitada a aquellas situaciones que alteran el normal funcionamiento de la vida del Estado» (Cabanas, 2021, p. 37).

Como señala Parra (2023, p. 21), en los estados de excepción previstos en el artículo 116CE (alarma, excepción y sitio), rige una legalidad extraordinaria o alternativa, que bajo ciertos límites constitucionales, reemplaza a la ordinaria en forma temporal y con criterios de proporcionalidad, afectando el régimen de los derechos fundamentales y libertades públicas.

El régimen de excepción supuso en España que se alterara temporalmente, durante nueve meses, el sistema de fuentes del Derecho, al irrumpir con fuerza y valor de ley los Reales Decretos de declaración del estado de alarma y sus modificatorias, como señala Murillo de la Cueva (2023, p. 24)[9].

---

8 Para Siles, desde la teoría constitucional, el estado de emergencia es un orden constitucional «de reserva», es decir, un régimen constitucional alterno para enfrentar crisis externas que amenazan destruir el Estado constitucional» (Siles, 2021, p. 200).

9 Es importante una atenta valoración retrospectiva del derecho de excepción, a fin de incorporar en el sistema las lecciones de esta experiencia, teniendo en cuenta que, sobre todo a través de la jurisprudencia y la doctrina, se han ido perfilando algunas líneas (aun cuando a veces discutibles) de interpretación constitucional.

Es cierto que, en situaciones dramáticas, el derecho puede relajar sus alcances, mas no por ello debemos caer en el error de pensar que el respeto a la ley solo corresponde en situaciones de normalidad.

> «Debemos desterrar el criterio imperante de que «las normas solo valen para situaciones normales». Y es que, de lo contrario, el Estado termina separándose del derecho; y el derecho sin aplicación es una suerte de «no derecho» (González, 2007, p. 360).

Más allá de la urgencia, lo cierto es que, ante la desesperación frente al mal, cedimos con cierta facilidad, resignación o acaso distracción, a la progresiva limitación de una serie de derechos fundamentales. Pasado el temporal, corresponde ahora analizar con calma el tema y velar porque aquellos derechos que cedimos vuelvan todos a nosotros.

Es interesante anotar aquí lo acotado por Cabanas Veiga para distinguir entre el «Derecho de emergencia» y el «Derecho de necesidad», incluyéndose en este mecanismos no positivizados que se justifican en situaciones en las que el Derecho de emergencia es insuficiente, sustituyendo en forma temporal la legalidad (2020, p. 16).

Ante la complejidad de la situación derivada de la pandemia y los vacíos e insuficiencias del sistema jurídico, frente a los límites de la mera aplicación de normas, los principios empezaron a tomar un rol cada vez más preponderante.

Todo este fenómeno se vio acompañado de un rápido proceso de transformación de los Estados, que se volvieron más proteccionistas ante la crisis, con un paternalismo como estrategia de salud pública; entendido como una herramienta de limitación de la autonomía individual en favor de la propia persona que recibe esa limitación o de una tercera, basada no solo en la ganancia de bienestar colectivo derivada de la obligación generalizada de realizar ciertas conductas y recibir determinadas limitaciones, sino también en la certeza de que no todo el mundo tiene la voluntad, capacidad ni determinación para velar por su propia salud (Padilla y Gullón, 2020, p. 168).

No obstante, ello nos lleva a pensar en hasta qué punto puede un Estado orientar o inducir nuestro comportamiento como ciudadanos, especialmente en materia de salud, sin vulnerar nuestros derechos civiles; cuáles son los límites éticos y jurídicos de la «arquitectura de las decisiones» diseñada desde la administración pública, y cómo evitar caer en un paternalismo estatal o en algún otro tipo de paternalismo ya sea duro o más bien *soft*.

El presente libro trata sobre la libertad individual y los límites de la intervención del Estado en nuestras vidas en el ámbito de la salud, analizados a partir de la experiencia de la pandemia[10].

---

10 Para una mirada a los antecedentes de otras pandemias, véase Carabe (2022, p. 174 y ss.).

Afirma Antonio Cuerda que muchas veces en el ámbito del derecho discutimos no para resolver cuál es la única solución posible a un problema, «sino acerca de cuál de las cuestiones defendibles parece más razonable» (2021, p. 68). En esa búsqueda, puede añadirse, debe tenerse presente los cuatro objetivos para toda investigación que plantea Junquera (2019, p. 505): Ayudar para conocer la realidad, aumentar el conocimiento o generar conocimiento que sea universalizable, favorecer el desarrollo de la sociedad en conjunto y favorecer el desarrollo personal y de la especie. El lector dirá qué tanto hemos cumplido tales propósitos.

En el intento de ser fieles a esas premisas, la presente investigación, después de revisar algunos aspectos fundamentales de la pandemia y estudiar el tema de la obligatoriedad de las vacunas, busca analizar jurídicamente la aplicación de *nudges* desde el Estado, como medida para promover buenas conductas ciudadanas en materia de salud, teniendo en cuenta el interés social a la vez que la libertad individual.

El término —de origen inglés— puede traducirse como aquel pequeño golpe —por lo general con el codo a la altura de las costillas—, que le damos a una persona que está a nuestro lado a fin de que reaccione, llamar su atención o avisarle de algo, siendo de destacar que en las últimas décadas, se ha puesto de relieve su uso[11] como mecanismo para influir positivamente en el comportamiento de las personas y alentar conductas socialmente valiosas, fomentando la responsabilidad individual en aras del interés colectivo. De hecho, se aplican ya (y pueden aplicarse mucho más) para promover buenas prácticas sanitarias, fomentar buenos hábitos, cuidar nuestras vidas, etc., en lo cual habremos de incidir en las siguientes páginas.

Para tener una idea más clara de la relevancia del tema, es preciso señalar que, actualmente, existen más de 200 unidades *nudge* en el mundo, junto con variados documentos y recomendaciones para su uso emitidos por instituciones como la ONU, la OCDE, la UE, el Banco Mundial, el BID y otras, demostrando así la vigencia y vitalidad de las aportaciones conductuales (Ponce, 2022, p. 39).

Resalta Rivero que los avances en diversos países desarrollados demuestran que «estas herramientas posibilitan logros de gestión pública sin los costes económicos o de limitación de libertades de las técnicas clásicas», advirtiendo, sin embargo, que en España existe una práctica desatención a tan relevante debate del Derecho público contemporáneo, demostrando que las ciencias jurídicas y sociales en el país tienen su propia agenda, no siempre en conexión con las tendencias internacionales, lo que se evidencia en

11 «Aunque no es fácil delimitar los perfiles de la categoría, tengo para mí que el estudio del nudging puede revelarse de gran ayuda con vistas a proveer de más sustancia, de mayor articulación y sofisticación, y a ampliar el catálogo con nuevas técnicas» (Cierco Seira, 2021, p. 321).

«las muy escasas aún contribuciones sobre esta innovación trascendente» (2022, pp. 16-17). Ponce, por su parte, menciona que, a la fecha, «las aportaciones conductuales han tenido poca influencia académica» (2022, p. 34), mientras Cierco resalta que, en el tema de la vacunación, el derecho conductual «pueda aportar respuestas muy efectivas a través de estímulos sencillos o *nudges*» (2022, cap. VI).

De esta manera, el presente trabajo busca proponer algunos términos en los que debe plantearse, dentro de la post-pandemia, la relación entre ciudadanos y Estado en materia de salud, teniendo en cuenta las vivencias experimentadas en estos tiempos recios, incidiendo en el ámbito de la vacunación.

Vale decir que el libro que el lector tiene en sus manos, constituye la tesis de Doctorado en Derecho Privado por la Universidad Pública de Navarra y la Universidad de Salamanca por parte del autor, investigación que se plantea los siguientes objetivos:

- Extraer algunas lecciones de la pandemia desde la perspectiva de la libertad y el bien común, enfatizando el tema de la obligatoriedad de las vacunas.
- Evaluar, en el contexto de la pandemia, la juridicidad de la aplicación de diversos incentivos por parte del Estado para motivar o inducir a las personas a vacunarse.
- Estudiar el concepto de *Nudge* y analizar su aplicabilidad y posibilidades desde el Derecho en materia de salud, teniendo en cuenta el concepto de paternalismo libertario y la idea de la «arquitectura de decisiones».
- Determinar en qué medida las acciones del Estado orientadas al bienestar público en materia de salud, pueden colisionar con la libertad individual de las personas.
- Proponer acciones que, sobre la base de la idea de *Nudge,* pueda realizar el Estado para promover el bienestar ciudadano en materia de salud sin violar sus derechos fundamentales.

Acotando el tema, debemos señalar que el estudio se restringe al ámbito del derecho civil, teniendo en cuenta el derecho a la salud, y —como queda dicho— partiendo fundamentalmente de la experiencia del coronavirus.

Para el efecto, se seguirá como metodología un estudio doctrinal, jurisprudencial y normativo sobre la materia.

En cuanto a la estructura del trabajo, en el primer capítulo se pasa revista a algunos aspectos fundamentales de la pandemia, para luego abordar el tema de las vacunas y analizar la cuestión de su obligatoriedad o no, así como el enfrentamiento entre la autonomía individual y el interés colectivo, la libertad y el bien común.

Para una mejor comprensión de cómo no obstante las duras experiencias vividas con la pandemia, una vez aparecidas las vacunas muchas personas se negaron a vacunarse, en el segundo capítulo se estudia cómo tomamos decisiones, teniendo en cuenta los aportes de la psicología conductual, la economía conductual y la neurociencia, observando que existen factores que influyen en nosotros de los cuales no somos conscientes, como son los sesgos y los ruidos.

Seguidamente, en el tercer capítulo pasamos a evaluar diversas cuestiones jurídicas vinculadas con la materia, para luego, en el cuarto capítulo, evaluar la posibilidad de recurrir a *nudges* como una alternativa, por lo menos temporal e inmediata, para promover buenas conductas ciudadanas, desarrollando el concepto y exponiendo sus aplicaciones, ventajas, riesgos y limitaciones.

Cuestión importante a precisar es que, el presente trabajo parte del supuesto de la idoneidad de las vacunas contra el coronavirus; en tal sentido, no se entra en el análisis de su composición ni de sus efectos químicos o biológicos, pues no son cuestiones de naturaleza jurídica ni corresponden al sentido de la investigación. Las vacunas han demostrado su efectividad y si bien puede haber algunas reacciones adversas, hasta donde se conoce hoy en día, ellas no son considerables.

En cuanto al escenario de estudio de la investigación, esta aborda el ámbito español y el peruano, teniéndose en cuenta las diversas normas dadas con motivo de la pandemia.

Sirvan estas líneas para dejar constancia de mi agradecimiento a la valiosa y rigurosa asesoría de la Dra. María Jorqui Azofra, quien me honrara al dirigir la tesis y prologar este libro, haciendo precisas acotaciones para enrumbar el trabajo con minuciosa diligencia.

Como sabe todo doctorando, la ruta a recorrer para hacer la tesis suele estar llena de vicisitudes que pueden hacer naufragar cualquier travesía o dejar varado el proyecto, por lo que debo dar las gracias también a la Dra. María Ángeles Egúsquiza Balmaseda por su motivación para que tanto la tesis como el libro lleguen a buen puerto.

Suele decirse en las investigaciones que el autor se declara neutral, pero hay temas como la vida y la libertad, respecto a los cuales no podemos ser indiferentes ni tibios, pues nos comprometen a todos no solo como juristas, sino fundamentalmente como seres humanos.

Finalmente, las siguientes páginas no pretenden dar por acabados los temas que se plantean; todo lo contrario: Si ellas logran motivar la reflexión, nos daremos por bien servidos, más allá del destino adonde nos lleve la razón.

CAPÍTULO 1

JAQUEADOS POR UN VIRUS[12]

Pasada la crisis sanitaria provocada por la COVID-19, debemos mirarla retrospectivamente para rescatar algunas lecciones que nos dejara, desde la incertidumbre que nos invadiera con el advenimiento de la pandemia, hasta la esperanzadora[13] aparición de las vacunas, revisando los mecanismos utilizados por el Estado para inducir a las personas a vacunarse[14], incluyendo la aplicación de *nudges* como estrategia.

Con ese propósito, el presente capítulo trata sobre la aparición y las acciones tomadas a partir de la llegada de la pandemia y el posterior descubrimiento de las vacunas, haciendo referencia a sus alcances y significado, analizando algunos casos importantes de afectación de la libertad individual y de tensión en la relación individuo-Estado.

1.1. Y, de pronto, una pandemia

El coronavirus, que apenas mide una milésima parte del cabello humano (Navas, 2020, parr. 1), llegó para alterar nuestras vidas en sus más diferentes ámbitos y dimensiones, planteándonos dudas, temores e interminables interrogantes.

---

12 Algunos avances del presente capítulo han sido publicados en: Cárdenas Krenz (2023) y expuestos en el Workshop «Los desafíos bioéticos de One Health», organizado por la Pontificia Universidad Católica de Chile el 30.03.2023; en el ciclo «Tertulias Bioéticas», organizado por el Instituto de Bioética de la Universidad Católica Argentina el 14.06.23; y en el IX Congreso Internacional de la Redbioética/UNESCO, organizado virtualmente desde México el 17.11.23.

13 Como dijera Cobo del Solar (2021): «si de vivir se trata y no sólo de sobrevivir, lo cierto es que el hombre no puede vivir, en el sentido pleno del verbo, sin esperanza» (p. 33).

14 Señala De Montalvo que serían los chinos quienes, en el siglo VI, empezaron a usar la vacunación para enfrentar la viruela, aunque los primeros registros escritos serían recién del año 1000 aproximadamente; empero, el primer intento científico para controlar una enfermedad de esta manera sería el de Jenner; luego vendrían los estudios de Pasteur con el virus del cólera aviar (De Montalvo, 2022, p. 298).

Como dice Morin (2020), la pandemia significó que entráramos a una era de las incertidumbres (p. 20), a un mundo distinto, solo entendible (de ser ello posible) sistémicamente y desde la complejidad. Acostumbrados a pensar en términos lineales, tuvimos que enfrentarnos a una crisis de efectos ciertamente exponenciales (Larson, 2021, p. 48).

Así, un pequeño virus, de aun incierto origen[15], puso con desparpajo ante nosotros muchos de nuestros mayores miedos, la fragilidad de nuestra existencia, nuestra vulnerabilidad, la ingenuidad de nuestra autosuficiencia, la provisionalidad de nuestras certezas[16].

El coronavirus vino para alterarlo todo, llevándose de encuentro millones de vidas, trayéndonos impensables angustias y un encierro forzado, sacando a relucir lo mejor y lo peor de nosotros; mientras que, en lo político, ponía en evidencia que la acción fundamental de un gobierno tiene por objeto la organización de la incertidumbre (Innerarity, 2021, p. 12).

La pandemia puede entenderse como una invitación a pensar, no solo para entender este nuevo mundo, sino también a nuestro ser en él.

Desde el inicio hasta el fin oficial de la emergencia sanitaria el 5 mayo del 2023 (un período de 3 años y 3 meses)[17], aun cuando la cifra oficial sea de alrededor de 7 millones de fallecidos, es probable que la cifra real sea alrededor del triple, según lo declarado por el propio director de la OMS[18]; ello sin contar las personas indirectamente fallecidas en dicho contexto[19]; pareciera entonces que la pandemia no ha acabado para todos[20].

---

15 Así, a mediados de setiembre del 2023, el Director de la OMS, Tedros Adhanom Ghebreyesus solicitó al gobierno de China pleno acceso para el envío de una nueva misión de expertos para averiguar el origen del Covid-19 (Diario El Comercio. Lima, edición del 18.09.23). Como dice Martín (2021): «no hay coincidencia sobre su modo de aparición, sin que se pueda descartar, incluso, la voluntad o, al menos, la desidia, cuando no el error» (p. 7).

16 «Lo que se acaba (se acabó hace tiempo y no terminamos de aceptar su desaparición) es el mundo de las certezas, el de los seres invulnerables y el de la autosuficiencia. Entramos en un espacio desconocido, común y frágil; un mundo que tiene que ser pensado sistémicamente y con una mayor aceptación de nuestra ignorancia irreductible, cuando se nos hace manifiesto que debemos aceptar nuestra inserción material y corporal en un entorno natural que no es una mera externalidad o un recurso y que nos introduce en comunidades de afectación para las cuales tenemos que diseñar nuevas formas de protección» (Innerarity, 2020, p. 42).

17 En España, el fin de la crisis causada por la COVID-19 fue declarado el 04 de julio de 2023.

18 Redacción (5 de mayo de 2023). La OMS declara el fin de la emergencia sanitaria global por la covid-19. BBC News Mundo. https://www.bbc.com/mundo/noticias-65500141

19 Un dato a considerar es que cuando tenemos que enfrentar virus como el COVID, el problema no son solo las muertes que pueda causar por sí mismo, sino que deben considerarse además los decesos que produce indirectamente; así, por ejemplo, hasta diciembre del 2021, la cifra oficial de muertos por COVID-19 era de 5.9 millones, mientras que el exceso de mortalidad global ascendió a unos 17.4 millones (Gates, 2022, p. 38).

20 Se ha advertido que la pandemia puede ser todavía un riesgo para personas con ciertas discapacidades que pueden tener sistemas inmunológicos suprimidos u otras condicio-

En Estados Unidos, los Centros para el Control y la Prevención de Enfermedades (CDC), estiman que, en dicho país, los fallecidos por la enfermedad han sido de 1.1 millones de personas (Ang, 2023).

Según cifras oficiales de la Organización Mundial de la Salud[21], al 25 de mayo del 2024, el número de fallecidos por la COVID-19 en todo el mundo es de 7,049,376, de los cuales las víctimas en España llegan a 122,000, mientras en el Perú la cifra asciende a 221,000.

Otro dato de interés es que, según Fortune, el costo económico de la pandemia de COVID-19 en los EE.UU. alcanzaría los $ 14 billones a fines de 2023 (Hlavka, J. *et al.*, 2023). Respecto al Perú, señala Basombrío (2023): «Su magnitud de cataclismo se puede resumir en que, con 219,539 muertes, la mortalidad per cápita del Perú fue la peor del planeta» (p. 18).

Solo como referencia, hay que mencionar que La Plaga de Justiniano dejó 30 millones de fallecidos, la Peste Negra acabó con la vida de unos 200 millones, la llamada «Gripe Española» con más de 150 millones y el SIDA con más de 25 millones (Álvarez *et al.*, 2020, p. 20).

Era el 17 de noviembre de 2019, cuando en la ciudad de Wuhan, en China, se detectaba el caso de una persona de 55 años infectada por un virus hasta entonces desconocido; en los siguientes días fueron apareciendo más casos y pronto se descubriría que varios de los enfermos tenían en común que trabajaban en el mercado de dicha ciudad; empero, la información era censurada desde el gobierno.

El 31 de diciembre del 2019, la Comisión Municipal de Salud de Wuhan informa de un conglomerado de casos de una «neumonía viral» en dicha ciudad; se sabe de infectados en estado crítico y reconoce que varios de ellos trabajaban en el mercado de dicha ciudad (el cual se cerraría el 1 de enero). Era la primera comunicación oficial sobre el virus. Tres semanas después, China decretaba el confinamiento.

El 7 de enero del 2020, China informaba la identificación de un nuevo tipo de coronavirus como causante de las patologías, el cual pasó a denominarse SARS-CoV-2; su secuencia genética la compartiría con la comunidad internacional el 12 de enero, para poner en marcha el diseño de tratamientos y vacunas (Parra, 2023, p. 13).

El 30 de enero de 2020, la OMS declararía que la epidemia era una emergencia sanitaria de preocupación internacional —al día siguiente se detectaría el primer caso de coronavirus en España— y el 11 de febrero le pondría el nom-

nes de salud subyacentes, las cuales podrían tener mayores dificultades para acceder a recursos económicos debido al fin oficial de la emergencia sanitaria (Schulz, 2023, p. 6).

21 https://data.who.int/dashboards/covid19/deaths

bre oficial con el que todos la conoceríamos: COVID-19. Ese día aparecía por primera vez en internet dicha palabra, que rápidamente se haría universal[22].

El 3 de marzo de 2020 se haría público el primer caso de coronavirus en Argentina y Chile; en el Perú, sería el 6 de marzo, procediéndose a declarar el estado de emergencia sanitaria el 11 de marzo y el estado de emergencia previsto en el artículo 137 de la Constitución peruana el 15 de marzo[23].

Era el 11 de marzo de 2020, cuando la OMS declaraba que la COVID-19 era una pandemia[24]. En ese momento, en el mundo había ya 118.000 casos, distribuidos en 114 países y se contaban 4.291 fallecidos (Illa, 2022, p. 62).

Lo que sucedió a partir de ahí es historia conocida: estado de emergencia / estado de alarma, resistencia al uso de mascarillas, compras de pánico masivas en supermercados (especialmente de papel higiénico, ya sea en América Latina, España, China, etc.)[25], controles sanitarios en aeropuertos, confinamiento social[26], toque de queda u órdenes de inmovilización ciudadana (entre otros eufemismos), aplausos desde los balcones por la noche, escasez de algunos productos, incertidumbre creciente, distanciamiento

22 Al momento de redactar estas líneas, al escribir «COVID-19» en Google, aparecen cerca de 7,630,000,000 resultados en 0.53 segundos.

23 Mediante Decreto Supremo N.° 044-2020-PCM, el gobierno peruano declaró el estado de emergencia por 15 días en todo el territorio nacional, por catástrofe sanitaria, procediendo a suspenderse los derechos a la libertad personal, a la libertad de tránsito, a la inviolabilidad de domicilio y el derecho de reunión, según lo previsto en la Constitución; dicho estado se iría prorrogando sucesivamente. Como señala Suárez (2023), la medida cumplió con el test de proporcionalidad, estando el accionar estatal enmarcado en la Constitución, teniendo en cuenta además que las medidas adoptadas se fueron flexibilizando de acuerdo a las circunstancias y las nuevas informaciones sobre el virus (p. 213).

24 A propósito del término, es de tener presente que «SARS-CoV-2 es el nombre del virus que causa la enfermedad COVID-19. En rigor, el nombre COVID se aplica a todas las enfermedades provocadas por los distintos coronavirus. La COVID-19 es solo una de ellas (el 19 indica que se descubrió en 2019)» (Gates, 2022, p. 25).

25 Alimentada en este caso, entre otros factores, por el síndrome de FOMO (fear of missing out: temor a perderse de algo), por el cual, si veo que la gente está comprando un producto, pienso que debe haber alguna razón y entonces siento que yo también debo hacerlo. Declarada la pandemia, dentro de las compras de pánico más inmediatas, el papel higiénico fue uno de los productos más demandados, sea en Alemania, Escandinavia, Estados Unidos, Gran Bretaña, Israel, Perú y muchos otros países; sin embargo, según una encuesta entre corresponsales de DPA, en Italia las preferencias apuntaron al vino; en Bulgaria, fueron los cítricos; mientras en República Checa, fue el pan lo que se agotó rápidamente (Stern, 18.03.2020). Sobre cómo el coronavirus creó una escasez de papel higiénico, ver Moore (2020).

26 Lo que sería una medida decisiva y efectiva para el control de la pandemia, a decir del ex Ministro de Sanidad español Salvador Illa (2022, p. 189). En Argentina, el confinamiento, dispuesto mediante Decreto de Necesidad y Urgencia 297/2020 y que tendría sus prórrogas, tomaría el nombre de «Aislamiento Social, Preventivo y Obligatorio».

social, triaje, «control social» desde balcones, ventanas y azoteas[27], cierre de fronteras, temor, suspensión de clases, surgimiento de nuevas formas de discriminación, desbordamiento de contagios, teletrabajo, colapso de sistemas sanitarios[28], multiplicación de fallecidos por todo el orbe, recetas fallidas, recetas caseras, expansión del *delivery*, disposiciones que rápidamente se contradecían[29], personas que morían sin poder despedirse[30], personas que no podían despedirse de quienes morían, crisis económica y alteración de la economía, bombardeo de *fake news,* alarmas justificadas, alarmas injustificadas, expertos que hoy decían una cosa, expertos que mañana decían otra, infodemia, clases virtuales diseñadas sobre la marcha para profesores preparados sobre la marcha, hipertrofia normativa, pasaporte covid, geolocalización de la ciudadanía (Corea, China), retórica militarista (Blázquez, 2020, p. 644)[31], desatención de otras enfermedades y postergación de innumera-

27 La pandemia nos llevó tristemente a una «Sociedad de la sospecha», que nos transformó en víctimas, policías y jueces, convirtiendo los balcones en lugares de control social como de vigilancia (Sánchez, 2022, p. 270).

28 Dicho colapso produjo imágenes impactantes, como la de cadáveres tirados en las calles en Guayaquil (Ecuador) o autos improvisados como camas en la entrada en un hospital para pacientes en Arequipa (Perú) al no hallar sitio en el nosocomio.

29 «La ciencia es habitualmente una actividad que exige tiempo, que fracasa la mayor parte de las veces y requiere paciencia» (Innerarity, 2022, p. 31). De hecho, en el caso de la lucha contra la COVID-19, en febrero de 2020, la máxima autoridad sanitaria de Estados Unidos decía que la gente debía de dejar de comprar mascarillas ya que no protegían del virus. Aproximadamente un mes después, el Centro para el Control y la Preservación de Enfermedades del mismo país reiteraba que las personas sanas que no trabajasen en el sector sanitario o no estén a cargo de enfermos no necesitaban mascarillas (Gates, 2022, p. 51).

30 Uno de los aspectos más tristes en el manejo de la pandemia y que debe corregirse en próximas crisis es que, durante la COVID-19, sin mediar ley suficiente, se vieron afectados muchos enfermos del derecho a ser acompañados, el derecho de los allegados de acompañar al familiar muriente, el derecho a la sepultura y el derecho a un entierro digno, con cadáveres amontonados en contenedores para terminar luego en fosas comunes, arropados en bolsas de plástico, en una soledad más fría que la de sus propios cuerpos. Afirma Calderón (2024): «muchos enfermos contagiados por este virus se han visto privados de una verdadera muerte digna; no de la eutanasia, sino del derecho humano que toda persona tiene, al final de su vida, de recibir una adecuada asistencia médica, gozar de la compañía de sus familias y contar con el auxilio de la fe para los creyentes» (p. 250). Como dice Mc Evoy «la manera como ha sido tratado el tránsito final de las víctimas del COVID-19, que debió incluir un imprescindible respeto al cuerpo del fallecido, pero también a los deudos que lo lloran, y que no pudieron despedirse, habla de la insensibilidad estructural y la endémica desorganización del Estado Peruano» (2020, p. 3). No se puede hablar de un derecho a la muerte, pero sí de un derecho a un final de la vida digno, como dice Aguilera (2021, p. 56). Siguiendo lo afirmando por el Comité de Bioética de España, se debe: «procurar el oportuno acompañamiento de un ser querido en el momento de la muerte, así como el apoyo espiritual o religioso cuando lo soliciten, es un esfuerzo a todas luces justificado y un acto superior de humanización», agregando que «todos los derechos deben conservar, al menos, un contenido mínimo esencial, lo que en estos tiempos no parece que se esté respetando» (2020).

31 «Esto es una guerra», «El virus es el enemigo», «Contamos con un ejército de médicos y enfermeras», entre otras repetidas frases. Lo cierto es que: «La Covid-19 no es el nombre

bles tratamientos y operaciones, científicos repentinamente más famosos que los futbolistas, cantantes dándoselas de científicos, actos de solidaridad que daban la razón a Aristóteles («En las adversidades sale a luz la virtud»), actos de maldad que daban la razón a Hobbes («El hombre es un lobo para el hombre»), todo seguido de un largo etcétera.

Un fenómeno interesante aparecido desde la misma llegada de la COVID-19 fue el surgimiento del negacionismo, con sus diversas manifestaciones[32], que es una característica propia de las pandemias.

Primero, era la idea de que era algo lejano, casi exótico: «eso es en China», «es lejos de aquí», «nunca nos va a llegar», como pone de manifiesto Sebastián (2022, pp. 3 y ss.). Pero, si antiguamente las pandemias viajaban por barco, esta vez iba a venir en avión y, consecuentemente, mucho más rápido[33]. Apenas llegada, de inmediato apareció el intento de minimizarla: «son solo casos aislados», «no hay de qué preocuparse». Y, cuando empezó a difundirse masivamente: «es solo una gripe», «es una variedad de neumonía que solo afecta a personas mayores»[34].

Junto a ello, la crisis trajo el agrietamiento de las brechas sociales. Si bien el virus podía atacar a cualquiera, y por tanto podía parecer certera la frase de que «el virus nos iguala a todos», la afirmación no dejaba de ser ingenua. Estando sobre el mismo tempestuoso mar, no era verdad aquello de que

---

en clave de un Ejército extranjero. Carece de armas y aviones. No tiene banderas ni ideología; tampoco habla idiomas. El virus desconoce el significado de una frontera, solo sabe que el cuerpo humano es un buen lugar para sobrevivir y propagarse. Es absurdo iniciar una rueda de prensa con un «sin novedad en el frente» porque no existe ese frente. Nada avanza sobre nuestras posiciones. No hay trincheras, ni primera línea. Ni siquiera, enemigo. Solo es un virus. El abuso del lenguaje militar desvía la atención sobre dos asuntos clave: nuestra responsabilidad en el estallido y la gestión de la pandemia» (Lobo, 2020). Sobre el uso de la concepción bélica y su eficacia como arma lingüística para una comunicación política eficaz, véase Domene (2021, p. 885 y sgs.).

32 Como anota Sánchez Cotta (2023), a finales de febrero del 2020, el primer ministro inglés Boris Johnson habló por primera vez del problema, presionado por los poderes mediáticos y la sensación popular de inacción; aunque sostuvo que su gobierno estaba teniendo reuniones de urgencia, él sin embargo no había asistido a ninguna; dando como única recomendación a la ciudadanía la de lavarse las manos durante 20 minutos o lo que lleva cantar dos veces «Cumpleaños Feliz» (p. 31). Por su parte, el Presidente Bolsonaro, de Brasil, en un primer momento se refería al virus como «una gripecita», entre otros actos de negacionismo.

33 Por ejemplo, en Italia, los primeros casos, conocidos a finales de enero del 2020, fueron los de dos turistas chinos de Wuhan. En México, el primer caso detectado fue el 27 de febrero del 2020, correspondiente a un hombre de 35 años de edad, de nacionalidad italiana, residente en México, que había vuelto de un viaje a Italia. En Argentina, el primer caso detectado fue el 2 de marzo del 2020, y se trataba de un hombre de 43 años que había estado en diversas ciudades de Italia y España.

34 Para identificar los diversos tipos o generaciones de negacionismo que surgieron al inicio de la pandemia, ver Sebastián (2022, p. 55).

«todos estamos en el mismo barco». Rápidamente el tiempo se encargaría de demostrar que las enfermedades no nos alcanzan a todos por igual[35] y menos que podemos pelear contra ellas en las mismas condiciones sociales y económicas, las que muchas veces, pueden determinar la diferencia entre la vida y la muerte.

El 31 de enero de 2020, mientras en Italia se declaraba el estado de emergencia, en España se hacía público el primer caso detectado en el país: se trataba de un turista alemán de vacaciones en Canarias. En ese momento, la Unión Europea tenía una veintena de casos: siete en Alemania, seis en Francia, dos en Italia como también en el Reino Unido, uno en Finlandia y otro en Suecia (Illa, 2022, p. 39). Nadie, absolutamente nadie, se imaginaba las cifras que vendrían después. El 21 de octubre de 2020, España superaba el millón de contagiados.

Llama la atención, viendo las cosas en perspectiva, la falta de reacción de los gobiernos de turno pese a tener ante sus ojos la posibilidad de ver lo que iba sucediendo en otros países; es decir, podíamos mirar el futuro que se nos venía, pero fuimos incapaces de aprovechar la experiencia de otros países y anticiparnos a él.

En febrero de 2020, la vida social española (como en la mayor parte del mundo), se desarrollaba con pasmosa normalidad: Carnavales en diversas localidades entre el 20 y el 26 de febrero, conciertos masivos, partidos de futbol y otras actividades ordinarias.

A inicios de marzo de 2020, podía ya saberse científicamente que lo que pasaba en Italia llegaría a terminar sucediendo también en España, tan solo con una semana de retraso, pero mucho peor (Sebastián, 2022, p. 51). Empero, la capacidad de respuesta siguió siendo insuficiente.

En los primeros quince días de marzo, cuando ya la pandemia no estaba a la vuelta de la esquina sino en la misma esquina, hubo diversos eventos musicales, deportivos (como el partido entre el Atlético de Madrid y el Sevilla), manifestaciones políticas (como la del 8-M o el mitin multitudinario de Vox en Vistalegre), etc. (Sebastián, 2022, pp. 63, 65 y 66).

Vale decir que el domingo 8 de marzo, los contagiados en España llegaban ya a los 589 confirmados, frente a los 7,000 de Italia (Ilia, 2022, p. 47).

Un detalle, en el que es preciso detenerse a pensar, es por qué hubo un mayor ritmo de crecimiento del virus en España que en Italia. Advirtiendo que es difícil encontrar una respuesta concluyente, Sebastián plantea algunas razones: La forma de vida del norte de Italia (más cerca del resto de

35 «No es lo mismo atravesar una cuarentena en una casa de playa o en un holgado departamento de clase media aguardando el delivery del supermercado, que vivir en la casa hacinada de un asentamiento humano, obligado a salir cada día para obtener algo de dinero» (Coya, 2020, p. 15).

Europa), no implica tanta vida social como salidas a comer o de copas, que es algo más bien común en el sur italiano o en España. Por otro lado, el clima más frío del norte de Italia hacía menos propicias las reuniones masivas. Finalmente, otra diferencia es que, en diversas zonas de Italia, se tomaron medidas de contención antes que en España (Sebastián, 2022, p. 51)[36].

Otro fenómeno interesante de analizar es el de la evolución de las tendencias de consumo con el desarrollo de la pandemia. Si bien en un primer momento, la gente se abalanzó a los supermercados para comprar artículos de primera necesidad, al pasar las semanas, como observa Mansilla, las pautas de consumo fueron cambiando, «El alcohol, el *picoteo* y otros productos similares fueron sustituyendo a las iniciales y (...) aparentemente impulsivas aunque lógicas compras de productos de higiene personal»; estos nuevos hábitos tendrían que ver, psicológicamente, con la necesidad de darnos recompensas y caprichos ante la inusual situación (p. 70); hay que añadir que la compra de cerveza, vinos, patatas, etc., en reemplazo de la inercia inicial de comprar artículos de limpieza y gel de alcohol, no era sino expresión de «la elemental necesidad de celebrar rituales que nos permitiera acomodarnos y dar sentido a la situación singular que el confinamiento trajo durante aquellos días» (p. 72).

La pandemia generaría también otros efectos que alterarían por completo la economía, como la digitalización del consumo y el desarrollo del comercio *on line*, acelerando el surgimiento de un capitalismo digital de la mano del *e-commerce* digital, temas cuyo análisis van más allá de los alcances del presente trabajo, pero que no pueden dejar de mencionarse.

En el plano individual, el confinamiento nos empujó dentro de nosotros mismos (Morin, 2020, p. 28), planteándonos serias y profundas dudas existenciales. El encierro en sí, los indetenibles índices de mortalidad del virus, la angustia de la situación, la presencia cercana de la muerte, el miedo al contagio, nos hicieron pensar en lo verdaderamente esencial de nuestras vidas, en el valor hasta entonces subestimado que podían tener cosas tan simples como el solo hecho de caminar por la calle, mirar una sonrisa o abrazar a un ser querido.

Además, la crisis puso de relieve la importancia de la familia en tanto espacio físico y de reserva emocional, refugio, lugar de protección y de cuidado. Cerradas las escuelas, la pandemia le devolvió a la familia el papel formador y educativo que antes tuvo, pero produciendo a la vez en ella una recarga de labores (Aravena, 2021, p. 84), con una redistribución de funciones debida al confinamiento y una inédita experiencia relacional[37]. Con la prolongación

---

36 ¿Y cómo así llegó el virus tan fácil a España desde Italia? Puede que tenga que ver con que recibe el mayor número de turistas de dicho país, señala Illa (2022, p. 44).

37 «La familia ha necesitado fortalecer sus recursos de organización-planificación y sus recursos afectivos durante la crisis. Es así como han debido reorganizar roles y funciones,

del confinamiento y la insuficiencia del ámbito familiar para suplir todas las necesidades sociales de sus miembros, ella no pudo escapar de una cierta sensación de agotamiento con el tenso discurrir del tiempo.

1.2. Se encienden las alarmas

El 13 de marzo del 2020, el Presidente del Gobierno de España anunciaba la celebración para el día siguiente de un Consejo de Ministros de carácter extraordinario; era el anticipo a la activación del estado de alarma[38].

El gobierno español dictó el Estado de alarma para la gestión de la crisis sanitaria el 14 de marzo de 2020[39], mediante Real Decreto 463/2020, al amparo de la Ley Orgánica 4/1981, la cual regula los estados de alarma, excepción y sitio, siendo de mencionar que la facultad del gobierno de declarar dicho estado se encuentra comprendida en el art. 116.2 CE[40], el cual complementa el art. 30.4 CE, que dispone que mediante ley podrán regularse los deberes de los ciudadanos en casos de catástrofe, grave riesgo o calamidad pública[41].

El estado de alarma, como explica Blázquez (2020), es una medida que se aplica en una situación de crisis cuando un gobierno no puede hacer frente con sus facultades ordinarias a una situación sobreviniente de carácter excepcional (p. 639). Como señalara la STC 83/2016, publicada en el Boletín Oficial del Estado el 28 de abril, su declaración corresponde exclusivamente al Gobierno y debe declararse mediante decreto acordado en Consejo de Ministros, el cual ha de determinar el ámbito territorial de su vigencia, su

---

proporcionar espacios de privacidad e intimidad emocional, brindar espacios de comunicación y formas de resolver los conflictos, lo que en su conjunto ha permitido lidiar con la crisis (...) siendo el espacio de acogida y apoyo para cada uno de sus miembros» (Aravena, 2021, pp. 93-94).

38 De acuerdo con lo dispuesto en el art. 116 de la Constitución española, existen tres estados excepcionales: de alarma, de excepción y de sitio. «Con una tasa de crecimiento medio diario del 46 % desde el 27 de febrero al 14 de marzo, el número de casos en esas dos semanas se situó rápidamente en 6.391, víspera de la declaración del estado de alarma» (Sebastián, 2022, p. 53).

39 España declararía la cuarentena obligatoria seis días después de que lo hiciera Italia y dos días antes de que lo hiciera el Perú.

40 «2. El estado de alarma será declarado por el Gobierno mediante decreto acordado en Consejo de Ministros por un plazo máximo de quince días, dando cuenta al Congreso de los Diputados, reunido inmediatamente al efecto y sin cuya autorización no podrá ser prorrogado dicho plazo. El decreto determinará el ámbito territorial a que se extienden los efectos de la declaración».

41 Señala Fuertes (2021) que: «mediante el Estado de Alarma, se pretende, esencialmente, fijar los deberes ciudadanos en estos supuestos extraordinarios y no tanto limitar los derechos de los mismos» (p. 104).

duración (que no podrá exceder de quince días) y efectos de la declaración. El Gobierno debe dar cuenta de la declaración del estado de alarma al Congreso de los Diputados; la prórroga del estado de alarma requerirá autorización expresa de este.

Con ello, se inicia el confinamiento de la población en su domicilio, junto con otras medidas restrictivas, poniéndose a prueba el orden constitucional (Fernández de Casadevante, 2021, p. 143).

Se trata de una medida jurídica con alto simbolismo (Álvarez, 2021, p. 13), la cual se iría prorrogando seis veces sucesivamente hasta el fin de la primavera en España, acabándose específicamente a las 00:00 horas del 21 de junio de 2020[42].

Mientras en una situación determinada, cualquier ciudadano puede decidir si recurre o no a la legítima defensa, no ocurre lo mismo con el Estado, el cual, en caso de peligro para su existencia o para su correcto funcionamiento debe, *a priori*, y como regla general, adoptar las medidas necesarias para su defensa[43], de acuerdo a lo que le ofrece la ley, las cuales han de ser adecuadas y proporcionales ante un peligro grave y real, todo ello siempre con el objetivo de proteger a las personas ante una amenaza pública (Álvarez *et al.*, 2020, p. 30).

En el estado de alarma, el gobierno limita derechos fundamentales, ejerciendo el Estado un mando único, pudiendo dar órdenes a cualquier autoridad de cualquier administración. Es de resaltar que, conforme a lo señalado en la STC 83/2016, publicada en el Boletín Oficial del Estado el 31 de mayo, «la declaración del estado de alarma no permite la suspensión de ningún derecho fundamental (art. 55.1 CE a *contrario sensu*), aunque sí la adopción de medidas que pueden suponer limitaciones o restricciones a su ejercicio», debiendo respetarse siempre los principios de legalidad y de proporcionalidad, pues de lo contrario el derecho afectado quedaría inerme ante el poder público (STC 148/2021, publicada el 14 de julio).

---

42 Diez días después y en coordinación con la Unión Europea, España volvió a abrir sus fronteras con los Estados miembros y países asociados Schengen. Es preciso señalar que el gobierno español declaró el estado de alarma el 09 de octubre del 2020 para establecer las medidas necesarias a fin de responder a situaciones de especial riesgo por transmisión no controlada de infecciones, aplicándose en nueve municipios de la Comunidad Autónoma de Madrid hasta el 24 de octubre de 2020. Al día siguiente, el gobierno declaró un nuevo estado de alarma a nivel nacional para contener la propagación; luego, el 3 de noviembre del 2020 el Consejo de Ministros aprobó una nueva prórroga por seis meses hasta el 9 de mayo de 2021 (Orgaz, 2021, p. 234).

43 Opina, sin embargo, Cabanas Veiga (2022), que no es adecuado hablar aquí de derecho de legítima defensa del Estado, prefiriendo hablar más bien de Derecho Vital del Estado, entendiendo por tal al «conjunto de valores, principios y preceptos que permiten suspender, temporalmente, ciertas normas de un Estado, con la única finalidad de mantener la supervivencia de la Comunidad Política y la de sus ciudadanos» (p. 15).

Si bien las medidas de excepción merecieron algunas críticas en diversos países respecto a su constitucionalidad, ha quedado constancia de que los poderes del Estado pueden ser tanto explícitos como implícitos y no requieren de una habilitación específica y puntual, teniendo el Estado una facultad reglamentaria general que puede ejercerse válidamente en casos de emergencia (Calderón, 2020, p. 11).

El uso de la emergencia solo puede aplicarse excepcionalmente en situaciones precisamente de emergencia social para lograr el bienestar general, límites los cuales deben respetarse, analizando caso por caso, teniendo en cuenta la naturaleza y temporalidad de las circunstancias y con un criterio de proporcionalidad (Álvarez, 2021, p. 29), el cual se relaciona con la idoneidad, necesidad y equilibrio de la medida, conforme ha señalado la jurisprudencia (Fernández Silva, 2021, p. 126-127).

Esta declaración del estado de alarma en España tenía como único precedente la declaración de dicho estado durante la huelga de controladores aéreos en el 2010, con la diferencia de que, en aquella ocasión, se adoptó la medida para proteger la libre circulación, no para restringirla, como era en el presente caso, en nombre del derecho a la salud (Illa, 2022, p. 42)[44]. Cabe señalar que, en cuanto al confinamiento domiciliario, medida estelar del primer estado de alarma, este se prolongó durante dos meses y medio, habiéndose articulado jurídicamente como una limitación de la libertad de circulación.

Como destaca Teruel Lozano, dada la disposición, surgió entonces la duda jurídica que condicionaba la legitimidad de haber recurrido al estado de alarma, al discutirse si era una auténtica limitación (aunque de gran intensidad) o si era más bien una suspensión de la libertad (con lo que el legislador se excedía en sus atribuciones, pues esta solo puede darse en el caso de los estados de excepción y de sitio), estando la respuesta lejos de ser clara, y es que «tanto la suspensión prevista en el art. 55.1 CE como la categoría del contenido esencial tienen unas fronteras muy imprecisas. De ahí que la doctrina se dividiera también en este punto» (Teruel Lozano, 2022, pp. 561-562)[45]. Para los defensores de la validez del estado de alarma, se debe partir del texto literal del artículo 116.2, que prevé su declaración, por ejemplo, en caso de «crisis sanitarias,

44 Observa Cotino que, bajo el estado de alarma de la primera ola, el referido Decreto «eludió regular expresamente los confinamientos territoriales. Posiblemente no los reguló para eludir las dudas de constitucionalidad por si se tratase de una suspensión del artículo 19 CE, que constitucionalmente sólo es posible bajo estados de excepción o de sitio» (2021, p. 178). Luego de las sucesivas prórrogas quincenales del primer estado de alarma, el estado de alarma dictado en 2010 fue prorrogado por seis meses; evaluado ello por el Tribunal Constitucional, lo consideró ilegítimo por excesivo.

45 El artículo 55.1 CE condiciona la capacidad de acción del estado en casos extraordinarios, reservando la suspensión general de ciertos derechos fundamentales cuando se acuerde la declaración del estado de excepción o de sitio en los términos previstos en la Constitución.

tales como epidemias», además que el estado de excepción —artículo 116.3 CE— está previsto para crisis de naturaleza política diferentes de la producida por la pandemia (Fernández de Casadevante. 2021, p. 145).

Para Cabana (2021, p. 56), Fernández Silva (2021, p. 120) y otros, la declaración del estado de alarma era la medida más adecuada, resaltando este último que: «el Constituyente quiso vincular el estado de alarma con catástrofes naturales o sanitarias, mientras que «politizaba» el estado de excepción al vincularlo con la alteración del orden público» (p. 121).

En cambio, para Fernández de Casadevante (2021, p. 148) y otros, lo que debió haber correspondido es declarar el estado de excepción, previa autorización del Congreso de los Diputados conforme a los artículos 55.1 y 116.3 CE.

Finalmente, el Tribunal Constitucional determinó que la medida de confinamiento general contemplada en el decreto del estado de alarma, era más una «privación» o «cesación» del derecho a la libertad de circulación, que una reducción; sin embargo, rechazó que se hubiera afectado la libertad personal. Además, concluyó que el estado de excepción habría sido el marco constitucionalmente idóneo para la medida de confinamiento general de la población (STC 148/2021, publicada el 14 de julio, fs. 11).

Se ha advertido que, en los primeros meses de la pandemia, hubo una sobreutilización de algunos mecanismos represivos para tratar de enfrentar la ineficacia de diversas medidas dictadas por el gobierno[46].

Se ha dicho también:

> Todo quedó finalmente envuelto en el manto de confusión de una excepcionalidad inquietante que arrojó serias dudas sobre la consistencia de nuestros sistemas democráticos y la división de poderes quedó severamente comprometida (...) No debemos ignorar los riesgos que conllevan el abuso de la excepcionalidad, el recurso a facultades y medidas constitucionales que, por su propia naturaleza, deben ser objeto de una exégesis y una práctica restrictivas. Bajo el manto de la excepcionalidad, en algunos países se han consolidado reformas que no son coyunturales y se han producido transformaciones estructurales del sistema político que no serán revertidas y que augura la expansión de las democracias iliberales (de Julios-Campuzano, 2021, p. 125).

46 «(...) es posible que, como consecuencia del estado de alarma generado por la pandemia, estamos asistiendo a una hiperutilización del Derecho penal y de su efecto preventivo general intimidatorio para contrarrestar, en cierta medida, la sensación de ineficacia del sistema administrativo sancionador como mecanismo para controlar determinadas conductas (...) No se puede apelar sin más a la aplicación del Derecho penal para reprimir los incumplimientos en época de confinamiento sin vulnerar con ello principios básicos (...) La interpretación restrictiva de los tipos penales, así como el respeto a la intervención mínima o a la exigencia de lesividad, deben ser los criterios que permanezcan incólumes con independencia de la declaración de situaciones de excepcionalidad» (Jericó, 2020, p. 460).

Se ha criticado, asimismo, el recurso abusivo a la figura del Real Decreto Ley y la ausencia de un debido control desde el Congreso respecto al ejecutivo[47], con una actividad parlamentaria reducida a su mínima expresión durante las primeras semanas del estado de alarma (Fernández de Casadevante, 2021, p. 159), hablándose de un aletargamiento parlamentario o de una «difuminación del parlamento» (Parra, 2023, p. 59)[48]; manifestándose, por otro lado, la conveniencia de prever de mejor manera los requisitos para suspender un proceso electoral con motivo del estado de alarma y la conveniencia de establecer mecanismos que faciliten el voto de las personas infectadas en cuarentena (Torres, 2020, p. 513).

Señala Lara, por su parte, que:

> las medidas adoptadas bajo el paraguas del estado de alarma fueron poco claras, abundantes y muy cambiantes, prácticamente de un día para otro, en parte propiciado por el carácter de la propia enfermedad, desconocida y altamente contagiosa. Sin embargo, transcurridos los meses y con los avances de la comunidad científica en los conocimientos sobre la enfermedad, se observó una falta de diligencia por parte de los gobernantes plasmada en la adopción de medidas claramente desproporcionadas e incluso directamente declaradas inconstitucionales (2022, cap. IV).

Naturalmente que no faltaron las acciones legales contra las restricciones de derechos, siendo el caso del hotel de Adeje el primero en el que la justicia ratificó una orden de aislamiento de un gobierno autonómico (Ilia, 2022, p. 39).

Ahora bien, más allá de las formalidades para aprobar el confinamiento en cada Estado a nivel mundial, justificado desde una perspectiva sanitaria con el propósito de detener la expansión del mal, ello sin embargo trajo serias consecuencias para los más pobres, especialmente en los países menos favorecidos.

Para quienes viven del día a día, el hecho de no poder salir a trabajar implica consecuencias fatales[49] (más todavía en países como el Perú con una

---

47 «La labor de control que tienen asignadas las Cámaras, singularmente el Congreso de los Diputados en los supuestos de estados de emergencia, no puede quedar en estado de hibernación en unos momentos en los que su ejercicio resulta fundamental» (Orenes Ruíz, 2020, p. 561; Hasani Maturano, 2021, p. 30). «Con el aval del Congreso, el Gobierno improvisó, tal y como hemos visto, una estrategia para dar cobertura jurídica a las medidas que era necesario adoptar» (Teruel Lozano, 2022, p. 578).

48 «Entre las manifestaciones más significativas de ese debilitamiento de la función parlamentaria de control se encuentran la suspensión de la actividad parlamentaria en el primer estadio de la crisis sanitaria y la agudización del uso excesivo e indebido del decreto-ley» (Parra, 2023, 61).

49 «Qué fácil es decir «Quédate en casa» cuando otros tienen para comer y otros no tenemos nada. Si vamos a estar encerrados en casa, vamos a morir de hambre. Por eso tenemos que salir en busca de comida, el hambre no perdona. Cada mañana me voy tempranito

economía informal en más de un 70 %). La situación se agrava cuando, en las zonas más pobres, hacinados en pequeñas viviendas, el aislamiento de los familiares contagiados era un imposible, como también podía serlo algo tan simple en otras latitudes como el lavado de manos en sectores carentes del servicio básico del agua.

En lo económico, la pandemia, sin duda alguna, generó también enormes incertidumbres y dilemas, planteándonos preguntas cuyas respuestas, aun pasada ella, no tenemos todavía del todo claras: ¿Defender más las vidas o el funcionamiento de la economía?[50] ¿Cómo integrar el desarrollo económico con el desarrollo social? ¿Cuál es el papel del Estado en la economía en momentos de crisis?[51]

Como señala Boyer, la pandemia agravó y replanteó el problema de las desigualdades sociales, creando otras nuevas. A las diferencias educativas, a la desigualdad en ingresos y patrimonios, a las desigualdades urbanas con sus zonas de marginación carentes de servicios públicos, se agregó dramáticamente el acceso a los servicios médicos como una cuarta fuente de desigualdades (2022, pp. 81 y 307)[52].

Un dato que refleja el impacto económico de la pandemia es que, en el segundo trimestre del 2020, el Perú tuvo la mayor caída del PBI en su historia con un 30,2 %; así, la pandemia «desnudó la precariedad en la que vive la mayoría de los peruanos en materia de empleo, vivienda, educación y transporte público; mostró las limitaciones del sistema de salud y las debilidades de nuestra industria médica» (Lossio y Cruz, 2022, p. 10).

---

al mercado mayorista de frutas para comprar y luego vender aquí en el mercado de Mangomarca. Están por todos lados policías, soldados, serenos, diciendo: «A tu casa, no está permitido estar fuera de casa». Hago todo lo posible para comprar y buscar sitios donde vender mis frutas; no es fácil vender, hasta nos agarramos a puñetazos con otra vendedora que no quería que yo vendiera, y la policía tuvo que separarnos. Pues no hay trabajo, si me quedo en casa, quién nos da comida, pues ni siquiera me dieron el bono universal» (Marcela Palomino, abril, 2020)» (Jiménez, 2021, p. 46).

50 De hecho, el dilema entre salud y economía sería lo que marcaría los diferentes modelos de gestión respecto a la pandemia (Sebastián, 2022, p. 97), aunque ello terminaría siendo un falso dilema como expone el mismo autor. Siguiendo a Ortiz Millán (2021), «Hay una decisión moral a la hora de privilegiar a la economía sobre la salud o viceversa, pero, a fin de cuentas, parece que la alternativa no es optar por una u otra: la economía no se restablecerá completamente mientras no se haya contenido la pandemia» (p. 8). En todo caso, la resolución de dicho dilema más que un asunto científico, es una decisión político-ideológica (Díaz Albertini, 2020, p. 19).

51 «En Francia, el aporte masivo del Estado rompió con el proyecto de un retorno al equilibrio de las finanzas públicas: el imperativo de la salud pública y la emergencia, si no es que el pánico, son lo que justifica esa reapreciación de la doctrina gubernamental» (Boyer, 2022, p. 33).

52 «El coronavirus ha revelado las desigualdades propias de cada sociedad y las ha acentuado, extendiéndolas a la salud y la esperanza de vida» (Boyer, 2022, p. 215).

Otro dato sintomático es cómo encontró la pandemia a los países en su infraestructura de camas UCI: Mientras a enero del 2019, Japón tenía 13.4 por mil, Alemania tenía 8.3, Polonia 6.5 y España 3, Perú aparecía en el puesto 119 con 1.6 camas, seguido en el puesto 123 por Ecuador, Colombia y México con 1.5[53].

Ahora bien, vista la pandemia con mediana perspectiva, si pensamos en las medidas de carácter económico que la acompañaron, puede decirse siguiendo a Sebastián (2022, p. 216), que fue su duración y no su intensidad lo que generaría un mayor impacto económico. Lo mismo pasa con las libertades, en cuanto la prolongación de medidas de este tipo en el tiempo puede ser más grave que las medidas en sí.

Desde una perspectiva ciudadana, no puede dejarse de mencionar, finalmente, que la pandemia golpeó social y emocionalmente a millones de personas en el mundo, impactando así en su salud mental[54], lo que se reflejaría en altos niveles de ansiedad, angustia, problemas de sueño, irritabilidad, depresión, sensación de falta de control, pérdida de apetito, distorsiones en la percepción del tiempo, etc.

1.3. La primera pandemia verdaderamente global

Puede decirse que la pandemia del coronavirus fue la primera realmente de carácter global. De hecho, se ha dicho que la pandemia del coronavirus ha sido la más devastadora de todas, no por el número de fallecidos, sino por haber sido la primera en una sociedad globalizada.

Un ejemplo clásico para explicar la teoría del caos dice que «el aleteo de una mariposa en Pekín puede generar un tornado en Nueva York»; pues bien, en este caso, el comercio de un pequeño animalito en un mercado en la lejana y poco conocida ciudad de Wuhan terminó generando una pandemia de dimensiones planetarias.

En un mundo interconectado y global, la movilidad es dinámica, compleja y constante. De allí que, por más esfuerzos que hubiéramos hecho, el virus ciertamente igual nos hubiera llegado, pero de haber sido más diligentes en nuestras primeras acciones (o re-acciones), más hubiera demorado en desembarcar y expandirse, y hubiera sido posible aminorar su impacto.

Dice Lamo de Espinoza que: «Primero fue la globalización económica, tras ella la política y social, ahora son el clima y las pandemias, pero las crisis globales se aceleran sin encontrar respuesta» (2022, p. 42).

53 Fuente: Index Mundi. Comparación de Países. Camas de hospital por habitante. https://www.indexmundi.com/g/r.aspx?v=2227&l=es

54 Para una aproximación sobre el impacto de la pandemia en España y en el Perú respecto a la salud mental, véase, por ejemplo: Sánchez *et al.* (2021), Paricio del Castillo (2021) y Velásquez (2022).

Morin, por su parte, señala que la globalización ha sido fundamentalmente tecnoeconómica, creando una interdependencia general sin que exista ninguna solidaridad[55], añadiendo que, al globalizarse la crisis con la pandemia, la interdependencia se rompió, dejando «a las naciones y a los pueblos con economías mutiladas reducidos a una dependencia económica y moral hasta entonces desconocida» (Morin, 2020, p. 45). Se ha dicho también que la velocidad vertiginosa con la que se expandió el virus tuvo que ver con una globalización «descoordinada, descontrolada y presidida, sobre todo, por meros objetivos económicos» (Dueñas *et al.*, 2021, p. 9).

En ese contexto, puede advertirse, además, un cierto desencanto constitucional en diversas latitudes, pues si bien «la Constitución proyecta una imagen de libertad y derechos, lo cierto es que, en el contexto de la globalización, promete más de lo que puede cumplir» (Balaguer, 2020, p. 123).

Se ha observado también que el proceso de la globalización «no ha venido suficientemente acompañado por instrumentos de protección social acordes con las amenazas a las que nos expone» (Innerarity, 2020, p. 48). Y la globalización de los riesgos es una evidencia empírica (Andruet, 2020, p. 34).

¿Debemos entonces cuestionar la globalización y volver a la vieja discusión de si debemos o no globalizarnos? En realidad, la pregunta es insubsistente; el mundo ya está globalizado y no hay marcha atrás, lo necesario más bien es la búsqueda de una globalización más equilibrada y mínimamente justa por lo menos.

> el cuestionamiento de la globalización que se ha producido a raíz de la pandemia no parece estar dotado de suficiente consistencia argumental, toda vez que los procesos sociales en curso no resultan fácilmente reversibles. El final de la globalización aventurado por algunos es, ciertamente, un dictamen precipitado y quizás, también, una evocación nostálgica no exenta de cierto sesgo ideológico. En cualquier caso, las voces que proclaman el final de la globalización ignoran la intensa ligazón de las relaciones sociales en un escenario global y la interdependencia que caracteriza a los contextos relacionales en los diferentes ámbitos de la vida social, que permiten auspiciar la existencia de una sociedad civil transnacional (De Julios-Campuzano, 2021, p. 131).

Si bien la globalización, con sus altos índices de desplazamiento de unos lugares a otros, favoreció el contagio, también es de observar que sin ella no hubiéramos podido desarrollar tan rápidamente las vacunas y su distribución hubiera sido mucho más lenta. Ello debe recordarse cada vez que, con ligereza, se pretenda culpar a la globalización de lo que hemos vivido.

---

55 Decía Bauman (2017) antes de la pandemia: «Los vínculos humanos se han aflojado, razón por la cual se han vuelto poco fiables y resulta difícil practicar la solidaridad, del mismo modo que es difícil comprender sus ventajas y, más aún, sus virtudes morales» (p. 39).

Ahora bien, ella ha ido de la mano de otro rasgo a identificar en el mundo de hoy, como es el desarrollo de las comunicaciones y la tecnología de la información[56].

Durante la pandemia, como dice Bosoer (2020), confinados en nuestras casas y barrios, detenidos súbitamente en el tiempo y en una cuarentena a escala mundial, trasladamos gran parte de nuestra sociabilidad a la conectividad digital; de esta manera, la tecnología que nos separaba, se convirtió en lo que nos unió.

El desarrollo tecnológico en materia de comunicaciones ha hecho de este un mundo no solo más informado y de forma más inmediata, sino que ha permitido a su vez el surgimiento y el fortalecimiento de nuevas identidades y causas, nuevas exigencias de justicia, que han pasado de tener una dimensión local o nacional, a una más bien mundial, en donde —consecuentemente— las demandas de justicia generan nuevos problemas de gobernabilidad.

De allí que, como dice Valdez (2023, p. 24): «el proceso de globalización seguirá arrojando, junto con grandes beneficios, problemas de gobernabilidad y justicia imposibles de atender eficazmente bajo esquemas caducos».

El escenario se complica al advertir que nos encontramos ante el agotamiento del modelo histórico predominante, situación que se podía advertir ya desde la crisis del año 2008 (Tezanos, 2022, p. 11). Y si podría alguien pensar que, con la pandemia, asistimos a un retorno del Estado a la centralidad, ello en realidad no es más que un espejismo, advierte Balaguer (2020, p. 126). Más que en una época de cambios, vivimos en un cambio de época.

Hoy en día, así como se cuestiona el sistema económico, también entra en el debate la misma democracia[57], ante su incapacidad para responder demandas insatisfechas y frente a la exigencia ciudadana de medidas más efectivas (y efectistas) para el bienestar y rígidas para lograr el orden; en ese contexto, se abre paso cada vez más la idea de aceptar menos democracia a cambio de un mejor gobierno (Valdez, 2023, p. 55) o de ceder a tentaciones autoritarias que pueden llevar al poder a gobiernos con una capacidad de respuesta más inmediata, mayores posibilidades de control social y menos recato a la hora de invadir nuestra privacidad (Innerarity, 2020, p. 78). Los más prestigiosos índices internacionales que miden la calidad democrática reflejan un retroceso generalizado de la democracia desde el 2021, acota Parra (2023, p. 15).

En ese sentido, las democracias enfrentan el reto de saber adecuarse a un entorno particularmente complejo e incierto, en el que se mezclan exigencias

56 «Una cuestión por determinar es si el cambio de hábitos sociales y de comportamiento durante la pandemia, dándole un mayor peso a la comunicación virtual, nos conducirá hacia una profundización del individualismo o hacia la conformación de vínculos de naturaleza comunitaria» (Sánchez, 2022, p. 269).

57 Según cifras de las que da cuenta Valdez (2023, p. 59), entre el año 2010 y 2020, el número de democracias liberales disminuyó de 41 a 32 países, mientras que el número de autocracias cerradas pasó de 25 a 30 del 2020 al 2021.

locales y globales, sin descuidar el mínimo de legitimidad social y su capacidad para la atención más inmediata de las demandas sociales.

Desde el punto de vista político (no se debe olvidar que las epidemias tienen siempre este carácter)[58], es de observar que la pandemia permitió que algunos gobiernos ganaran terreno en el ámbito del acceso a la información de los ciudadanos (datos personales) y el control digital de sus movimientos a través de cámaras y los registros de los dispositivos móviles[59] (siendo el caso más notorio el de China), y que los populismos ganaron espacio en lo ideológico (Boyer, 2022, p. 269); y es que la sola amenaza de un virus llegado del extranjero le dio legitimidad social al control de las fronteras, a desconfiar del foráneo y a favorecer el fortalecimiento de la presencia del Estado; todo ello con la anuencia de la mayor parte de la ciudadanía[60].

En el ámbito de los derechos individuales, debe advertirse que, durante la pandemia, en nombre del orden, se fortaleció el poder del Estado y se restringieron libertades. El miedo tienta al autoritarismo, en tanto la gente puede caer en la creencia de la necesidad de un gobierno fuerte y duro que la proteja; de hecho, en diversos lugares, muchas personas, a pesar de haber vencido, deseaban la continuación del toque de queda —pese a su prolongación— para sentirse más seguras en sus casas por las noches.

En nombre de la seguridad colectiva, se restringió la libertad y se desarrolló una sociedad de vigilancia manifestada incluso en la propia sociedad civil cuando desde los mismos balcones desde donde antes se aplaudía a los médicos, ahora se supervisaba que los vecinos hicieran «lo correcto».

En nombre del cuidado, se alentó la xenofobia y el nacionalismo[61].

> «En medio de esta gran confusión el orden público se ha gestado constitucionalmente como un límite impreciso y creciente en su utilización cuya virtualidad y eficacia se ha desplegado asfixiando derechos fundamentales y, sobre todo, libertades públicas» (De Bartolomé, 2022, p. 37).

---

58 «Las epidemias tienen siempre un carácter político porque a los gobiernos compete tomar acciones para controlarlas y evitar no sólo las muertes de las personas, sino también minimizar el impacto económico que se correlaciona» (Carabe, 2022, pp. 182-183).

59 Alerta Morin: «en la crisis universal de las democracias, nuestro porvenir está amenazado por una forma de neoautoritarismo, cabe temer que los dispositivos de rastreo instaurados durante la pandemia no solamente se mantengan, sino que se amplíen, recurriendo sistemáticamente a la geolocalización, el seguimiento a través de los teléfonos móviles, la videovigilancia, la detección por algoritmos y la inteligencia artificial» (Morin, 2020, p. 52).

60 Este fortalecimiento del Estado y la propia aparición de una crisis tan severa pueden contribuir con la aparición de un Estado de «no derecho» o «fuera del derecho», que responde a un proceso de deterioro institucional, el cual se debe a factores económicos y sociales, de paulatino deterioro constitucional, lo que habría sucedido en Argentina en el año 2021 según González (2007, p. 5).

61 «Así, la pandemia trajo consigo una aceleración de ciertas tendencias de la década del 2010: el fortalecimiento del poder de los Estados sobre los ciudadanos, que incluso llega

Una duda que deja todo esto, como dijera Vicente Bellver (2020), es si la restricción de nuestras libertades fue por necesidad o por desconfianza.

Por otro lado, la COVID-19 aceleró —dice Boyer— dos tendencias observadas desde la década del 2010; en primer lugar, nació en Estados Unidos, «un potente capitalismo de plataformas, centrado en la explotación de la información en todas sus formas, y empezó a conquistar el mundo, al punto de volverse transnacional». En segundo lugar, dialécticamente, la aparición de una miríada de capitalismos de iniciativa estatal, promovidos por los marginados del sistema económico, para defender las prerrogativas del Estado-nación, reivindicando el papel protector de las fronteras (2022, pp. 35-36).

Empero, es importante advertir que, si bien la pandemia con su búsqueda del proteccionismo estatal y el cierre de las fronteras reforzó la idea del estado-nación, a la vez también terminó cuestionándolo y es que «el mundo global demanda bienes públicos globales que el Estado nacional no puede ofrecer, de ahí que se requiera volver a definir el concepto de «bienes públicos» y la distribución de responsabilidades entre actores y grupos que requeriría su generación adecuada» (Valdez, 2023, p. 25)[62]; ello además de que ese Estado carece de los recursos necesarios para proteger suficientemente a sus nacionales, por lo que, siendo insostenible en la realidad actual, no puede concluirse realmente que hayamos vuelto al Estado-nación:

> El Estado que vuelve no lo hace de modo permanente; no tiene los recursos económicos para extender el tiempo de excepción, en la Unión Europea comparte su autoridad con los otros estados miembros en un escenario de interdependencia global y obtiene el conocimiento de una sociedad civil a la que no controla jerárquicamente (Innerarity, 2020, p. 153).

1.4. Tiempos líquidos: Cuando el mundo dejó de ser lo que pensábamos

La pandemia puso a prueba nuestros conocimientos y a la misma ciencia, la relación entre nuestra libertad y responsabilidad, el sistema económico, nuestros sistemas de salud, nuestros sistemas jurídicos, la capacidad de res-

---

al autoritarismo; la restricción de ciertas libertades a nombre de la seguridad colectiva; la intensificación de la xenofobia; la transformación del patriotismo en abierto nacionalismo, y el proteccionismo como arma recurrente para la defensa de los intereses económicos de cada nación» (Boyer, 2022, pp. 122 y 174). Como dice Blázquez (2016), «la tentación de invertir el orden para que prevalezca el principio de seguridad, y a veces de forma incondicionada sobre el ámbito de la libertad, deviene una tentación omnipresente por parte del poder a lo largo de la historia» (p. 126-127).

62 «La pandemia de Covid-19 que ha asolado al mundo al llegar la tercera década del siglo XXI ha venido a corroborar una tesis polémica: la soberanía en su acepción nacionalista y el Estado-nación —como unidad de gobernanza por excelencia— están rebasados, y esto obliga a redefinirlos» (Valdez, 2023, p. 139).

puesta de gobiernos y actores sociales ante una amenaza dramática y universal. La pandemia puso a prueba al Estado social y democrático de Derecho (Murillo de la Cueva, 2023, p. 21).

La crisis evidenció la paradoja de que un riesgo que nos igualaba a todos revelara al mismo tiempo lo desiguales que somos, provocando otras desigualdades (Innerarity, 2020, p. 25).

Como hemos señalado ya, es cierto que la pandemia podía parecer «democrática» por cuanto igual podía atacarnos a unos y a otros; mas no cuando veíamos las diferencias de recursos para enfrentar el mal. En muchos países, una cosa es la atención en una clínica privada y otra por lo general la de los hospitales públicos. Una cosa es mantener el distanciamiento en una casa con varias habitaciones y otra cuando todos sus ocupantes tienen que dormir en el mismo cuarto.

Quedaron al descubierto la precariedad de los sistemas de salud de muchos países, las distancias entre gobernantes y gobernados, las diferencias entre unas clases y otras en el acceso a los servicios públicos, la diversidad de estrategias adaptativas de supervivencia, la mayor polarización de las sociedades, el reforzamiento de los Estados-nación, y la disolución de las fronteras entre el trabajo, la vida familiar y el tiempo de ocio (Boyer, 2022, p. 239).

Si la pandemia no fue democrática a la hora de afectar a unos y otros ciudadanos, tampoco lo fue con los países. Si bien Europa y América Latina compartían problemas comunes en la pandemia, existían diferencias que hacían más trágica la situación para esta con sus endebles canales de ayuda social, limitados recursos, deficiencias estructurales[63], informalidad económica y una corrupción que en muchos países no solo atenta contra el sistema sino que es parte de este, limitados recursos para la investigación científica, conectividad insuficiente para la enseñanza virtual de los niños y adolescentes más pobres, democracias endebles y —muchas veces— situaciones de violencia contra la mujer agravadas al tener que convivir con sus agresores durante el confinamiento social[64].

---

63 En el Perú, con una economía 70 % informal, una gran mayoría no podía quedarse confinada por mucho tiempo en casa al vivir del día a día; peor todavía en familias que ni siquiera tienen una refrigeradora; y la buena idea del bono para los más pobres, empezando la pandemia, terminaría colisionando con el hecho de que solo 4 de cada 10 personas tenía una cuenta bancaria.

64 En Lima, en el primer semestre del 2020, la Línea 100 de atención de llamadas por casos de violencia contra la mujer, brindó servicios a 131.317 personas, cifra que superó el total de todo el 2019 que fue, aproximadamente, de 120.000. En lo económico, en el Perú, mientras en los primeros meses de la pandemia el empleo masculino descendió en un 34.9 %, el empleo femenino descendió en 45.3 % (equivalente a 3 millones de puestos de trabajo menos, según informe del Instituto Nacional de Estadística e Informática).

En algunos casos, la pandemia sacó a la luz la existencia de Estados disfuncionales: empíricos, desorganizados, burocráticos, ineficientes, sin capacidad de gestión y con una endeble legitimación social.

También puso a la vista los leves hilvanes que sostienen la solidaridad internacional y el lirismo de las declaraciones internacionales[65]. Comenta Salvador Illa, Ministro de Sanidad español en el primer año de la pandemia, que el capítulo de compras y suministros hizo que se viviera en Europa un cruel y despiadado salvaje Oeste (Ilia, 2022, p. 124)[66].

> «Las primeras reacciones fueron o muy lentas o muy desafortunadas: la falta de solidaridad con Italia, las declaraciones de Christine Lagarde asegurando que el mandato del Banco Central Europeo (BCE) no le permite intervenir sobre la deuda italiana» (Innerarity, 2020, pp, 119-120).

Pasados los primeros meses de la pandemia, Morin denunciaba cómo los Estados se replegaron en sí mismos y la incapacidad de los miembros de la Unión Europea para llegar a un acuerdo común para apoyar a los países que estaban con mayores dificultades:

> La crisis de la pandemia de la COVID-19 ha significado la hora de la verdad para Europa. Golpeada por la epidemia, la Unión Europea se ha roto en pedazos nacionales. En un acceso de fiebre soberanista, cada Estado se ha replegado en sí mismo y ha cerrado sus fronteras, exceptuando algunas tímidas y pequeñas cooperaciones como la acogida por parte de Alemania de algunos pacientes alsacianos (Morin, 2020, p. 42).

Además, la OMS demostró que no tenía el poder de instituciones como el Fondo Monetario Internacional, el Banco Mundial o la Organización Mundial del Comercio; y así, en vez de la respuesta coordinada y solidaria[67] a nivel

---

65 Vale notar con Balaguer que: «el fracaso de las instancias supranacionales e internacionales no es más que un reflejo del propio fracaso de los Estados, ya que ellos no compiten con esas instancias sino que las controlan y deciden el alcance de su actuación. Si los Estados le hubieran otorgado más competencias de coordinación en esta materia a las instancias internacionales y supranacionales, el control de la epidemia podría haber sido mucho más eficaz» (2020, p. 127).

66 En momentos de crisis del material sanitario, «Europa no supo reaccionar, fue tarde y mal. Hubo cierre a las exportaciones de material sanitario y hubo competencia entre países, nos pisamos incluso las compras» (Ilia, 2022, p. 154); «la pandemia puso de manifiesto que, en los momentos más críticos, los países velaron por sus propios intereses sin andarse con contemplaciones con relación a los demás» (de Montalvo Jääskeläinen y Bellver Capella, 2020, p. 61). En febrero del 2021, podía observarse el siguiente panorama: «Mucho se ha hablado del 'milagro israelí' con la vacunación de más de la mitad de su población en tiempo récord, mientras España, Italia o Portugal apenas llegaban al 3 %. No hay tal 'milagro'. Israel se aseguró el suministro privilegiado de las vacunas de Pfizer pagando el doble de su valor» (Albiñana, 2021).

67 Gómez Sánchez (2022), por su lado, señala que la pandemia ha puesto en evidencia los déficits de la solidaridad internacional ante situaciones graves como una pandemia.

internacional que demandaba la pandemia, cada país tuvo que vérselas por sí mismo (Boyer, 2022, p. 46)[68].

A los problemas en la lucha contra el virus, se agregó el peligroso radicalismo negacionista al más alto nivel con personajes de la talla política de Jair Bolsonaro en Brasil o Donald Trump en Estados Unidos, aparte de otras cuestiones socioeconómicas, educativas y éticas.

Así pues, la pandemia afectó a todo el mundo, pero, no en forma equitativa. Y América Latina fue una de las regiones más afectadas[69], con sus situaciones de inequidad, problemas estructurales y de gestión.

Un hecho dramático es que, habiendo establecido el gobierno peruano dar un bono para los más pobres, muchos de estos, por tener que salir a la calle y hacer cola en el banco para cobrarlos, terminaron paradójicamente contagiándose y/o muriendo al tener que salir de casa rompiendo el aislamiento y ponerse en una fila con otras personas sin poder mantener el distanciamiento), y todo tan solo para cobrar una pequeña suma de dinero.

Como anota Ten Have, nos encontramos ante una «vulnerabilidad diferencial» (2022a, p. 111): todos los humanos podemos infectarnos, pero no todos de la misma manera y con la misma gravedad.

Carentes no solo de recursos económicos sino también bioéticos (de Montalvo y Bellver, 2020, p. 59), ante tantas limitaciones y dificultades para conseguir cama en UCI, los hospitales tuvieron que tomar decisiones respecto a quién salvar: ¿a los más jóvenes o a los más viejos?[70] ¿a los que tenían alguna dolencia o a los que estaban sanos? ¿a un padre de familia de 50 años con sobrepeso o a un joven delincuente?[71]. Queriendo o sin querer, «La vida humana, que parecía no tener precio, tuvo un costo» (Boyer, 2022, p. 33).

---

68 «Hoy, más que nunca, y debido a la globalización y a la mayor frecuencia en viajes internacionales, los virus pueden extenderse rápidamente del lugar del brote emergente a cualquier parte del mundo. Por ello se necesita armar rápidamente no sólo una respuesta nacional eficaz, sino también una basada en la cooperación internacional» (Ortiz, 2021, p. 30).

69 «The challenges that all our countries have faced in responding to COVID-19 are a consequence of persistent inequity and social injustice, long-term structural deficiencies in the health sector, years of inadequate attention and public investments in health, and lack of preparedness and leadership» (Etienne, 2022, p. 47). Como dice Cano Valle: «Las acciones en materia de política pública en salud fueron insuficientes, tardías y con una endeble estructura del sistema de salud. Sobre todo, en la mayor parte de países en América Latina» (2021, p. 17).

70 De hecho, uno de los momentos más dramáticos de la pandemia en Francia, fue cuando el gobierno anunció que las personas mayores de setenta y cinco años no serían admitidas en UCI ante la falta de ventiladores mecánicos. También merece la reflexión lo ocurrido en España con la muerte de 20.000 personas en las residencias de mayores tan solo en la primera ola de la pandemia.

71 Cabe aquí recordar las declaraciones del Vicegobernador de Texas, Dan Patrick, que cuestionando el confinamiento y defendiendo la continuación de la actividad económica, dijo

A propósito de la protección de la vida humana, una crítica a la sentencia 148/2021, del 14 de julio de 2021, del TC español, es que no hiciera ninguna reflexión significativa, análisis o interpretación sobre la protección del derecho a la vida, como acusa López Garrido (2021), sobre todo tratándose de una sentencia respecto a un recurso de inconstitucionalidad contra el estado de alarma declarado por el Real Decreto 463/2020 y contra la prórroga del mismo aprobada por el Congreso de los Diputados, con lo que el TC conduciría en la práctica a la devaluación o hasta la abolición del estado de alarma previsto en el artículo 116 CE.

En ese contexto, fueron más vulnerables los adultos mayores o las personas con problemas de salud subyacentes, habiéndose aplicado medidas utilitaristas para preferir unas vidas en vez de otras, sacrificándose a personas cuya única culpa era haber vivido ya «suficiente» tiempo o tener una enfermedad crónica que no habían elegido.

> Un drama especialmente grave ha sido el de la cifra enorme de fallecimientos de personas de la tercera edad, especialmente en las residencias de ancianos, e incluso en la indefensión de sus hogares. Unas personas que, después de toda una vida de sacrificio, tuvieron que vivir los últimos momentos de su vida en soledad, lejos de sus seres queridos. Una generación que construyó con su esfuerzo el país que nosotros conocemos (...), después de haber sufrido en muchos casos las consecuencias de la guerra civil, y una larga dictadura. Unos hombres y mujeres que fueron claves para materializar el cambio político que supuso la Constitución de 1978, y con ella, la consolidación de un Estado social y democrático de Derecho. A todos nos quedará la seria duda, cuando no el profundo pesar, de si ese mismo Estado pudo hacer algo más por ellos» (Torres, 2020, p. 514).

Es importante observar aquí, como anota Valdivia (2021, p. 254), que los criterios de discriminación por razón de la edad no siempre son directos, ya que existen formas indirectas de discriminación como cuando se utiliza un criterio aparentemente neutro como el de «posibilidades de recuperación».

La aplicación de sesgos utilitaristas, en rigor, no es compatible ni con el ordenamiento constitucional ni con los principios de la Bioética (de Montalvo y Bellver, 2020, p. 62), al privilegiar la «mayor esperanza de vida» o «años de vida ajustados a la calidad», con el propósito expreso de «maximizar el beneficio del mayor número posible de personas» y recomendando considerar el «valor social» de la persona.

Precisamente, al inicio de la pandemia, algunas de las «Recomendaciones éticas para la toma de decisiones en la situación excepcional de crisis por pandemia covid-19 en las unidades de cuidados intensivos», adoptadas por

que los abuelos deberían estar dispuestos a sacrificarse por el país para salvar la economía de sus hijos y sus nietos (El Tiempo, 2020).

el Grupo de Bioética de la Sociedad Española de Medicina Intensiva, Crítica y Unidades Coronarias, prescribían lo siguiente:

> «21 Valorar cuidadosamente el beneficio de ingreso de pacientes con una expectativa de vida inferior a 2 años (...).
> 22. Tener en cuenta otros factores como, por ejemplo, personas a cargo del paciente para tomar decisiones maximizando el beneficio del máximo de personas.
> 23. Tener en cuenta el valor social de la persona enferma».
> (el tipo en negrita corresponde a la fuente)

En una situación de escasez de recursos, como lo ha dicho en España el Defensor del Pueblo (2022), para decidir «hay que hacer una valoración individual con criterios clínicos, nunca con restricciones genéricas referidas únicamente a una determinada condición como la edad o la discapacidad» (p. 88), ni tampoco con criterios tan abstractos y ambiguos como el «valor social»[72].

Como dice Ibarra (2021), es muy cuestionable si realmente la ética de la salud pública está en sintonía con el bien común cuando se deja de atender a algunos grupos que forman parte de una sociedad por su edad y sus condiciones de salud, negándoles el acceso a camas con ventilador o a una UCI; detrás del criterio de la edad planteado por el utilitarismo, existen unas vidas que valen más que otras, descartando el principio bioético de que todas las vidas tienen igual valor debido a la dignidad de todo ser humano, el cual debe de prevalecer aún en situaciones de crisis de salud porque sin él pierde su razón de ser la sanidad pública (p. 400)[73].

Mas no fue ello el único caso de instrumentalización de las personas y de aprovechamiento de su vulnerabilidad. Y es que, invocando la seguridad y el bienestar colectivo, no solo se restringieron libertades, sino que también Estado y empresas privadas tuvieron mayor acceso a nuestros datos personales (pensemos, por ejemplo, en la información que tuvimos que dar para acceder al comercio electrónico y poder proveernos), incluyendo muchas veces tanto datos de salud como de geolocalización, situación que puede ser delicada ya que el mal uso de la información puede generar innumerables riesgos[74].

72 «No hay criterios objetivos para jerarquizar el valor social de la gente, y termina convirtiendo el proceso de triaje en un concurso de méritos. Además, distrae la atención del personal de salud de consideraciones estrictamente sanitarias a la hora de atribuir puntajes para la asignación. Asimismo, puede dirigir los recursos sanitarios lejos de las necesidades de salud» (Ortiz Millán, 2021, p. 14).

73 Ruíz-Hornillos, Javier *et al.* (2022) acotan que los criterios de priorización deben sustentarse en principios que reflejen como filosofía la que hemos asumido como Estado social y democrático de Derecho, la cual responde al personalismo y no al utilitarismo.

74 Sobre el tema en general de la privacidad y la pandemia, véase Rodríguez (2020). Respecto al derecho a la salud y la protección de la privacidad, véase Venchiarutti, Angelo (2020).

Adicionalmente, observa con agudeza Boyer: «Lo que era propio de las redes sociales —la aceptación de un uso comercial de los datos personales a cambio de servicios aparentemente gratuitos— se ha extendido a la actividad productiva, y ya no es exclusivo de las actividades de ocio» (Boyer, 2022, p. 240).

Puesta nuestra información personal en manos del Estado, sea de manera directa o indirecta, consciente o inconscientemente, es necesario tener presente el artículo 5 del Reglamento General de Protección de Datos de España[75] (en adelante RGPD), aprobado mediante el Reglamento (UE) 2016/679 del Parlamento Europeo y del Consejo.

El rastreo tecnológico no es compatible con el derecho a la identidad y a la protección de datos personales. Y, como bien ha observado Egúsquiza Balmaseda (2020):

> El Comité Europeo de Protección de Datos, en sus Directrices 4/20 sobre el uso de datos de localización y herramientas de rastreo de contactos en el contexto de la pandemia de COVID-19, ha señalado, en cuanto a la utilización de las apps, que los datos de geolocalización deben ser voluntarios. Y no puede soportarse en el rastreo de movimientos individuales sino en la proximidad de los usuarios (p. 106).

En este nuevo mundo al que nos llevó el pequeño virus, fuimos también vulnerables y vulnerados en el ámbito informativo. Las seudociencias[76] y los prejuicios atentaron contra el cumplimiento de las medidas sanitarias, apoyadas con interminables *fake news* y la difusión de teorías conspirativas[77] que se posicionaron de la mente de muchas personas independientemente de su nivel económico y educativo, cuestionando primero la propia existencia de la pandemia y luego la capacidad de las vacunas para enfrentarla, «descu-

---

75 Según el mencionado artículo 5 del RGPD: Los datos personales deben ser: tratados de manera lícita, leal y transparente en relación con el interesado; recogidos y tratados con fines determinados, explícitos y legítimos; adecuados, pertinentes y limitados a lo necesario en relación con los fines para los que son tratados («minimización de datos»); exactos y actualizados; mantenidos de forma que se permita la identificación de los interesados durante no más tiempo del necesario para los fines de su tratamiento; tratados de tal manera que se garantice su seguridad adecuada.

76 Redacción RPP (17.06.2020). Lambayeque: con exorcismo, pastor evangélico promete «sacar el diablo causante de la covid 19». RPP. https://rpp.pe/peru/lambayeque/coronavirus-en-peru-lambayeque-pastor-evangelico-practica-exorcismo-para-sacar-al-diablo-causante-de-la-covid-19-noticia-1273872

77 «Los discursos anticiencia parecen haberse fortalecido en el siglo XXI a partir del eco generado por las redes sociales, donde ideas extravagantes o negacionistas encuentran el espacio suficiente para hacerse sentir en un sector amplio de la población» (Lossio y Cruz, 2022, p. 68), siendo de impacto especial importante en las decisiones de los padres de no vacunar a sus hijos, alimentados por información falsa y teorías conspirativas que se difunden por las redes sociales (Cabrera y Constantini, 2020, p. 87).

briendo» secretos mecanismos de manipulación manejados por maquiavélicas mentes que querían dominarnos.

> El Estado tuvo que hacer frente a *fake news* que se transmitían a través de las redes sociales señalando que había un afán del Estado y de poderes globales de controlar los cuerpos, de esterilizar, que las vacunas generaban deformaciones, alteraciones en el ADN humano, daño neurológico, pérdida de la capacidad cognitiva, reducción de la esperanza de vida, entre otros males (Lossio y Cruz, 2022, pp. 80-81).

Ante la necesidad del ser humano de hallar respuestas a sus interrogantes y la desconfianza en las instituciones, las teorías conspirativas son el complemento perfecto para reforzar nuestras creencias y darnos una falsa sensación de control, una cierta idea de seguridad, al pretender conocer la verdad de las cosas, alimentado ello por la vana soberbia de creer que sabemos algo que los demás desconocen, reforzando una extraña idea de superioridad.

Más aún, si las redes sociales contribuyen a reforzar nuestras ideas y creencias con la complicidad de un discreto algoritmo que solapadamente solo nos ofrece ideas que avalan (y, por tanto, refuerzan) nuestras conductas y nuestras opiniones, sentimos que no estamos solos en nuestros pensamientos, generando una cierta idea de comunidad, más allá de la racionalidad de dichas ideas, poniendo en evidencia que «nuestro cerebro está en cierta medida programado para creer por razones sociales más que comprobar y corroborar por razones racionales» (Martabit, 2021, p. 165).

En esta lucha, los Estados perdieron múltiples batallas al no tener la capacidad de respuesta suficiente ante ideas equivocadas e inclusive absurdas. A merced entonces de anónimos creadores de contenidos conspiracionistas, carentes de rigor[78], pero afines a miedos y creencias, la población asumió como verdades absolutas lo que en el mejor de los casos podían ser meras hipótesis sin comprobar, teniendo por verdades científicas ideas que no necesariamente eran avaladas por los hombres de ciencia —(Lossio y Cruz, 2022, pp. 24-25)— como la de los efectos inmediatos de la «inmunidad de rebaño», la idea de que por haberse uno contagiado ya el cuerpo generaría anticuerpos que impedirían volverse a contagiar; o las «recetas» basadas en el dióxido de cloro o el consumo de carne de vizcacha o de llama[79].

---

78 «...lo que hace tan odioso el razonamiento basado en teorías de la conspiración es que, haya o no evidencia, la teoría se considera verdadera, lo que la sitúa más allá de poder ser verificada o refutada por científicos y otros expertos»; y, entonces, no siendo susceptibles de ser puestas a prueba, lo peor de ellas no es que hayan sido refutadas, sino que, aun siendo echadas por tierra, mucha gente sigue creyéndolas (MacIntyre, 2023, pp. 68 – 69).

79 Un pintoresco gobernador peruano (luego buscado por la justicia) decía que comer carne de llama curaba la covid. (Gobernador peruano dice que comer carne de llama cura el COVID-19. CNN Chile. 16 de agosto de 2020. https://www.cnnchile.com/mundo/carne-llama-gobernador-peru_20200816/).

Siendo el bulo «una especie de virus mental que puede alcanzar proporciones inauditas e incluso hacerse con el control de un individuo» (Durand, 2023, p. 30), fuimos muchas veces víctimas de él.

Nada ayudaron, por cierto, para enfrentar las noticias falsas, las marchas y contramarchas de las medidas sanitarias dictadas por los gobiernos y hasta instituciones internacionales, que hacían que en un momento el distanciamiento social debía ser de dos metros y al rato de uno; la recomendación del uso de guantes para después decir que no; la sugerencia de quitarse los zapatos al llegar a casa y cambiarse toda la ropa, para luego decirnos que aquello era una práctica inútil, etc.

Es preciso señalar cómo, pese a la falta de evidencias favorables, llevadas por su desesperación, muchas personas apostaron por medicamentos como la ivermectina o la hidroxicloroquina, incluso respetados médicos y científicos[80], llegando en algunos casos a ser parte de las estrategias del Estado en la lucha contra la enfermedad.

Otros, en cambio, cayeron en un escepticismo tal que veían en la pandemia cortinas de humo, la estrategia de oscuros sectores para dominar el mundo o artimañas de las farmacéuticas para vender más medicamentos aprovechándose de nuestros cómplices temores.

1.5. Vacunas al rescate y descarte de vacunas

Ante una situación individual y colectiva de angustia, sin encontrar formas efectivas de enfrentar el mal, todas las esperanzas se cifraron en la posibilidad de descubrir una vacuna.

Producir una vacuna implica un proceso que normalmente requiere de varios años, pues tiene que pasar por una serie de fases; pero, en el caso del coronavirus, esta pudo estar lista para su uso en un tiempo de doce meses desde que pudo analizarse genéticamente.

Descubiertas en tiempo récord, la esperanza, no obstante, duró poco, ya que muchas personas, se negaron a aplicársela aduciendo diversas razones:

- Preocupación por la rapidez con la que fueron elaboradas.

80 Es el caso del estudio de Philippe Gautret y su equipo del Instituto Hospitalario de Marsella (ver para más detalle: Durand, 2023, p. 55). Un estudio médico publicado en la revista Biomedicine and Pharmacotherapy, difundido a inicios del 2024, determinó que la hidroxicloroquina ocasionó un exceso de 16.890 muertes entre pacientes de Covid-19 en la primera ola tan solo en seis países: Bélgica, Francia, Italia, España, Turquía y Estados Unidos; en el caso de España, el número de fallecidos habría sido de 1.800 personas (The Calcutta Telegraph, edición del 09.01.24).

- Temor a efectos secundarios en tanto que no había todavía una perspectiva histórica suficiente para descartarlos[81].
- Recelo respecto al gobierno o simple desconfianza.
- Prejuicio de que eran tan solo un invento de ciertas empresas para enriquecerse.
- Temor de que sean causa de infertilidad; así, por ejemplo, ocurrió en la India, en donde por ese motivo muchas mujeres no se vacunaban (Cierco, 2022, cap. VI).
- Idea de que estábamos ante un pretexto para el control maquiavélico de nuestros cuerpos.

No obstante, vale decir que no se puede estigmatizar a los que no desean vacunarse ni calificarlos por ese solo hecho de egoístas o ignorantes. Si bien muchas veces pueden tener argumentos absurdos o muy discutibles, que pueden tener detrás situaciones de falta de conocimiento o de manipulación, también hay argumentos más comprensibles que merecen respeto o, por lo menos, tolerancia[82], más allá de que estemos o no de acuerdo con ellos[83]. En

81 Hay que decir que, en muchos casos, no se trata de personas desinformadas; por ejemplo, existen médicos que, no obstante, su formación científica, se han negado a vacunarse en lo que constituiría un «disentimiento informado». Por otro lado, si bien muchas teorías —como la del análisis económico del derecho— consideran que nuestras decisiones responden a procesos racionales bajo un esquema costo-beneficio, lo cierto es que la toma de decisiones no es de por sí un proceso lógico y formal, demostrando la evidencia científica que decidimos básicamente movidos por las emociones (Manes y Miro, 2014, p. 20 y 231). Más aún, no solo seríamos irracionales, sino previsiblemente irracionales» (Ariely, 2017, p. 17), siendo la irracionalidad «la verdadera mano invisible que impulsa la toma de decisiones de las personas, agrega Ariely (2009, p. 3). Sea como sea, como dice Rojas, el principal problema del AED «es asumir el comportamiento racional de los individuos en sus decisiones de vida» (Rojas, 2012, p. 72).

82 El problema con la tolerancia, como anota Blázquez (2016), es poder determinar en una situación concreta cuál es esa línea intangible que separa lo tolerable de lo intolerable (p. 44-45), cuándo estamos ante una situación que merece sanción o solo reprobación social, señalando que solo debería haber sanción en caso de peligro manifiesto e inmediato para la vida humana o la integridad de los ciudadanos, o si ponen en riesgo el orden legal atentando violentamente contra el orden democrático, mas no solo en caso de disenso (44-45, 128 y 130). La pregunta que podríamos hacernos es si puede incluirse en estos casos de excepción la negativa a vacunarse, planteándonos entonces la pregunta: ¿podríamos ser intolerantes con las personas que se niegan a vacunarse dado que con su actitud ponen en riesgo la salud y la vida de las personas? Creemos que no, la tolerancia se predica con el ejemplo; además que la intolerancia en este caso no sería funcional para el propósito de conseguir la vacunación voluntaria, debiendo optarse más bien por la vía de la información, la educación y la persuasión para alcanzar resultados sanitarios favorables y sostenibles en el tiempo.

83 «Es el derecho a la libertad, a vivir como cada uno quiera, el que obliga no solo a tolerar, sino respetar a quienes están en las antípodas de las propias convicciones» (Camps, 2016, p. 88).

diversos casos, inclusive, podemos estar ante expresiones del derecho a la libertad de pensamiento y de opinión que todos tenemos como ciudadanos.

Se ha planteado que, si una persona decide no vacunarse por su propia voluntad (poniendo por tanto en riesgo a sí misma y a los demás), debería tener un tratamiento distinto cuando —contagiada por el virus— asista a los servicios de salud pública; se propone algo así como que: «quien se enfermó por su culpa, que asuma las consecuencias».

Analicemos el tema: En primer lugar, como lo han demostrado diversos estudios, no cabe duda de que las personas no vacunadas son más propensas a la enfermedad[84]. En segundo lugar, es cierto que la libertad implica responsabilidad y que uno debe responder tanto de sus acciones como de sus omisiones. En tercer lugar, no cabe duda de que el juicio ético que merece quien se contagió porque se negó a vacunarse es muy distinto que el que merece quien no pudo vacunarse por razones clínicas o por no tener acceso a las vacunas.

Sin embargo, frente a dichos argumentos, debe tenerse en cuenta que, de acuerdo al desarrollo de los derechos humanos, todos somos iguales ante la ley y que, en el estado actual de la civilización, la ley del talión con su vieja idea de «ojo por ojo, diente por diente», ha sido superada. Por lo demás, nadie podría justificar, ante una emergencia, darle una atención distinta al conductor que chocó sin estar usando el cinturón de seguridad que al que lo usaba; o dejar de atender al ladrón que se hirió al escapar. La responsabilidad de los médicos es curar y no administrar justicia, aunque la discusión no dejar de ser interesante desde un punto de vista ético y hasta económico:

> We must recognize that people who have not been vaccinated, being able to do so, are making use of their freedom of choice and imposing a cost that is assumed by society because unvaccinated people are more likely to need specialized medical care. Health resources are finite, so they would be consuming resources that could be necessary to care for people with an organic disability such as the one exposed here or people with other health conditions not related to COVID-19 (Ramiro y de Miguel, 2023, p. 299).

Por otro lado, el rechazo de las vacunas tuvo que ver también con una tendencia al desacato, alimentada por largas semanas de confinamiento[85]; además, estaba la desconfianza en la ciencia y en el gobierno, como también la presencia recurrente de una cada vez mayor indisciplina social.

---

84 «Data provided by the Washington State Department of Health in July 2022 show that unvaccinated 65+year-old people are 3 times likely to be hospitalized with COVID-19 compared with 65+year-old who have completed the primary series» (Ramiro y de Miguel, 2023, p. 284).

85 Señalan Padilla y Gullón que la oposición al confinamiento no era solo contra el control y la pérdida de libertades individuales, sino también contra la pérdida de parte de los mecanismos de control en manos del capital, por lo que —añaden— no sorprende que ellas surgieran en lugares como el barrio de Salamanca en Madrid (2020, p. 149).

Como la falta de confianza en el gobierno puede hacer que las personas se resistan a vacunarse, es importante para promover la vacunación recurrir a quienes tengan credibilidad y ascendiente sobre el resto; y es que un buen discurso con buenos argumentos no basta necesariamente para que una persona pueda cambiar de opinión[86].

Cuestión que alimentaría el desinterés frente a la vacunación fue, además, la existencia de diversos sesgos (tema que analizaremos en el siguiente capítulo), como el de un optimismo ingenuo («yo no me voy a contagiar»), o el prejuicio confirmatorio que nos induce a poner atención solo a aquellas noticias que comprueban lo que pensamos.

Habiendo intentado los Estados promover la vacunación recurriendo a diversas campañas, y estando los resultados por debajo de lo esperado, enfrentados a la necesidad de incrementar los índices de vacunación, tomaron otras medidas menos típicas buscando que la gente se vacune:

- En Estados Unidos, se regalaron hamburguesas, donuts y hasta marihuana para animar a las personas a que se vacunasen (Laborde, 2021). La empresa Krispy Kreme informó que durante todo el 2021 regalaría una donut glaseada al día a cualquiera que presente una prueba de su vacunación (El Diario NY, 2021). En Ohio, se organizó una lotería con un premio de 1 millón de dólares para los vacunados.
- El ayuntamiento de Moscú y otras regiones de Rusia establecieron la entrega de tarjetas de regalo, a canjear en comercios y farmacias, a razón de mil rublos (unos 11 euros) por pinchazo (RTVE, 2021).
- En Israel, las autoridades de Tel Aviv regalaron pizza, hummus, café y un postre tradicional: knafeh, a las personas que se vacunaran (El Universal, 2021).
- En China, se ofrecieron helados, huevos y vales de compra. En Hong Kong, se ofrecieron vacaciones pagadas y una fiesta privada en un avión comercial como incentivos para que sus ciudadanos se vacunen contra la Covid-19[87].
- En Puerto Rico, se establecieron como incentivos entradas a conciertos, descuentos en farmacias, pagos directos de $100 a jóvenes de 12 a 18 años y loterías con premios de $25,000 a $100,000[88].

---

86 «... no se persuade a los indecisos simplemente dándoles más datos. No los podemos traer a nuestro terreno, sino que tenemos que ir al suyo (tanto figurada como literalmente)» (Gates, 2022, p. 232).

87 https://www.expansion.com/fueradeserie/cuerpo/2021/06/12/60c0cc0ee5fdea7f428b45a4.html

88 https://www.paho.org/es/documentos/consideraciones-eticas-sobre-incentivos-vacunacion-contra-covid-19-ibemh-13-junio-2021

- En Polonia, los vacunados podían entrar en un sorteo en el que tenían la posibilidad de ganar desde un scooter hasta un auto.
- Aparte, se regalaron desde bicicletas hasta lingotes de oro en beneficio de los vacunados[89].

En algunas partes, además, se crearon campañas de vacunación apelando a sentimientos patrióticos, como «Pongo el hombro por el Perú». Por su parte, los «vacunatones» o los «vacunafest», fueron concebidos como actividades populares de carácter festivo con música y bailes incluidos.

Al margen de estas medidas más bien muchas veces lúdicas y amenas, algunos Estados adoptaron medidas más coercitivas, incluyendo prohibir el ingreso a cines o estadios, impedir el uso del transporte público o denegar el viaje en aviones a los no vacunados, entre otras, restringiendo de esta manera diversas libertades individuales, bajo la premisa aparente de que «deteniendo el mundo se arreglan los problemas asociados a su movimiento» (Innerarity, 2020, p. 134).

1.6. Apuntes para una nueva relación entre individuo y Estado

Vistas las consideraciones que anteceden, pueden plantearse algunas ideas en el propósito de orientar la búsqueda de nuevos términos en la relación entre individuo y Estado, y entre la salud personal y la salud colectiva:

1. En un mundo cuya movilidad es dinámica, compleja y constante, todo está interconectado, no solo en lo tecnológico, sino también en lo económico y social, siendo difícil —cuando no imposible— separar lo individual de lo colectivo.
2. La Covid-19 puso al desnudo la precariedad de los sistemas de salud pública de muchos países, ahondó las distancias entre gobierno y gobernados y expuso las diferencias en el acceso a los servicios públicos (Boyer, 2022, p. 239): puso en evidencia problemas de falta de recursos y personal sanitario, la necesidad de una mayor inversión en investigación, la falta de protocolos unificados para el triaje (Giraldo *et al.*, 2021, p. 3), etc.
3. Desatada la pandemia, las declaraciones de cooperación y solidaridad entre las naciones demostraron estar escritas solamente en el papel, quedando cada una a su suerte al menos durante varios meses. Resulta evidente la necesidad de una globalización más equilibrada y justa, con una protección acorde a sus riesgos.

89 China apeló a huevos y descuentos en tiendas para que la gente se vacunara contra la COVID-19 (El Financiero, 2021). Hong Kong, por su parte, ofreció lingotes de oro, así como un Rolex de diamante (El Diario, 2021). La compañía Amazon anunció el sorteo de dinero y autos para los empleados que se vacunen (RPP, 2021). En Tacna, al sur del Perú, la Dirección General de Salud sorteó bicicletas para promover la vacunación de niños).

4. En tiempos de crisis, corresponde al Estado asumir un compromiso social con mayor presencia y fortaleza pero respetando siempre los derechos fundamentales.
5. La pandemia puso de relieve la importancia del reconocimiento del derecho a la vida, a la salud, a la libertad y a una existencia digna en situaciones de crisis.
6. Debe tenerse presente la importancia de la familia como espacio fundamental de protección y reserva emocional; la cual atiende aspectos sustantivos de la vida personal que no pueden ser asumidos ni por el Estado ni por la persona en forma individual.
7. En tiempos de crisis, las personas suelen ser más utilitaristas; el diseño y ejecución de políticas públicas debe tener presente ello para hacerle frente. No se puede reducir a las personas a su «valor social».
8. La *dicotomía que se nos planteara en la pandemia al contraponer en la balanza la salud y la economía constituye un falso dilema. Ambas demandas no son excluyentes, lo importante es buscar el más adecuado equilibrio entre una y otra.*
9. La falta de acceso al conocimiento y a una debida información por parte de los ciudadanos, constituye fuente de desigualdades y de vulnerabilidad.
10. Toda política pública debe centrarse en el ciudadano, no en el Estado, teniendo en cuenta tanto la salud física como mental, lo que se hizo más sensible con la pandemia.
11. Las nuevas demandas sociales y el desarrollo tecnológico han generado nuevas identidades y exigencias que han pasado de una dimensión local o nacional, a una mundial, pudiendo generar problemas de gobernabilidad de no cambiarse los esquemas actuales.
12. En nombre del orden se fortaleció el poder del Estado, se restringieron libertades y se amplió el acceso a nuestra información personal, lo que amenaza ahora en convertirse en riesgosas formas de control, por lo que deben salvaguardarse los derechos individuales. En nombre de la seguridad, no podemos derivar en una sociedad de vigilancia y xenófoba; y debemos estar prevenidos para que la incertidumbre y el miedo no sean el caldo de cultivo para el autoritarismo[90].

---

90 Podemos decir siguiendo a Cercas: «Es obviamente un falso dilema, que los aspirantes a autócratas tratan de imponernos, porque el virus provoca incertidumbre, y la incertidumbre provoca miedo, y el miedo es el caldo de cultivo ideal del autoritarismo. Hay que negarse a renunciar a las libertades democráticas a cambio de una supuesta seguridad. De lo que se trata es de conseguir la máxima libertad posible compatible con la máxima posible seguridad. Es decir, de encontrar un equilibrio entre libertad y seguridad» (Fagancio, 2020).

13. La pandemia reforzó la idea del estado-nación, pero, a la vez, terminó cuestionándolo, pues existe una demanda de bienes públicos que no puede atender, siendo varias ellas de carácter global.
14. Una pandemia puede justificar el confinamiento[91] y restringir libertades, pero debe tener una extensión prudente[92], evitando en lo posible afectar otros derechos fundamentales. Merece destacarse, por ejemplo, que las medidas adoptadas en España hicieron que estuviera dentro de los países que menos días de clases perdieran entre el 2020 y el 2021 según un informe de la OCDE difundido en abril del 2021 (Illa, 2022, pág. 212).
15. Las crisis globales de nuestra época demandan respuestas imaginativas, que pongan en escena toda nuestra creatividad.

91 En cuanto a las limitaciones a la libertad de tránsito, puede decirse que «...el ejercicio de este derecho no es absoluto, sino que se encuentra constreñido a los lineamientos normativos que para cada supuesto el legislador ha establecido con anterioridad, esto por convenir al interés público y social» (Sánchez Trujillo, 2022, p. 111).

92 Para Cotino (2021), teniendo en cuenta la experiencia vivida, la medida de confinamiento territorial de una Comunidad Autónoma debería estar regulada expresamente y con un carácter más restrictivo (p. 180).

CAPÍTULO 2

¿VACUNARSE O NO VACUNARSE? SOBRE SESGOS, RUIDOS Y OTRAS CUESTIONES QUE INFLUYEN EN NUESTRAS DECISIONES[93]

Si una enfermedad puede producir efectos particularmente graves y se transmite con facilidad, pero existe una vacuna científicamente comprobada que sirve para hacerle frente ¿Cuál debe ser nuestra actitud ante ella?

La respuesta parece ser obvia, pero lo cierto es que el tema nos lleva a reflexionar acerca de si las vacunas son un derecho o un deber, debiendo además ponderar entre dos valores: la autonomía y la solidaridad.

Más allá de dicha dicotomía, el asunto tiene que ver con nuestra capacidad de elegir, la cual se sustenta en la libertad: elegimos en tanto somos libres y somos libres en tanto podamos elegir.

A su vez, la libertad, como sustento de nuestras decisiones voluntarias, supone la racionalidad de nuestros actos; la posibilidad de nuestra conciencia[94], en tanto conocimiento de lo que ocurre dentro o fuera de nosotros, para a partir de ello elegir hacer o no hacer algo, capacidad que es la que determina nuestra responsabilidad tanto en lo individual[95] como en lo colectivo.

---

93 Algunas ideas del presente capítulo fueron expuestas en el II Congreso Internacional «El Derecho privado ante los Objetivos de Desarrollo Sostenible», organizado los días 5 y 6 de febrero de 2024 por la Universidad de Zaragoza, bajo el título: «Justicia, ruidos y ODS».

94 Afirma Jorqui (2016): La conciencia nos permite hacer juicios reflexivos, es brújula que nos orienta en la toma de decisiones, instancia desde donde someter a crítica nuestra toma de postura, para distinguir el bien del mal (p. 270).

95 «Reconocer la responsabilidad sobre la propia vida es el primer paso que hemos de dar para lograr la libertad (...) No podemos diluir la responsabilidad y ser libres. Hemos de hacer la elección que la misma libertad nos permite» (Mosquera, 2022, p. 71).

Sin embargo, en los últimos tiempos viene cuestionándose el viejo paradigma de que somos seres racionales: ¿lo somos siempre?[96] ¿cuán conscientes somos a la hora de decidir? ¿somos libres realmente o es que nuestros actos son producto de condicionamientos de los que no somos conscientes?

Pensamos (y decimos) que no somos discriminadores; sin embargo, Gladwell (2017) da cuenta de estudios que dicen que tratamos diferente a las personas altas respecto a las bajas; de hecho, la inmensa mayoría de ejecutivos (de las empresas norteamericanas por lo menos) son altos (p. 105). En cuanto a las mujeres, un dato interesante es que desde que las audiciones para orquestas se hacen con los candidatos tocando detrás de una cortina (de modo que el jurado no tenga la más mínima idea de quién toca al otro lado), el número de mujeres en las principales orquestas de Estados Unidos se ha multiplicado por cinco (p. 291).

En esta tesitura, es necesario detenerse a pensar cuánto peso tienen en nuestros actos los sesgos y prejuicios que pueden afectarnos. De modo que, teniendo esto claro, podamos enfrentarlos y pensar en una mejor arquitectura de nuestras decisiones con el fin de proteger tanto nuestra salud individual como colectiva.

El presente capítulo busca plantear algunas respuestas a estas y otras cuestiones.

2.1. Autonomía vs. Solidaridad. La vacunación como derecho y como deber

En la lucha contra las enfermedades —y más ante una pandemia—, la vacunación es una herramienta fundamental[97]. Sin embargo, el problema puede ser la existencia de cualquiera de estas situaciones:

Situación 1: No contar con una vacuna para hacer frente a la enfermedad.

Situación 2: Contar con una vacuna pero que no exista en cantidad suficiente para todos o sea muy cara.

Situación 3: Disponer de una cantidad suficiente de vacunas, pero, una cantidad importante de la población no quiere vacunarse.

La presente investigación se centra en este último caso. Y es que la primera implicaría una investigación de carácter médico/biológico/sanitario, fundamentalmente de carácter científico. La segunda, por su parte, se vincula con un tema productivo, relacionado con la disponibilidad de recursos,

96 Vale aquí notar con Han: «Que un paradigma sea de forma expresa elevado a objeto de reflexión es a menudo una señal de su hundimiento» (Han, 2022, p. 14).

97 Sobre el impacto de la vacunación en toda la población y la relación dosis-respuesta del COVID-19, véase Malek y Hoque (2023).

constituyendo una cuestión esencialmente de carácter económico, de gestión y de justicia social[98]. Tanto una como otra situación, por su naturaleza, van más allá del alcance de este trabajo.

La tercera situación, en cambio, nos plantea el tema de la autonomía individual frente al bien común, la libertad versus la solidaridad, presentándonos un problema ético, bioético y jurídico que demanda una respuesta y que, en última instancia, nos lleva a hurgar filosóficamente en el sentido de nuestra humanidad.

En otras palabras: Si no hay vacunas, estamos ante un problema médico-sanitario. Si, habiéndolas, decidimos no utilizarlas, nos encontramos ante una cuestión ética.

Todo ello, por cierto, aparte de diversas cuestiones sociales, políticas, psicológicas, semánticas, de información (o desinformación), o de la validez científica de conceptos (como el de «inmunidad de rebaño»).

Ciertamente, la vacunación puede favorecer la disminución de la transmisión de un virus, protegiendo de esta manera a uno mismo y al resto de la población; en especial, a las personas más vulnerables. Empero, como hemos adelantado en anteriores páginas, muchas personas deciden no vacunarse atendiendo a diversas razones, las cuales pasamos a detallar:

1. Falta de confianza ya sea en la ciencia, en las empresas farmacéuticas o en la autoridad estatal. Dicha desconfianza, en algunos casos, reposa en razones histórico-sociales[99]. De ahí la necesidad, en cual-

98 En este punto, hay que mencionar la presencia de situaciones de inequidad legalizada: Así, por ejemplo, los acuerdos bilaterales suscritos por los países de mayores ingresos con empresas farmacéuticas para el desarrollo de las vacunas contra la COVID-19, hizo posible que recibieran más dosis a un precio menor que los países de bajos y medianos ingresos (Girotto, 2022, p. 843). Tampoco puede dejarse de mencionar el «nacionalismo» de las vacunas, que hizo, por ejemplo, que en un determinado momento mientras Canadá tenía para vacunar cinco veces a su población, varios países del África no disponían ni siquiera de una dosis para la suya. En ese sentido, una iniciativa interesante, aunque sin el apoyo que hubiera sido deseable, fue la de COVAX, a efectos de facilitar vacunas a los países de ingresos medios y bajos. Sobre el nacionalismo de las vacunas, vale aquí citar un artículo publicado el 04.02.21: «Aún peor fue la impresión la semana pasada de que Europa estaba practicando el nacionalismo de las vacunas, un revés deprimente de su compromiso con la apertura. ¿No se suponía que las vacunas eran un bien común mundial? Europa fue uno de los más fuertes promotores de la iniciativa Covax para adquirir vacunas para los países pobres. Pero en esta etapa, está luchando por vacunar a sus propios residentes» (Kauffmann, 2021). Este panorama, lamentablemente, ya se venía avizorando: «Las diferencias inherentes entre los países en vías de desarrollo y aquellos desarrollados, presentan una desigualdad de base para todo el proceso de accesibilidad justa de la vacuna a todo el mundo. Hay factores nacionalistas, geográficos y comerciales que dificultarán el acceso equitativo a todas las poblaciones, tanto en tiempo como en volumen. Los gobiernos probablemente den prioridad a sus propias poblaciones, dadas las altas inversiones que han hecho en los procesos de producción, tanto de las vacunas, como de los medicamentos contra el Covid-19» (Zonenszain Laiter, 2021, p. 224).

99 Para la OMS y la OPS: «debe darse una alta prioridad a todo aquello que socave la confianza pública de los grupos minoritarios históricamente desfavorecidos y asegurarse de

quier campaña contra nuevos virus, de ganar en primer lugar la batalla por lograr la confianza de la ciudadanía.

2. El éxito de las vacunas, ya que, paradójicamente, como ellas reducen la incidencia de la enfermedad, mucha gente piensa entonces que ya no es necesario vacunarse (Girotto, 2022, p. 841).
3. La idea de que «mejor enfermarme de una vez», en la línea del refranero popular: «al mal paso, darle prisa».
4. Actitud complaciente/displicente/indiferente de muchos ciudadanos que no perciben la necesidad o la importancia de vacunarse.
5. Presencia de teorías conspirativas, difundidas exponencialmente a través de las redes sociales y otros medios tecnológicos.
6. Temor/recelo/angustia propios del contexto.
7. Idea del castigo divino o de dejar las cosas a Dios para evadir nuestra propia responsabilidad.

MacIntyre, por su parte, recoge como otros argumentos los siguientes:

- Es un invento de un laboratorio gubernamental como parte de una guerra biológica.
- Era parte de un plan para hundir la economía y evitar que Trump se reeligiera.
- Es parte de un plan de Bill Gates para implantarnos un chip y rastrear nuestros movimientos.
- Es un invento de las grandes empresas farmacéuticas para sacar provecho de la vacuna.
- Es culpa de las torres de telefonía móvil 5g.
- Todo es un cuento y no hay pacientes en los hospitales. (MacIntyre, 2023, p. 262).

Hay autores que consideran, dentro de los factores que pueden influir en la decisión de las personas a no vacunarse, la etnicidad, la situación laboral, el sexo, etc.[100].

---

que se tomen en cuenta las consideraciones culturales. La reticencia a la vacunación puede ser mayor en esos grupos poblacionales, y podría no limitarse a las preocupaciones sobre la seguridad y la efectividad, dado que la desconfianza hacia las autoridades puede tener sus raíces en incidentes previos de políticas y prácticas médicas y de salud pública que no eran éticas, así como en la inequidad estructural. Estos grupos poblacionales pueden considerar la vacunación obligatoria como otra forma de inequidad u opresión, que les dificulta el acceso a empleos y servicios esenciales» (2022, p. 5).

100 Por ejemplo, Troiano y Nardi se refieren a estos y otros factores acotando lo siguiente:
- Etnicidad: Las personas de raza negra registrarían una menor aceptación a vacunarse.
- Situación laboral: Los desempleados registrarían una aceptación más baja a vacunarse que los que trabajan.

Sin perjuicio de lo expuesto, más allá de los factores que pueden influir en nuestra decisión de vacunarnos o no, la pregunta que debemos hacernos es ¿cuán libres somos a la hora de decidir?

2.2. ¿Somos seres racionales? Razones de nuestras sinrazones

Los humanos nos definimos como seres racionales, para distinguirnos así de los animales. De hecho, Boecio definía al hombre como una sustancia indivisa de naturaleza *racional*.

Sin embargo, ¿lo somos siempre? ¿Lo somos siquiera las más de las veces?

En realidad, como lo han puesto en evidencia la psicología conductual, la economía conductual[101], y la neurociencia, no siempre actuamos racionalmente[102]. Podemos ser presas fáciles del error o factores psicológicos, cuando no de nuestra propia falta de conocimiento. Baste mencionar que,

- Política: Los encuestados demócratas serían más propensos a aceptar la vacuna que los de otros partidos.
- Género: Las mujeres registrarían una menor aceptación a vacunarse.
- Educación: Los encuestados con menos educación tendrían menos disposición a vacunarse.
- Ingresos: Las personas que ganan menos serían más reticentes a vacunarse (2021, pp. 246-247).

101 Dichas disciplinas explican no solo que somos poco racionales, sino que dicha irracionalidad es previsible al usar los mismos caminos, atajos y sesgos (DURAND, 2023, p. 123). De ahí que, para la economía conductual, la economía debe basarse más en cómo la gente actúa que en cómo debería comportarse, reconociendo nuestros defectos como seres humanos y que somos mucho menos racionales de lo que postulara la economía clásica (ARIELY, 2017, pp. 258-259). Cabe señalar que esta teoría tuvo un reconocimiento particular cuando se otorgó el Premio Nobel de economía al psicólogo Daniel Kahneman en el año 2002.

102 Como dicen Drago y Rojas «una visión del ser humano como un ser puramente racional corre el riesgo de generar predicciones erróneas sobre el comportamiento y, por tanto, una aplicación del Derecho ineficaz en la práctica» (2012, p. 382). Puede añadirse que: «... la economía conductual ha puesto en evidencia que no siempre actuamos racionalmente, cuestionando el planteamiento racionalista de nuestras conductas planteado por la economía clásica» (CÁRDENAS KRENZ, 2022b); empero, es posible advertir que la economía conductual no busca refutar la economía neoclásica, sino mejorarla al incorporar los fundamentos psicológicos al ámbito de la economía (RAMOS, 2023, p. 4).
Por su parte, Cabrales y Rey (2022), manifiestan que: «...en contra de los postulados tradicionales de la Economía, (...) existe amplia evidencia de que los seres humanos no somos racionales y, por tanto, nuestras decisiones frecuentemente no redundan en nuestro propio beneficio o en el de la sociedad a la que pertenecemos» (p. 231).

según un artículo publicado en *The Guardian*, en Brasil, unos 11 millones de personas creen que la Tierra es plana, es decir, un 7 % de la población (Cowie, 2019).

Existen una serie de factores, prejuicios, sesgos, ruidos y heurísticas[103] que nos condicionan, contradiciendo la falsa premisa de la economía clásica[104] de que los agentes económicos actúan siempre racionalmente y eligen lo mejor[105]. Es posible advertir que tal idea puede llevarnos a hacer predicciones equivocadas o no poder prever situaciones tan graves como la crisis financiera de los años 2007 y 2008

Por lo demás, abonan en favor de la tesis de una dudosa racionalidad, la masiva creencia en el horóscopo, las supersticiones, las cábalas, la búsqueda de chamanes para leer el futuro o tener suerte, etc. Todo ello sin contar con la reiterada costumbre de elegir gobernantes que meses después no sabemos cómo así elegimos.

Muchas veces el problema se debe simplemente a equivocadas ideas preconcebidas. Un caso interesante es el de las campañas públicas contra el consumo excesivo de cigarrillos, en el que una lógica simplista estima que

103 Puede definirse una heurística como una operación cognitiva que funciona como un atajo mental, rápido e intuitivo, para poder emitir un juicio automático vinculado con nuestro entorno, de modo que su propia utilidad es a la vez su debilidad (Durand, 2023, pp. 136-137). Se trata de recursos simplificadores que funcionan como reglas sencillas para tomar decisiones o «mecanismos inconscientes para resolver la complejidad inherente de la mayoría de las decisiones», los cuales buscan simplificar en forma rápida lo complejo, como cuando para calcular una distancia equiparamos claridad con proximidad; sin embargo, debemos tener en cuenta que la mayoría de las heurísticas no son plenamente fiables (Hammond *et al.*, 2002, p. 161). Las heurísticas nos sirven para hacer predicciones cuando la respuesta real nos es incierta, siendo útil y eficaz, pues difícilmente tenemos tiempo para tener toda la información necesaria ni el tiempo para comprenderla y procesarla cuando tenemos que tomar una decisión (Nordell, 2022, p. 198). Puede decirse que «poseen un gran valor funcional, dado que la capacidad de procesamiento de información es limitada» (Fariña *et al.*, 2002, p. 39). Así, por ejemplo, podemos mencionar los siguientes casos: si soy estudiante universitario y no sé en qué curso electivo matricularme, lo hago en el que la mayoría de mis amigos ha elegido; no sabiendo a cuál de dos personas contratar, elijo a tal porque es mi paisano; queriendo escoger qué juguete le regalo a mi hijo por Navidad, le compro aquel que miró más en la tienda.

104 «Somos mucho menos racionales de lo que presupone la teoría económica estándar» (Ariely, 2017, p. 18).

105 «...las premisas en que se basa la teoría económica son imperfectas. Primero, los problemas de optimización a los que se enfrenta la gente normal a menudo son demasiado difíciles como para que los puedan resolver, o incluso acercarse a su resolución. Es más, un simple desplazamiento a un supermercado de tamaño mediano ofrece al comprador millones de combinaciones de productos que entran dentro del presupuesto familiar. ¿Realmente la familia escoge lo mejor? Y, por supuesto, nos solemos enfrentar a problemas mucho más difíciles que ir al mercado, como elegir una carrera, una hipoteca o una pareja sentimental (...). Segundo, las creencias a partir de las cuales la gente toma sus decisiones no son imparciales» (Thaler, 2016, p. 30-31).

mostrar en las cajetillas los terribles efectos que puede generar la nicotina haría que los fumadores dejen de hacerlo, sin embargo, no es así, pues ello no ocurre siempre (Fros, 2015, p. 54).

El problema es más grave cuando nuestros errores pueden involucrar a otras personas y, peor todavía, cuando pueden tener graves repercusiones jurídicas.

Un caso es el del falso testimonio de los testigos que de buena fe creen haber visto a alguien cometer un delito cuando en verdad no fue así[106]. Cabe señalar que la identificación errónea de testigos presenciales habría contribuido con un 63 % de 243 sentencias injustas en Estados Unidos, detectadas por la organización *Innocence Project*, siendo uno de los casos más notorios el de Tyrone Day exonerado en Dallas en mayo del 2023, después de 33 años de haber recibido una condena injusta[107].

Incluso cuando hablamos del examen de huellas dactilares, que parece basado en ciencia exacta, en realidad también está sujeto al sesgo psicológico de quienes realizan dicho examen (Kahneman *et al.*, 2021, p. 246). El llamado «sesgo de confirmación forense» —dicen Dror y Rosenthal (2008)— se puede también dar incluso en pruebas como el análisis de sangre o de ADN, por lo que los análisis de los expertos forenses no son totalmente objetivos y confiables.

De acuerdo a los más modernos estudios del cerebro, puede decirse que tenemos una racionalidad acotada, en la que influyen nuestras emociones, sesgos, heurísticas, razones de comodidad, la inmediatez[108] y un cúmulo de factores contextuales[109].

---

106 «... la psicología del testimonio nos está descubriendo que los juristas estamos practicando en los interrogatorios simples pantomimas autocomplacientes que solo se ven guiadas por la intuición, lo que es inaceptable a los efectos del razonamiento probatorio.» (Nieva, 2023, p. 34).

107 https://innocenceproject.org/news/tyrone-day-exonerated-in-dallas-33-years-after-wrongful-conviction/

108 Las personas suelen valorar más el presente; de allí que busquemos por lo general el placer inmediato, y entonces prefiramos los 10 euros que ofrecen regalarnos hoy en vez de los 14 que nos darían si somos capaces de esperar un año.

109 Como somos limitadamente racionales, para ahorrar tiempo, evitar complicarnos y hacer más llevadera la vida diaria, adoptamos estrategias de decisión o apelamos a heurísticas con fines pragmáticos, además de influir en nosotros el contexto: «thin versions of rational choice theory-for example, expected utility theory-are an inadequate basis on which to rest legal policy because they have little or no predictive value. Further, they are implausible as theories of general applicability for two reasons. First, people are boundedly rational. To save time, avoid complexity, and generally make dealing with the challenges of daily life tractable, actors often adopt decision strategies or employ heuristics that lead to decisions that fail to maximize their utility. Second, people's preferences are affected by context» (Korobkin y Ullen, 2000, p. 1143).

Podemos afirmar entonces, con mayor rigor, que, en realidad, no es que solamos ser irracionales, sino que nuestra racionalidad está muchas veces condicionada, limitada, más allá de lo que pensamos.

Quizás debamos decir con Harari, que podemos definirnos más que como seres racionales, como seres sociales por naturaleza. Así —haciendo una analogía con la famosa serie *Star Trek*—, podríamos afirmar que: «Somos más humanos, como James T. Kirk, que vulcanos como Spock» (Martabit, 2021, p. 156).

Volviendo a la pandemia, pensemos en cuántos supuestos remedios aparecieron para luchar contra la COVID-19 gozando de gran aceptación popular (a veces, incluso médica): la hidroxicloroquina, los antibióticos, la vitamina C, la pimienta negra, el dióxido de cloro, el té de moringa, el ajo, el vodka, entre otros.

Sin duda, nuestras decisiones se sustentan en la razón muchas veces, mas no siempre es así; en realidad, la mayor parte de nuestros actos son inconscientes, mecánicos o intuitivos[110]. Como dice Gigerenzer (2018), «Consideramos que la inteligencia es una actividad deliberada, consciente, guiada por las leyes de la lógica. Sin embargo, buena parte de nuestra vida mental es inconsciente, se basa en procesos ajenos a la lógica: reacciones, o intuiciones instintivas» (p. 9).

Condicionan nuestras opiniones factores tan diversos como nuestra nacionalidad, sexo, edad, experiencias, época, etc., algunos de ellos aparentemente racionales y otros específicamente emocionales, siendo de añadir aquí los ruidos o *noise,* a propósito del libro de Kahneman, Sibony y Sunstein.

Cien euros son cien euros, pero un concurrente a los casinos no se siente tan mal cuando pierde los cien euros que acaba de ganar allí que cuando pierde los cien que traía consigo al llegar (Ross *et al.*, 2014, p. 606). Moraleja: 100 euros no siempre valen 100 euros[111].

A veces, tales ideas preconcebidas pueden tratarse de cosas más bien absurdas como aquella ingenua creencia masculina de que comer más en las citas es un rasgo de virilidad que impresiona a las mujeres (Sunstein y Thaler, 2018, p. 83).

---

110 «la mente consciente tiene un papel absolutamente residual en nuestra actividad mental (la mente inconsciente está, literalmente, al mando», sostiene Beltrán de Heredia (2023, p. 16), mencionando además que «el 95 % de nuestra actividad cerebral rige por debajo del nivel consciente» (p. 49).

111 Otro ejemplo que puede añadirse es la «falacia del jugador»: Si en un juego de ruleta ha aparecido cinco veces seguidas un número rojo, el jugador supone entonces que el siguiente resultado será negro cuando en verdad la posibilidad sigue siendo de 50 % de que salga rojo o negro (Ross *et al.*, 2014, p. 610).

Por otro lado, pensamos que un medicamento debe ser mejor que otro solo porque es más caro y, psicológicamente, hasta nos sentimos mejor por el solo hecho de consumirlo.

Sobre esto último, Ariely da cuenta de un experimento en el que se aplicó Veladona a dos grupos distintos de pacientes para aliviar el dolor; a uno, a un precio de 2.50 dólares y, al otro, a un precio de 10 centavos, siendo exactamente el mismo medicamento. En el caso de los que consumieron la cápsula al precio de 2,50 dólares, casi todos expresaron alivio en su dolor; pero en el caso del otro grupo, ello solo ocurrió con la mitad, poniendo en evidencia que el precio puede potenciar la eficacia de un medicamento, placebo o bebidas energéticas (Ariely, 2017, p. 201 y 205).

Otro dato curioso es que cuando jugamos a los dados y queremos que salga un número alto, los tiramos más fuerte; mientras que cuando queremos que salga un número más bajo, los arrojamos más despacio (Fros, 2015, p. 131). Ciertamente, la fuerza con que tiremos los dados no tiene nada que ver con el número que arrojen, pero somos así. Un dato más para la curiosidad: Las acciones tienden a subir de precio los viernes y a bajar los lunes (Thaler, 2016, p. 254).

Existe también el llamado «efecto restorán lleno» (Fros, 2015, p. 178), de acuerdo con el cual, si queremos almorzar y vemos dos establecimientos para comer uno al lado del otro, solemos elegir aquel en donde hay más gente (aunque haya cola o precisamente por ello) por cuanto suponemos que debe ser mejor, por más que no necesariamente sea así. Este comportamiento se llama «gregarismo», conforme al cual presuponemos que algo es bueno (o malo) tomando como referencia lo que hacen otras personas y seguimos esa misma pauta (Ariely, 2017, p. 56).

No está demás tampoco recordar cómo la influencia social puede llevarnos a normalizar consumos nocivos para nuestra salud, como ocurre con las drogas, aun cuando ello atente contra nosotros mismos.

Ahora bien, la influencia social, del mismo modo en el que puede ser negativa, también puede ser positiva. Así, según un estudio de la Universidad de Harvard y la Universidad de California, si una persona es generosa, puede inspirar al menos a otras tres para hacer lo mismo, lo que se conoce bajo el concepto de «efecto cascada» (Manes y Niro, 2014, p. 230).

Por otro lado, se sabe que cuando compramos, las marcas son capaces de activar ciertos circuitos de nuestro cerebro sin que nos demos cuenta, de modo que cuando adquirimos algo, muchas veces no es que queramos el producto en sí sino satisfacer determinadas emociones y deseos que llevamos dentro (Fros, 2015, p. 16-17); dicho de otra manera: no deseamos el producto por sí mismo, sino por lo que significa.

Un dato curioso, a propósito de marcas, es que después de que Tom Cruise usara lentes Ray Ban en la película *Top Gun* en 1986, los ingresos de la empresa aumentaron en un 40 % (Fros, 2015, p. 173). Otro estudio demuestra que la gente, cuando sale de ver la película «Rápidos y Furiosos», suele conducir más rápido que cuando ve otro tipo de películas.

Yendo a cuestiones más complejas, se sabe hoy en día que es posible implantar una idea sutilmente en la mente de una persona, de modo de condicionar sus pensamientos, afectando su forma de ver el mundo, lo que se ha llamado *priming;* así, «una vez que un concepto se cuela en los camerinos de la mente, acechará entre bastidores y empujará a otros conceptos al centro del escenario» (Nordell, 2022, p. 38; Kahneman, 2016, p. 75). Por ejemplo, si en un noticiero casi todas las noticias son sobre asaltos y robos en una ciudad, tenderemos a pensar más que esa ciudad es violenta; si conversamos con una persona acerca del jazz y minutos después le decimos que complete la palabra que sigue: S _ X _, es muy probable que escriba SAXO, pero si no hubiéramos de ese tema en especial, lo más probable es que hubiera escrito SEXO.

Cuestión aparte (y curiosa) a destacar es que nuestra percepción de las cosas está muchas veces influenciada por las palabras con las que nos las cuentan. En Estados Unidos, Elizabeth Loftus hizo un experimento en donde a dos grupos de personas se les mostró el mismo video de un accidente de dos autos colisionando entre sí, pidiéndole a los encuestados calcular su velocidad; el estudio demostró que la palabra que usemos para describir el hecho influye en la percepción del mismo; así, si a un grupo le decimos que los autos se habían «estrellado» y al otro que los autos habían «impactado» entre sí, al primer grupo le parecerá que los los coches iban más rápido que a los segundos.

El orden de las palabras también puede ser importante. Veamos un ilustrativo ejemplo que citan Montolio, Polanco y García (2022, p. 141), con dos versiones de una misma información:

a) Steve es inteligente, diligente, crítico, impulsivo y celoso.

b) Steve es celoso, impulsivo, crítico, diligente e inteligente.

Si bien las dos oraciones contienen la misma información, quienes leen el primer texto suelen tener una mejor opinión de Steve que los que leen el segundo.

La manera de decir las cosas puede llevarnos a tomar decisiones distintas. Así, es más probable que una persona compre un corte de carne si le dicen que es 80 % magra, que si le dicen que es 20 % grasa.

Hoy en día, aparte de saber que nuestro cerebro pesa entre 1,3 y 1,4 kilos, conocemos muchas cosas de él que antes desconocíamos, como, por ejemplo, que consume el 20 % de la energía corporal y alberga 100.000 millones de neuronas (Capogrossi y Macri, 2019, p. 38). Sin embargo, nos queda mucho todavía por estudiar, siendo de tener en cuenta que, como dice Morgado (2023, p. 12), «Si comprendemos el funcionamiento del cerebro sabremos lo que somos, cómo somos y por qué».

Un dato interesante es que nuestro cerebro tiene sus propias peculiaridades a la hora de percibir las cosas, y frecuentemente podemos ser víctimas de prejuicios y engaños cognitivos (Pigliucci, 2023, p. 19). Veamos, por ejemplo, esta figura:

En esta imagen, cualquier observador puede notar con facilidad que hay en medio un triángulo de color blanco. Sin embargo, si nos fijamos bien, la figura geométrica que vemos en realidad no está completamente delineada; lo que ocurre entonces es que nuestro cerebro, a partir de algunos trazos, llena la información «faltante» para construir en nuestra mente la idea de un triángulo. De esta manera, el triángulo de Kanizsa (que así se llama la imagen que antecede) pone en evidencia cómo nuestro cerebro completa por sus propios medios la información faltante, siendo aquí en donde puede recurrir a experiencias anteriores o heurísticas.

Como los humanos tenemos un tiempo y una capacidad cerebral limitados, recurrimos a sencillas reglas de carácter general para facilitar la toma de decisiones, como sería el caso de la heurística de disponibilidad (Thaler, 2016, p. 52); también a veces las personas deciden consultando con sus sentimientos, de modo que nuestras emociones determinan nuestras decisiones, lo que constituye una heurística del afecto; por otro lado, cuando en un grupo unas personas se ven más seguras de sí, su opinión suele tener más peso que otras, independientemente de que sus motivos justifiquen o no dicha seguridad, en cuyo caso estamos ante una heurística de la confianza.

2.3. Acerca de los sesgos

Los sesgos pueden definirse como «desviaciones sistemáticas del pensamiento racional» (Costas y Tucat, 2021, p. 11), de las cuales no somos conscientes (o nos negamos a aceptar), y que constituyen hábitos del pensamiento que pueden determinar nuestras decisiones. Como dice Beltrán de Heredia (2023), «la existencia de sesgos cognitivos ha evidenciado que nuestra racionalidad es limitada y, además, que somos proclives a tomar decisiones erróneas de forma sistemática» (p. 16).

Ellos pueden ser de distintos tipos, como, por ejemplo:

Aversión a las pérdidas:

Aborrecemos perder. Tanto, que nos pesa más la cólera de perder algo que el placer de ganarlo: El malestar de perder 50 euros es mayor que la felicidad de encontrarlos, dicen los estudiosos. Si pedimos en el restaurante un plato caro y no nos gusta, es probable que no dejemos la comida; si vamos al cine y la película es mala, es difícil que nos salgamos a media película; si compramos un libro caro pero lo encontramos aburrido, igual puede que no dejemos de leerlo con facilidad; ¿qué ocurre en todos estos casos? Pues que pensamos ingenuamente (o tercamente) que nos estaríamos perdiendo de algo, cuando en verdad no es así.

En resumidas cuentas, las pérdidas nos pesan más que las ganancias, aunque no nos vendría mal —por cierto— hacer un esfuerzo de objetividad y tener presente que, en la vida, a veces se gana y a veces se pierde.

Efecto ancla:

Muchas veces, el valor inicial o la primera información que recibimos de algo nos condiciona o predetermina. Supongamos que un grupo de brillantes escolares quiere participar en un campeonato mundial de ajedrez en Asia, pero no tiene recursos para el viaje y se organiza una colecta; para colaborar, hay que anotarse en una lista, pero no nos dicen cuál es el monto del aporte, indicándosenos solamente que depende de nuestra voluntad; entonces, si el benefactor encuentra consignados antes de su firma aportes por 50, 100 ó 150 euros, es más probable que aporte una suma en dicho rango y no los 5, 10 ó 40 euros en los que originalmente había pensado.

Este efecto tiene diversas manifestaciones. Es el caso de los sindicatos que cuando piden un aumento de sueldo exigen una suma mayor a la atendible, a fin de «jalar» más hacia arriba la cifra en discusión durante la negociación; y es el caso también por cierto del empleador, que ofrece una cifra inferior a sus posibilidades reales para «jalar» la cifra más bien hacia abajo.

El dueño de un restaurante que quiere que sus comensales consuman el vino «X», pone a su lado en la carta uno más barato de baja calidad y otro de más alto precio; de esta manera, en contraste con los otros dos vinos, más gente comprará «X», lo que constituye un ejemplo de arquitectura de las elecciones.

Se dice también (Kahneman *et al.*, 2021, p. 169) que los consumidores son más propensos a verse afectados por las etiquetas que hacen referencia a las calorías de un producto si estas están colocadas al lado izquierdo en vez de al lado derecho del alimento.

Un ejemplo más familiar es el del chico al que sus padres le suelen dar permiso para ir a fiestas solo hasta la 2 a.m., pero resulta que un día quiere que lo autoricen hasta las 4 a.m., por lo que pide entonces permiso no hasta esa hora sino hasta las 6 a.m.; aplicando el efecto ancla, el hijo esperará que sus padres le digan que de ninguna manera a esta hora, él insistirá entonces con las 6, y, luego de cierto «forcejeo» verbal, es probable que sus propios padres finalmente le digan «si quieres, ven a las 4, ¡pero de ninguna manera a las 6!», con lo que el chico se habrá salido con su gusto.

De allí que, antes de tomar una decisión, no debemos dejarnos llevar por la primera impresión. Si vamos a negociar o discutir con alguien, debemos tener previamente las ideas claras y firmes, y por supuesto estar informados, a fin de reducir la posibilidad de ser condicionados.

Un dato a tener en cuenta por los abogados es que, en el ámbito judicial, el anclaje es el heurístico por excelencia en las decisiones de los magistrados, como lo han puesto en evidencia Fariña, Arce y Novo (2002, p. 39 y ss.), a partir del estudio de 555 sentencias penales de las Audiencias Provinciales y Juzgados Penales de la Comunidad Autónoma Gallega, encontrando que «el 63.6 % (353) de las sentencias están guiadas por un efecto de anclaje en la petición de la fiscalía o, si se trata de una apelación, en la decisión judicial previa»[112].

Efecto de la mera medición:

Conforme a la psicología del comportamiento, el solo hecho de preguntar a una persona qué piensa hacer respecto a algo, hace más factible que se comporte de acuerdo a lo que haya dicho. Es decir, nuestra respuesta en favor de algo puede inducirnos a dicho comportamiento, al hacernos sentir más comprometidos.

Así, si alguien le dice a otra persona que sí va a ir a votar en las próximas elecciones municipales, es más probable que lo haga que si es que no hubiera dicho nada. Y es que, de alguna manera, somos esclavos de nuestras palabras (en buena hora, en este caso, por el bien de la democracia).

112 «... el anclaje es un instrumento facilitador de «ahorro cognitivo» y, por extensión, mitigador de la falta de medios y de la saturación judicial. Todo ello nos lleva a preguntarnos ¿qué calidad de justicia reciben tanto en primera instancia como en apelaciones, todos aquellos que son objeto de una decisión anclada?» (Fariña *et al.*, 2002, p. 44).

En psicología, se habla de la estrategia del compromiso, la que plantea que «Al asumir compromisos con otros de manera voluntaria, la probabilidad de que la acción se lleve a cabo es mayor, dado que no hacerlo comporta un costo reputacional» (Costas y Tucat, 2021, p. 15). Así, los compromisos de Año Nuevo es más probable que los cumplamos si los formulamos en público que en privado.

En el caso de las vacunas, el solo hecho de comprometernos a aplicárnoslas siguiendo un calendario, hace que sea más posible que nos vacunemos.

Es de notar que esto no debe confundirse con el valor del respeto de la palabra empeñada, que más bien responde a una cuestión axiológica y voluntaria que nos lleva a cumplir aquello con lo que nos comprometemos.

Efecto dotación *(endowment effect)*:

Este efecto hace que los seres humanos atribuyamos un mayor valor o precio a un objeto si es que ya es nuestro y queremos venderlo; y es que valoramos más lo que es parte de nuestro patrimonio que lo que puede llegar a ser parte de él; puede decirse, en otras palabras, que es la tendencia a estimar que algo que poseemos vale más de lo que valdría si es que no lo poseyéramos (Ross *et al.*, 2014, p. 607).

Así, pedimos más dinero por deshacernos de algo que lo que estaríamos dispuestos a pagar por adquirirlo. Como solemos sobrevalorar las cosas que nos pertenecen, creemos que nuestro auto vale más que lo que piensa el resto o que nuestro perro es el más inteligente del vecindario.

Claro que resulta natural y psicológicamente entendible que valoremos más lo que es nuestro, mas no estaría de más hacer el esfuerzo de no dejar que nuestro yo emocional termine predominando sobre nuestro yo racional.

Sesgo de autocomplacencia:

Se da cuando, sabiendo que existen los sesgos, sostenemos que a nosotros no podrían afectarnos y que estamos por encima de ellos, siendo que, en realidad, como dice Durand (2023), «los sesgos nunca nos abandonan y nos hacen caer en la trampa a la menor imprudencia» (p. 125).

Sesgo de confirmación o confirmación de hipótesis:

Pasamos por alto (inconscientemente) la información que contradice lo que sabemos o que creemos saber, somos refractarios al cambio. En las elecciones presidenciales, cuando nos decidimos a votar por un candidato y nos presentan luego cuestionamientos contra el mismo, es más probable que subestimemos la información antes que hacerle caso a nuestro interlocutor y cambiar el sentido de nuestro voto.

Y es que ese candidato, una vez elegido por nosotros mismos, ya no es un candidato, sino *mi* candidato, y lo defenderemos tenazmente como sea... hasta que nos arrepintamos luego de haberlo elegido (como suele pasar), cuando despierta nuestro cerebro racional y le jala las orejas a nuestro cerebro intuitivo.

Solemos buscar la información que refuerza nuestras ideas, confirmando nuestros estereotipos (aunque no los tengamos por tal), ignorando o minimizando lo que se oponga a ellos; en otras palabras, buscamos que la realidad se ajuste a la imagen preconcebida que tenemos del mundo. Así, vemos lo que queremos ver, oímos lo que queremos oír; nos fijamos en lo que confirma nuestras ideas y desechamos lo que las niega.

Contra lo que comúnmente se cree, la evidencia no vence tan fácilmente a las creencias. Solemos caer en la tentación de dar por buenas y ciertas nuestras convicciones sin cuestionarlas (Lolas, 2022, p. 32).

Como decía Francis Bacon en Novum Organum: «El entendimiento humano, una vez que adopta una opinión, hace que todas las cosas la respalden y se pongan de acuerdo con ella. Y aun cuando haya un número mayor de elementos del otro lado, los omite y desprecia».

Si tenemos una opinión determinada sobre un tema, nos enfocamos más en aquella información que concuerda con la nuestra, dejando de lado o subestimando las demás. Así, muchas veces asumimos una posición por anticipado y buscamos evidencias que la amparen sea como sea de modo que nuestra supuesta conclusión no es sino un esfuerzo para ajustarnos al juicio que asumimos inicialmente, siendo víctimas de lo que podríamos llamar el «sesgo de la conclusión anticipada».

De ahí que, cuando un juez ordena una prisión preventiva en un caso, no debe ser el mismo magistrado quien resuelva el caso finalmente, ya que estaría condicionado por esa decisión anticipada. Si muchas veces descalificamos a quien está llamado a juzgar por «adelantar opinión», asumiendo que está condicionado, ¿cómo no pensar que en este caso no pase lo mismo?

Es de advertir —para evitarnos inútiles intentos— que el solo hecho de mostrarle a una persona opiniones bien sustentadas distintas a la suya por lo general no basta para hacerle cambiar de opinión. Pensemos nuevamente en las elecciones: todos tenemos un amigo que por más pruebas que le mostremos de que el candidato con el que simpatiza es un corrupto, igual lo sigue defendiendo. Algo así pasa en las discusiones con los llamados «antivacunas».

En el caso de los terraplanistas, el asunto es bastante claro, pues, como dice MacIntyre, sus partidarios seleccionan los datos interesadamente *(cherry-picking)* para demostrar su punto de vista, interpretan de la forma más conveniente cualquier dato que defienda sus creencias y acuden a sesgos para rechazar cualquier cuestionamiento (2023, p. 38).

Si pensamos que las vacunas no sirven, privilegiaremos toda la información que avale nuestro punto de vista, ello con la complicidad de los algoritmos que nos seguirán enviando más y más artículos en la misma línea de pensamiento, conocedores de nuestras preferencias.

El tema se agrava con la existencia de *Fake News* y el poder algorítmico de las redes sociales para su difusión. Es así que existen personas que creen que la vacuna contra el sarampión, las paperas y la rubeola pueden generar autismo en sus hijos, prejuicio que puede verse agravado a partir de la muy sencilla idea que: «¡cómo va a ser falso ese mensaje si dice lo mismo que yo pienso!».

Como dice Berger, «En lugar de cambiar los puntos de vista, la gente se atrinchera en sus ideas», de modo que en vez de pasarse al bando contrario la persona se radicaliza en su posición, pudiendo caer en el efecto Dunning-Kruger, que es una distorsión cognitiva que sobreestima nuestra idea sobre el conocimiento de algo, haciéndonos que nos creamos más listos de lo que somos. El sesgo tiene que ver con la reactancia, que hace que cuando alguien está por convencernos de algo que va en contra de lo que pensamos, reaccionamos poniéndonos en guardia para contraargumentar y confirmar nuestras creencias (Berger, 2022, p. 106), por más datos objetivos con los que ellas sean enfrentadas.

Nos sentimos mejor si pensamos que somos inteligentes y bien informados; de ahí que si nos enfrentamos a una información que sugiere que una de nuestras creencias está equivocada, se genera en nosotros una tensión psicológica, pensando en cómo siendo tan inteligentes podamos creer en una falsedad, como dice MacIntyre[113].

Algo a observar es que, casi como un efecto natural, todos tenemos un sesgo cognitivo que hace que estemos de acuerdo con lo que creen quienes nos rodean. Nuestra necesidad de aceptación del grupo puede estar por encima de la realidad, lo cual puede facilitar la difusión de las posverdades, pues somos especialmente vulnerables cuando nos dicen exactamente lo que queremos escuchar.

> «...we all have a built-in cognitive bias to agree with what others around us believe, even if the evidence before our eyes tells us otherwise. At some level we all value group acceptance, sometimes even over reality itself.
>
> (...) we are especially vulnerable when they tell us exactly what we want to hear» (MacIntyre, 2018, p. 62).

113 «It just feels better for us to think that we are smart, well-informed, capable people than that we are not. What happens when we are confronted with information that suggests that something we believe is untrue? It creates psychological tension. How could I be an intelligent person yet believe a falsehood?» (MacIntyre, 2018, p. 36).

Evitar caer en esta trampa mental, depende, en primer lugar, de nuestra capacidad de reconocer que somos capaces de equivocarnos y de nuestra capacidad de no ceder a la soberbia. La tarea no es fácil, sin duda, pues, usualmente, somos muy capaces para cuestionar las ideas ajenas, pero inútiles para cuestionar las nuestras.

Sesgo de disponibilidad:

Cuando estamos sometidos constantemente a un mismo estímulo, solemos asociarle un sentimiento favorable, de modo que esa sola exposición favorece nuestro concepto. Es decir, la facilidad con que cierta información nos viene a la mente, puede condicionar nuestras ideas.

Así, por ejemplo, como se habla mucho de Aruba para ir de vacaciones, suponemos que debe ser mejor lugar que el poco sonado Bonaire, cuando en verdad este último lugar es más bonito que aquel; como se habla más de los homicidios que de los suicidios, la gente piensa que más personas mueren de lo primero que de lo segundo, siendo que, en el 2020, en EE.UU., mientras el número de asesinatos fue de 21.570, el de suicidios ascendió a 45.940[114]; del mismo modo, algo que pasó hace poco tiene mayor incidencia en nuestras conductas y temores que lo ocurrido tiempo atrás.

En el ámbito judicial, las decisiones de los magistrados pueden estar determinadas por los casos anteriores que hayan visto que tengan algún parecido con el actual; como dicen De la Rosa y Sandoval (2016), se sobreestima la información del pasado y se hacen conclusiones erróneas (p. 161).

Sesgo de internalidad:

Tendemos a considerar que nuestros éxitos se deben a nuestras cualidades o méritos y no a la casualidad o a factores externos.

Si sacamos buenas notas o nos ascienden en el trabajo, solemos imputarlo a nuestra talento, capacidad o esfuerzo; en cambio, si reprobamos un curso, le echamos la culpa al profesor, a la mala suerte, al cansancio, al tipo de examen, al bolígrafo, etc., ...antes que asumir nuestra propia responsabilidad.

Sesgo de los costes irrecuperables:

Se refiere a la predisposición de tomar decisiones que avalen nuestras decisiones anteriores, como una forma de justificarnos. Así, por ejemplo, en vez de despedir a un empleado que contratamos erróneamente (creíamos que era puntual y eficiente mas no resultó así), lo mantenemos en el puesto porque pensamos que de esta manera no ponemos en evidencia que nos equivocamos, convirtiendo aquella decisión en un «coste irrecuperable», tan solo por no querer admitir que fallamos al escogerlo (Hammond *et al.*, 2022, pp. 169-170).

114 Fuente: Datosmacro.expansion.com

Sesgo de optimismo o del exceso de confianza:

Pensamos que tenemos un mejor sentido del humor que los demás, que conducimos mejor que el promedio[115], o que a nosotros no nos va dar el coronavirus.

Creemos que somos lo suficientemente capaces para no pedir ayuda a otros. Sabemos que una determinada calle es peligrosa, pero igual transitamos por ella porque pensamos que a nosotros no nos va a pasar nada, sobreestimando la fiabilidad de nuestras proyecciones.

En el caso de la COVID-19, partimos equiparando al virus con una gripe estacional, reaccionando inadecuadamente y dejando de lado otras medidas preventivas como la adquisición de equipos de protección y ciertos medicamentos, la determinación de protocolos de seguridad y el seguimiento de los mismos (Abellán-Perpiñán *et al.*, 2022, p. 594).

Sesgo de representatividad:

Consiste en la valoración que hace muchas veces un juez según la cual las personas se comportan bajo ciertos criterios de categorización predeterminados. Así, si un acusado actúa nerviosamente en el juzgado o no mira al juez durante el proceso, puede que automáticamente sea catalogado como culpable. Sin embargo, esos solos detalles no deben ser considerados suficientes de por sí para determinar la culpabilidad (De la Rosa y Sandoval, 2016, p. 159).

Sesgo del punto ciego:

Se llama así a la condición por la cual reconocemos los sesgos más en los demás que en nosotros mismos. Se trata de un sesgo muy común, vinculado con nuestra falta de autocrítica, una sobrestima personal, cierta autosuficiencia y carencia de humildad, que nos lleva a ver los errores en el otro y a negarlos en uno.

Sesgo del status quo:

Solemos aferrarnos a nuestra situación actual, nos inclinamos a mantener las circunstancias imperantes antes que optar por otra alternativa. De ahí que los primeros automóviles se parecían mucho a los carruajes y hasta se les llamaba «carruajes sin caballos».

Tal actitud tiene que ver a veces con nuestro deseo de proteger nuestro ego o un exceso de suficiencia.

---

115 El 80 % de las personas piensa que conduce mejor que los demás, como parte de nuestra tendencia a sobreestimar nuestras capacidades (Ross *et al.*, 2014, p. 602).

Este sesgo puede servir para explicar cosas como la caída de grandes empresas como Kodak o Sony, las que, al ser incapaces de adaptarse al desarrollo tecnológico, perdieron no solo el liderazgo que tenían en la década del 80, sino que también desaparecieron.

Sacando provecho del mismo, el sesgo lo conocen muy bien las revistas que nos invitan a ser sus suscriptores ofreciéndonos el «beneficio» de la renovación tácita, obligándonos a hacer determinado trámite si es que queremos cancelar la suscripción, lo que hace finalmente que no dejemos sin efecto la suscripción o nos demoremos más en cancelarla.

El asunto hasta tiene algo de física: Si un cuerpo está en estado de reposo, tiende a mantenerse en ese estado; de allí que la inacción suela vencer a la acción.

El sesgo de conformidad puede definirse como un «fenómeno que hace que las mínimas particularidades que nos unen y definen como grupo se nos aparezcan como únicas, lógicas y verdaderas, y lo que es peor, como mayoritarias». Este mecanismo social propicia la integración, pero nos ofrece una sola cara de la sociedad, dándonos por tanto una visión incompleta (Mansilla, 2020, p. 124).

Nos aferramos a lo que creemos y deshacernos de ello nos cuesta porque implica renunciar a una parte de nosotros mismos, generar nuevas incertidumbres y hasta acaso afectar nuestra autoestima. Tenemos un compromiso con nuestras ideas que es mayor todavía en tanto percibimos (muchas veces erróneamente) que hemos arribado a ellas libremente, que somos seres racionales y que nos equivocamos menos que los demás.

Hace unos años, un estudio hecho en EE.UU. puso en evidencia que si a un grupo de personas a favor de la pena de muerte, se le da a leer un texto en donde se presenta una lista con unos pocos argumentos a favor de su posición y más bien muchos más en contra, a la hora de preguntarles sobre lo que han leído, «recordarán» más aquellos pocos argumentos que iban en el mismo sentido de sus creencias y no los otros. Algo similar ocurre con las vacunas, en donde, por más contundente que sea, la sola información no suele bastar para hacer cambiar de opinión a sus opositores, lo que, por cierto, no tiene nada que ver ni con el nivel educativo de las personas, su raza o sus ingresos (Martabit, 2021, p. 166).

Así también, la gente suele leer los periódicos que piensan como ella, lo cual se ha visto potencializado con la tecnología, en donde el algoritmo, que «sabe» como pensamos, personaliza la información para mandarnos precisamente aquella que refuerza nuestras ideas. Aun cuando sea entendible que tengamos esa tendencia, el problema es que si estamos equivocados caeremos en un círculo vicioso y será cada vez más difícil que salgamos de nuestro error.

Por ejemplo, como ya mencionamos, creemos que presionar a alguien con buenos argumentos basta para sacarlo de su error; sin embargo, en vez de preguntarnos cómo convencer a esa persona para que cambie, debemos pensar en porqué esa persona no ha cambiado ya de opinión, analizando qué es lo que la está bloqueando (Berger, 2022, p. 11)[116].

Como señala Berger, lo importante es la búsqueda del autoconvencimiento, incitar a las personas al cambio haciéndolas partícipes del mismo, teniendo presente que presionar a alguien para que haga algo, hace que sea menos probable que lo realice.

Dejar que las personas elijan ellas mismas el camino puede también facilitar las acciones y hasta puede ser estratégico: como cuando los papás le dicen al hijo que escoja si quiere almorzar pollo o pescado; o cuando al pasajero de un avión le dan para que opte entre pasta y carne. La persona elegirá una de las dos cosas y sentirá que tiene el control de su decisión, siendo en realidad que esta ya venía configurada a través de un menú acotado como parte de la «arquitectura de las decisiones».

El sesgo bajo comentario nos lleva también al tema de la posverdad. Siguiendo a MacIntyre, el peligro de ella es que permitimos inconscientemente que nuestras creencias y sentimientos construyan lo que percibimos como verdad y que, además, al hacerlo, corremos el riesgo de alejarnos de la propia realidad. En ese sentido, la posverdad es una forma de reaccionar ante la realidad, que puede evitarse empezando por aceptar que podemos ser víctimas de sesgos cognitivos: conscientes de ello, tendremos mayores posibilidades de evitarlos (MacIntyre, 2018, 172)[117].

Solo a través del cuestionamiento podemos llegar a la verdad, dejando de lado la comodidad de reposar tranquilamente en nuestras creencias y el hecho de que:

> «Cuando somos manipulados por una idea que hemos aceptado con demasiada precipitación o al término de un recorrido que nos ha vuelto receptivos a su poder de seducción, es poco probable que nos demos cuenta por nosotros mismos» (Durand, 2023, p. 31).

116 «Estamos tan segados por la creencia de que tenemos la razón que suponemos que si proporcionamos más información, hecho o más razones, la gente se rendirá a nuestros argumentos» (BERGER, 2022, p. 234).

117 «The danger of post-truth is not just that we allow our opinions and feelings to play a role in shaping what we think of as facts and truth, but that by doing so we take the risk of being estranged from reality itself.
But there is another possible path.
We are not post-truth any more than we are pre-truth, unless we allow ourselves to be. Post-truth is not about reality; it is about the way that humans react to reality.
Once we are aware of our cognitive biases, we are in a better position to subvert them» (MACINTYRE, 2018, p. 172).

Como dijera el escritor y guionista británico Robert Bolt: «Una creencia no es simplemente una idea que la mente posee, es una idea que posee a la mente».

De hecho, nuestras creencias cumplen un papel tranquilizador, brindándonos certezas ante las incertidumbres[118]; así, sentimos una emoción especial al tener la sensación de que estamos descubriendo algo de lo que los demás no se percataron, lo que sirve para reforzar la necesidad de control de nuestro entorno y reforzar nuestra autoestima (Durand, 2023, p. 69 y 163).

Para enfrentar este sesgo, en ocasiones puede servir tener presente el costo de nuestra inacción, siendo capaces de distinguir con la mayor claridad y paciencia la diferencia entre lo que son las cosas y lo que podrían ser.

Sesgo implícito:

Llamado también «sesgo impulsivo», es aquel por el cual la gente que quiere actuar de una manera, termina haciéndolo de otra (Nordell, 2022, p. 16).

Sesgo por la automatización:

Se da cuando sobrevaloramos una información porque aparece en nuestra pantalla, dándola por correcta aunque sea engañosa o poco racional, dejándola que desplace incluso a la información que podemos captar a través de nuestros propios sentidos (Beltrán De Heredia, 2023, p. 31).

Sesgo retrospectivo:

Una vez que acontece algo, tendemos a pensar que siempre supimos que lo sucedido iba a ocurrir, que era algo que ya lo veíamos venir, cuando en verdad no es así (Thaler, 2016, p. 51).

Somos proclives a sobreestimar nuestra capacidad para anticiparnos a un suceso; ocurre algo y revisamos entonces nuestras creencias para encontrar en ellas la explicación irrefutable de dicho hecho, como un desenlace inevitable, como una predicción cumplida, respondiendo a nuestra necesidad psicológica de pensar que las acciones tienen consecuencias previsibles (Beltrán De Heredia, 2023, p. 92 y 94).

118 Cabe decir que la incertidumbre opera en varios niveles. Epistemológicamente, nos fuerza a integrar los vacíos cognoscitivos con informaciones parciales o falsas, porque eso nos permite tener un sentido completo de la realidad del mundo que nos rodea, permitiendo cierta estabilización de la existencia en un universo rodeado de interrogantes. El problema con ello es que la incertidumbre acelera las explicaciones profilácticas y paliativas, antes que la búsqueda —generalmente más demandante— de la verdad» (LARSON, 2021, pp. 47-48). Los estereotipos también son difíciles de erradicar por cuanto nos son funcionales, ya que nos ayudan a comprender el mundo, toda vez que necesitamos creer que el mundo que nos rodea tiene un orden y un sentido, y poder explicarnos por qué las cosas son como son (NORDELL, 2022, p. 84).

Ello puede aplicarse tanto a una crisis política como a la rotura matrimonial de una pareja que conocemos y entonces decimos: «era obvio que ello iba a pasar», para aferrarnos a la ilusión de que sabíamos anticipadamente lo que ocurriría pues ello refuerza la idea de que el mundo es predecible, que conocemos sus claves, y la idea nos da más seguridad (Durand, 2023, p. 200).

Sobre el enmarcado:

Las cosas son más lo que se dice de ellas, que lo que son verdaderamente, y es que «las decisiones dependen, en parte, de la forma en que se enuncian los problemas» (Sunstein y Thaler, 2018, p. 54), como lo veíamos en el estudio de Loftus sobre el video de los autos que colisionan.

Si el médico que conversa con un paciente que necesita ser operado de una grave dolencia le comenta que 90 de cada 100 personas quedan perfectamente bien después de la intervención, es más probable que quiera operarse que si le dijeran que de cada 100 personas mueren 10; en ambos casos estamos hablando exactamente de lo mismo, pero nuestra percepción será diferente según la frase que el galeno emplee.

Incluso la forma como se nos presentan las cosas influye en nuestras decisiones. Así, por ejemplo, existen estudios que revelan que el solo hecho de comer en un plato más grande nos hace comer más; y el color de los platos puede también influir en nuestras apetencias.

2.4. Acerca de los ruidos

No solo los sesgos afectan nuestras decisiones; también los ruidos. Aun cuando los primeros han sido más estudiados que los segundos, ambos son importantes; de hecho, el ruido puede tener efectos económicos, jurídicos, sociales, etc.

Como dicen Kahneman, Sibony y Sunstein, el problema, no obstante, es que las organizaciones no suelen reconocer su existencia, pese a que el ruido frecuentemente es un componente de mayor presencia que el sesgo, estando casi ausente de la conciencia pública y siendo que rara vez se le incluye como un factor relevante en los juicios, pudiendo hablarse hasta de una «invisibilidad» del ruido.

Lo cierto es que, en donde haya un juicio, siempre podrá haber un ruido y mayor del que nos podamos imaginar (Kahneman *et al.*, 2021, pp. 211, 217, 219 y 369), siendo consecuentemente inevitable, considerando nuestras distintas personalidades, conocimientos, experiencias, circunstancias, etc.

Así las cosas, el ruido hace que a un mismo paciente diversos médicos le diagnostiquen algo distinto, siendo también alta su presencia en psiquiatría, selección de personal y en las decisiones judiciales sobre custodia infantil, asilo político o libertad bajo fianza, entre muchas otras, en las que ante un mismo caso los jueces pueden resolver en forma muy diferente, como veremos más adelante.

El ruido puede definirse como una variabilidad no deseada en nuestros juicios y decisiones con relación a un mismo problema, la cual hace que tomemos una decisión en un sentido pudiendo haber optado por otro. Podemos decir entonces que no somos siempre la misma persona; en dos palabras: somos ruidosos (Kahneman *et al.*, pp. 6-7, 12, 37 y 88).

Esta diversidad de reacciones ante un mismo hecho, pudo apreciarse en la última pandemia, en la que los países reaccionaron de muy diversa manera ante un mismo mal como fue el coronavirus, pudiendo aquí hablarse de un «ruido de ocasión».

En un grupo de personas llamadas a decidir sobre algo, muchas veces puede ser determinante quién toma la palabra primero; esto se puede advertir en ocasiones en los exámenes de titulación cuando un jurado tiene que resolver si el alumno aprueba o reprueba, situación en la que la opinión del que habla primero puede muchas veces enrumbar la discusión.

Otro dato: si una persona lee una larga lista de palabras, es más probable que recuerde las primeras que las del medio.

Asimismo, cabe señalar que una información irrelevante, nimia o aleatoria, puede dar lugar a grandes diferencias en los resultados, en una aplicación del efecto mariposa de la teoría del caos.

Se sabe que la hora en la que tomamos una decisión puede influir en el sentido de la misma; la hora en que colgamos un post puede repercutir en su mayor o menor acogida. Se ha descubierto que, en una ciudad, si el equipo de futbol americano perdía un partido durante el fin de semana, los jueces tomaban el lunes decisiones más duras al resolver sus procesos (Kahneman *et al.*, 2021, p. 17).

Debe tenerse presente entonces, sin pretender generalizar, por cierto, lo siguiente:

> cualquier estímulo visual o auditivo –como la apariencia de la víctima o del acusado, las emociones, las conductas, la manera y emotividad con la que los participantes se expresan entre muchas otras cosas– pueden despertar o activar en el juzgador respuestas relacionadas con prejuicios, estereotipos, carencias o situaciones subconscientes de las que el funcionario judicial no tiene conocimiento y que pueden parcializar la decisión final a favor o en contra de algún participante (De la Rosa y Sandoval, 2016, p. 150).

Simonsohn (2007, p. 18), luego de comentar que como diversos estudios demuestran, los impulsos y emociones incidentales pueden influir en nuestras decisiones, ello desafía a las teorías que sostienen que las personas usan la información óptimamente al decidir y tienen preferencias previsibles: anota que hasta la evaluación de los postulantes que hacen las personas a cargo de la admisión en las universidades puede variar según lo nublado que esté el día en el que revisan las solicitudes, agregando que:

> If cloud cover, an unstable, irrelevant, and unavoidable cue is capable of influencing the weighting of attributes on the part of experts working under everyday conditions, it is hard to imagine a situation where human judgments or choices could be free of such influences (Simonsohn, 2007, pág. 18).

Por otro lado, un estudio en Francia, hecho sobre 16 millones de sentencias durante doce años, reveló que los jueces eran más indulgentes si veían el caso el día del cumpleaños del acusado; incluso algo aparentemente tan irrelevante como la temperatura, puede influir en las decisiones: revisadas 217 mil solicitudes sobre inmigración se determinó que en los días que hay más calor es más difícil obtener asilo y hasta los resultados de la bolsa también se verían afectados por la luz solar (Kahneman *et al.*, 2021, pp. 17 y 90).

Añaden los citados autores que los médicos son más propensos a recetar opioides y antibióticos al final de una larga jornada que si atienden más temprano; presionados por el tiempo, parecería ser que se inclinan por soluciones más rápidas. Señalan, además, que según la hora y el día en que atienda un médico puede variar un diagnóstico o la interpretación de las radiografías[119].

Para enfrentar el ruido, proponen hacer una «auditoría del ruido», aunque es de advertirse que la variabilidad en los juicios no siempre es indeseada (de hecho, la variedad de gustos es más bien bienvenida, pues a nadie le gustaría un mundo en donde todos tuvieran los mismos gustos).

En la medida que seamos capaces de reducir el ruido, nuestros juicios podrán ser más objetivos, justos y válidos. Lo que se aplica también a quienes administran justicia.

Durante mucho tiempo se destacó la discrecionalidad de los jueces a la hora de resolver, pero dicho entusiasmo se empezó a derrumbar en los años 70 ante la alarmante evidencia del ruido. El juez Martin Frankel puso en evidencia que un mismo caso podía ser sentenciado de diversas maneras según el juez que le tocara al procesado, generándose situaciones de discriminación, de modo que más importante que quién es el acusado es quién es el juez. Así, un vendedor de heroína podía tener sentencias de 1 a 10 años según el juez que le correspondiera ver su caso, un atracador de bancos entre 5 y 18 años, y un extorsionador entre 3 y 20 años (Kahneman *et al.*, 2021, pp. 14-16).

---

119 «Among doctors, the level of noise is far higher than we might have suspected. In diagnosing cancer and heart disease —even in reading X-rays— specialists sometimes disagree. That means that the treatment a patient gets might be a product of a lottery».
«Doctors like to think that they make the same decision whether it´s Monday or Friday or early in the morning or late in the afternoon. But it turns out that what doctors say and do might well depend of how tired they are» (Kahneman *et al.*, 2021, p. 286).

Siguiendo con el análisis de los citados autores, en un estudio hecho en 1981, 16 casos hipotéticos fueron sometidos a 208 jueces federales. El resultado fue que solo en 3 de los 16 casos hubo unanimidad en imponer una pena de prisión. Y, en esos 3 casos, hubo una variación sustancial en las penas estimadas (Kahneman *et al.*, 2021, p. 16).

Naturalmente que los intentos de eliminar el ruido pueden ser también riesgosos y causar la sensación en las personas de que son tratadas como los engranajes de una máquina, por tal motivo es que dicho propósito debe abordarse con la mayor prudencia.

Por otro lado, reducir el ruido puede generar el riesgo de que las decisiones se vuelvan mecánicas.

Finalmente, es de advertir que los ruidos, a diferencia de los sesgos, suelen ser más difíciles de detectar.

2.5. Enfrentando sesgos y ruidos

Toda lucha contra sesgos y ruidos empieza por recordar a Sócrates: «Conócete a ti mismo», a fin de descubrir (y aceptar) que podemos ser víctimas tanto de unos como de otros.

Solo así podemos darnos cuenta de que existe una *facilidad cognitiva* que influye en nuestros pensamientos, conforme a la cual una proposición nos será más creíble si es que podemos pensarla, concebirla y enunciarla con facilidad; de modo que se impone naturalmente, animada por esa sensación de control que podemos sentir respecto de ella (Durand, 2023, p. 128).

Solemos caer en lo que se llama «validación subjetiva», por la cual «Aceptamos los enunciados que se adecúan a nuestra forma de percibir el mundo y a nosotros mismos» (Durand, 2023, p. 132).

Si, como hemos visto, estamos condicionados por la forma como nos cuentan las cosas o como las percibimos; si influyen en nosotros sesgos, ruidos, heurísticas y prejuicios; si hasta es posible que nos «implanten» falsos recuerdos[120], podemos entonces preguntarnos válidamente en qué medida somos libres.

Visto todo lo expuesto, podemos decir que, si bien creemos que somos libres, ello —al menos, a veces— puede ser una ilusión (Eagleman, 2017, pp. 37 y 121).

120 De hecho, en materia de publicidad, las marcas pueden sembrar en nosotros falsos recuerdos para alterar nuestros hábitos de consumo (Fros, 2015, p. 51) y una gran mayoría de errores judiciales tiene que ver con la presencia de falsos recuerdos en la mente de los testigos; de hecho, «Los abogados saben muy bien que la memoria puede manipularse, que los recuerdos se pueden contaminar y triunfar con otros falsos» (Rial, 2016, pág. 67).

No se trata, por cierto, de decir simplemente «yo no tengo prejuicios», lo que sería más bien una falacia; sino que la cuestión es ser capaces de reconocer que los tenemos, identificarlos (Fros, 2015, p. 185) y asumir el propósito de enfrentarlos para evitar ser víctimas de ellos.

En este objetivo, debemos tratar de eliminar o reducir al mínimo posible aquellos condicionantes que pueden influir en nosotros sin que los percibamos; para ello, en primer término, —vale reiterar— debemos aceptar que existen factores que limitan nuestra libertad.

Somos nuestro propio marco de referencia, generalizamos casos particulares que convertimos en estereotipos, tenemos un *horizonte de expectativas* que nos hace percatar de unas cosas más que de otras[121] y confiamos más en informaciones que coinciden con nuestro sistema de creencias, como ha quedado expuesto; solemos buscar a personas que piensan como nosotros, autores que coinciden con nuestras ideas, todo lo cual se ve amplificado por las redes sociales (Durand, 2023, pp. 134-135. 141, 166 y 176).

Vale notar que, en estas redes, con sus facilidades de acceso, existe una distribución menos jerarquizada del poder —como apunta Martabit (2021)—, lo que permite que la opinión de cualquiera ocupe el mismo espacio que la de un experto, haciendo que haya más «verdades» en competencia, creando cada uno su propia narrativa. Ello se ve agravado cuando en los medios se renuncia al descubrimiento de la verdad para presentar a todas las verdades como si tuvieran el mismo valor, en igualdad de condiciones, al margen de su intencionalidad y la falta de rigor científico que las respalde (p. 157).

Ahora bien, lo más peligroso de los sesgos es que actúan sin que nos percatemos de ellos, cual trampas mentales en las cuales no solo caemos, sino que, cayendo en ellas, no somos capaces de reconocerlas; así, no basta con conocer de su existencia para no ser víctimas de ellos, pero el hecho de saber de ellos y ser más rigurosos en nuestras decisiones puede hacernos más prudentes y cautos para reducir las posibilidades de que nos condicionen.

Para evitar la trampa del ancla y otras más, por ejemplo, cuando analizamos un problema debemos evaluarlo siempre desde diversos puntos de vista, haciendo un análisis riguroso del mismo para no dejarnos llevar por cualquier dato que se nos ponga al frente, siendo la prudencia y la cautela las mejores compañeras en ese propósito.

Para evitar el sesgo de los costes irrecuperables y otros, es necesario aceptar que somos seres falibles, y que, por tanto, nos podemos equivocar.

---

121 Este horizonte de expectativas puede llevarnos incluso a imaginarnos cosas que no existen, así: «Nuestra generación está experimentando una nueva forma de alucinación: la vibración contra nuestra pierna de un teléfono móvil que, en realidad, no vibra o, incluso, que ni siquiera llevamos en el bolsillo» (Durand, 2023, p. 141).

El sesgo de la situación creada o del status quo puede debilitarse si partimos de reconocer que la situación imperante puede a veces ser un obstáculo para el logro de nuestros objetivos, teniendo presente que la situación existente ante nosotros no es la única posible, e identificando con apertura otras posibles opciones.

Debemos enfrentarnos al «poder del ahora» como explica Eagleman, que hace que tomemos en el momento ideas que parecen buenas pero que tienen consecuencias desastrosas en el futuro, y es que «para el cerebro, el futuro sólo puede ser una pálida sombra del ahora» (2017, p. 151); ello explica por qué un vendedor de autos o el empleado de una tienda de ropa nos animan con insistencia a probarlos.

Ante la posibilidad de caer en ciertos sesgos, aparece la figura del «contrato de Ulises», que nos recuerda al famoso héroe griego, quien, de regreso victorioso de la guerra de Troya, sabía que en el camino había una isla en donde habitaban unas sirenas que podían seducirlo con sus cantos y su belleza, haciendo que su barco se estrelle contra las rocas. Como el famoso héroe griego quería de todas maneras oír el canto de las sirenas, pero sin dejarse llevar por ellas, pidió a la tripulación de su barco que se pusieran cera en los oídos para protegerse de la seducción del canto y que lo amarraran a él al mástil para no dejarse llevar por aquella tentación del ahora, navegando lo más rápido que puedan, sin parar de remar, así el mismo Ulises les pidiera lo contrario. Y lo logró.

También es de tener en consideración que:

> Nuestra manera de comportarnos, nuestras decisiones y nuestras creencias están influidas por los lugares que habitamos y por los espacios por los que nos desplazamos. De allí que haya entornos que pueden tener efectos beneficiosos o perjudiciales sobre nuestras capacidades cognitivas (Manes y Niro, 2019, p. 245).

Somos donde hemos estado, somos lo que hemos vivido, somos muy sensibles a nuestro entorno; y nuestras experiencias pueden llegar a modificar nuestro cerebro, de allí que nuestra identidad siempre está en movimiento sin llegar a un punto definitivo (Eagleman, 2017, pp. 11 y 22).

Así, un estudio sobre los taxistas, hecho por la University College de Londres, arrojó que la parte posterior de su hipocampo había alcanzado un desarrollo mayor que el de quienes formaban el grupo de control, presumiblemente debido al aumento de su memoria espacial producto de su propia actividad como conductores (Eagleman, 2017, p. 28).

En cuanto al enfrentamiento de los ruidos (que, por su diversidad y dificultades para identificar son acaso más complicados que los sesgos), se dice que un problema sería el costo de hacerlo, que podría atentarse contra la dignidad y el respeto de las personas, que el ruido es esencial para alentar la creatividad, que sirve para dar cabida a nuevos valores y seguir evolucionando, entre otros factores (Kahneman *et al.*, 2021, pp. 327-328).

Ciertamente, los ruidos pueden dar espacio para la incorporación y desarrollo de nuevos valores y permitir el desarrollo de nuestra creatividad, todo lo cual es positivo de por sí.

No todo puede estar normado detalladamente, pues siempre habrá la necesidad del criterio y las personas llamadas a juzgar necesitan un ámbito de discrecionalidad; un poco de ruido puede, además, ser interesante y oportuno para que la sociedad se adapte y escuche a los nuevos tiempos.

2.6. En busca del cambio

Si queremos que la gente cambie, hay que tener en cuenta que mientras más incertidumbre genere el cambio, menos querrán las personas cambiar.

Entonces, ante la duda respecto al cambio o las dificultades para lograrlo en un tiempo razonable, una idea puede ser plantear que cuando una persona tenga que elegir entre una opción conocida y otra más riesgosa, esta sea mucho más atractiva; es decir, la apuesta tiene que tener mucho más valor para que pueda ser más interesante (Berger, 2022, pp. 147 y 150).

Aparte de ello, otra opción que puede también servir para vencer resistencias y animar más a las personas a atreverse al cambio, es el poder vivir la experiencia; así, por ejemplo, si antes de suscribirme a una revista puedo gozar de ella durante un mes en forma gratuita; si antes de comprar un programa informático, tengo algunas semanas para probarlo sin costo; si antes de comprar una motocicleta puedo probarla; entonces es más probable que tome esa decisión de la cual dudaba.

De ahí la estrategia de empresas como Dropox o el servicio de Google Drive, que nos permiten archivar documentos y fotos sin costo alguno hasta ciertos límites (lo suficiente para que probemos el producto y apreciemos su utilidad), y ya luego para subir un nivel nos ofrecen un servicio de pago, pasando de una versión básica a una mejorada; algo parecido pasa con el programa de juegos Candy Crush o con LinkedIn; modelo al que se ha denominado «*freemium*»[122].

Nótese que no estamos hablando de estrategias en las que se engañe al cliente, sino de ofrecerle con la mayor transparencia un servicio que es sin pago alguno hasta cierto tope. En España, aplicando el sistema, el diario El País (en forma similar a otros diarios del mundo) ofrece el acceso gratuito a cinco artículos al mes, y ya depende del lector si se suscribe o no para tener acceso ilimitado al mismo. Por otro lado, Edx y Coursera, como también otras plataformas, ofrecen cursos completamente gratis, en donde ya si en el desarrollo de sus clases el alumno se anima a contar con un certificado, entonces tiene en cualquier momento la opción de pagar su inscripción para conseguirlo.

---

122 Para más detalle, véase (Berger, 2022, p. 161).

Otra alternativa para hacernos más abiertos al cambio, es hacer que las cosas sean reversibles: Si puedo cancelar mi suscripción a una revista en cualquier momento, es más probable que me anime a empezar a recibirla, que si no tuviera esa opción.

Algo interesante en el plano comercial, es que, para una empresa, uno podría suponer que es mejor que el tiempo de reclamaciones sea más corto, pero en realidad es al revés, pues el hecho de que dicho tiempo sea mayor, hace que la gente apueste más por el producto, se encariñe, adapte o acostumbre a él y entonces las devoluciones son menos probables (Berger, 2022, p. 178).

Yendo a cuestiones más trascendentes y sensibles, si antes de adoptar a un niño, puede haber un período de prueba en el que ambas partes puedan ver si se adaptan recíprocamente el uno al otro, hay más posibilidades de que funcione una adopción.

Si bien hay formas lícitas (como de las otras) para orientar, inducir o promover la toma de decisiones aminorando los riesgos de ruidos y sesgos, no hay que dejar de tener en cuenta que para que un cambio sea sostenible, este debe provenir de uno mismo. Con tal fin, deben eliminarse (o al menos reducirse al mínimo) los obstáculos que impiden a la persona una más óptima valoración de lo que son las cosas, a través de una debida información, la educación y la facilitación del autodescubrimiento para poder de esta manera alcanzar las conductas debidas en forma sostenible. De lo que se trata es de persuadir recurriendo a la razón y no de manejar recurriendo a la manipulación.

Es importante en este cometido evitar las imposiciones y paternalismos, considerando que, como dice de Miguel Beriain (2021), «Los ciudadanos están mucho más dispuestos a sacrificarse si ven sentido a sus privaciones que si se sienten tratados como súbditos a los que se pueden imponer restricciones sin otra justificación que una (supuestamente) mejor ciencia».

Tratar de convencer a las personas para «sacarlas de su error», puede ser tentador, mas a nadie le gusta reconocer que se equivocó; de ahí que mejor sea el camino de la persuasión o del autoconvencimiento, además de la recomendación, para lograr las mejores conductas, pudiendo ser de gran utilidad recurrir a técnicas de *nudging*:

> La recomendación lleva ínsita la persuasión, esto es, la necesidad de inducir a la población a vacunarse con razones. El nudging puede revelarse de gran ayuda a fin de proveer de más sustancia, de mayor articulación y sofisticación, y a ampliar el catálogo con nuevas técnicas. Por supuesto, es este un terreno en el que conviene estar siempre en guardia ante los riesgos que entraña la manipulación y el paternalismo, que son dos de los principales temores del nudging, pero, neutralizadas estas derivas –básicamente, a base de transparencia–, hay mucho trecho por recorrer (Cierco, 2022, cap. VI).

Medidas legales como las multas elevadas, pueden servir en un principio para que los ciudadanos usen el cinturón de seguridad, lo cual puede ser útil en un principio, pero lo ideal es la internalización de la importancia de dicho comportamiento a efectos de usar el cinturón por una cuestión de responsabilidad, de conciencia, y no por el simple temor a la sanción.

Adicionalmente, es de anotar que las reglas jurídicas no solo se enfrentan al daño ya producido para repararlo, sino también pueden permitir la prevención anticipada de futuros daños y las sanciones aplicables ante casos evidentemente injustos (Márquez, 2020, p. 154), cumpliendo en ese sentido un carácter funcional para la promoción de buenas conductas, evitando la amenaza general de castigos.

Asimismo, debe tenerse en cuenta que el hecho de intimidar a las personas puede a veces parecer lo más conveniente en lo inmediato, pero no es una buena política. Si a un secuestrador le decimos «suelta a tal persona o te mataremos», ello no funcionará, tal como sucedió en el fallido rescate de los atletas secuestrados en los Juegos Olímpicos de Munich en 1972; como dicen los protocolos para la negociación con secuestradores, lo mejor es recurrir a las técnicas del comportamiento (Berger, 2022, p. 4), cuyo manejo requiere de una especial capacitación.

Vale decir que, en la tarea de convencer a las personas reacias a determinado comportamiento (como puede ser votar o vacunarse), lo más conveniente es fijarse primero en los indecisos; de hecho, en las elecciones presidenciales, es más fácil ganar el voto de alguien que está en duda que el de alguien que tenga ya una posición tomada.

No obstante, es preciso considerar que las personas tenemos una zona de aceptación, que es anterior a una zona de rechazo, por lo que lo más estratégico es explorar y buscar pequeñas conquistas en aquel territorio antes que pensar en posicionarnos en este último.

Los grandes cambios no se logran de manera abrupta, sino en forma paulatina, progresiva, toda vez que estamos ante procesos con etapas que deben recorrerse con prudencia.

Una estrategia de ayuda puede ser saber fragmentar el cambio, dividirlo en porciones que permitan que sea mejor digerido, empezando por aquellos puntos en los que estamos de acuerdo; en otras palabras, dividir el cambio en partes más pequeñas, construir peldaños, empezar por las cosas en las que hay coincidencia o son más fácilmente explorables.

2.7. Razón y emoción

Pensamos que somos seres fundamentalmente racionales; pero no es así. A veces impera nuestro yo racional, a veces el emocional[123]; somos perso-

123 Incluso un icono del pensamiento liberal como Francis Fukuyama (2022) reconoce que los

nas distintas en momentos distintos; la cuestión entonces es buscar un adecuado equilibrio entre ambos «yos»[124].

Nadie escapa a las emociones[125] ni a las sensaciones, ni siquiera los jueces: De acuerdo a un estudio hecho en el año 2011 en Estados Unidos, revisando mil sentencias se pudo determinar que cuando la junta de libertad condicional había tenido un descanso para comer, las posibilidades de que decida que un preso salga en libertad eran de un 65 %, mientras que en los casos que se veían al final de la sesión, las probabilidades de tener una decisión favorable bajaba a un 20 %. Puede decirse entonces que «Incluso los jueces, que procuran no someterse a ningún prejuicio, se ven limitados por su biología» (Eagleman, 2017, pp. 155-156).

Empero, si bien las emociones pueden perturbar la razón, la razón también necesita de ellas, como lo demuestra el caso de los pacientes neurológicos que tienen daño en el cerebro emocional, en cuyo caso se evidencia que «cuando las emociones no funcionan, la razón también pierde fuerza, se debilita con ellas, son socias» (Morgado, 2023, p. 169).

Ahora bien, no puede dejarse de tener en cuenta —como dice Atienza (1993)— que el que algo sea emocional no significa que sea antirracional. La razón no puede funcionar sin la pasión y las emociones también deben tener algún grado de racionalidad (p. 40).

> «En definitiva, lo emocional pudiera ser no sólo un elemento a añadir a lo racional, sino un componente de la propia racionalidad: las pasiones —las buenas pasiones— parecen ser la mejor guía para la razón» (Atienza, 1993, p. 141).

Como dice Camps (2021), el comportamiento moral brota del sentimiento, el cual necesita ser ordenado y gobernado por la razón, pero no funciona sin emociones (p. 57)[126].

---

seres humanos muchas veces no actúan impulsados tanto por su racionalidad y deseos materiales sino más bien por sus emociones (p. 57).

124 Sostiene Morgado (2023): «Sin que apenas lo notemos, nuestros razonamientos están continuamente impregnados de las emociones que ellos mismos, y nuestras percepciones, experiencias y prejuicios, suscitan. Las emociones son siempre una fuente interesada de nuevos razonamientos (...). Pero, aunque las emociones determinen nuestro comportamiento, ellas mismas son casi siempre subsidiarias y servidoras de la razón, que es la que las suele generar en su provecho» (p. 167).

125 De hecho, «las técnicas de neuromarketing se basan en que las emociones y los pensamientos inconscientes influyen más que la razón en la toma de decisiones» (Rial, 2016, p. 62).

126 «El comportamiento ético (...) requiere aprender a gobernar los sentimientos, no eliminarlos como si fueran pasiones innobles o desordenadas, pero sí reconducirlas de forma que se ajusten a criterios racionales» (Camps, 2016, p. 96).

2.8. Una alternativa para promover conductas positivas

Día a día, constantemente, debemos tomar decisiones, ello está en la esencia de nuestra condición humana, en tanto seres libres por naturaleza. «Si el hombre no fuese libre para cumplir o negar valores, el derecho carecería de sentido» (Fernández Sessarego, 1990, p. 117).

Empero —como hemos visto—, no siempre decidimos correctamente, porque a veces somos víctimas de sesgos, ruidos o prejuicios. Otras veces pueden ser la distracción, el descuido o el cansancio los que afectan nuestras decisiones.

A fin de promover mejores conductas, el Estado puede establecer determinadas exigencias, requisitos, controles o sanciones[127], si fuera el caso. Pero también hay casos en los que pueden ser útiles los *nudges*, en tanto «estrategias para mejorar la racionalidad decisora» (Ponce, 2022, p. 34), como desarrollaremos más adelante.

Para la economía conductual, determinadas medidas políticas, así como las instituciones, pueden ayudar a corregir las desviaciones sistemáticas que afectan a nuestro cerebro a la hora de tomar decisiones (Beltrán de Heredia, 2023, p. 57), es aquí en donde aparecen los *nudges*.

En el caso de una pandemia, por razones sanitarias puede que los ciudadanos deban permanecer en casa; empero, como nunca faltan personas reacias a cumplir la norma, el Estado tiene que optar entre diversas medidas, que pueden incluir prohibiciones, limitaciones o estrategias motivadoras para lograr la conducta deseada[128].

Los incentivos conductuales pueden ser útiles tanto durante como después de una pandemia y pueden ser aplicables para promover el uso de mascarillas, quedarse en casa, mantener la distancia social y, naturalmente, para promover la vacunación, entre otros usos.

---

127 Teniendo cuidado en esto con la criminalización de los comportamientos. Tentados para pedir medidas más radicales, punitivas y efectistas, lo cierto es que la criminalización de comportamientos no parece una medida eficiente, como explica Cuello (2021, p. 76).

128 «En cuanto al enfrentamiento de la pandemia, para Canestrari y Capronia (2021), pueden identificarse tres opciones que actúan como «atractores»:
- Una línea «libertaria», que tiende a considerar que las limitaciones de la libertad individual son inaceptables.
- Una línea que alienta a usar medidas cautelares y límites, sea como incentivos o desincentivos, estableciendo un trato diferenciado entre los vacunados y los no vacunados respecto al uso de las libertades «cotidianas»;
- Un dictamen que estima necesario y urgente vacunar a toda la población, estableciendo tal obligación mediante una disposición legislativa.

Los *nudges*, en tanto intervenciones conductuales, pueden servir para promover conductas responsables, como señalan Abellán, Cierco y Jimenez (2022, p. S93), pudiendo servir para contrarrestar los efectos de los sesgos.

Mas antes de entrar al análisis de la aplicación de *nudges* en cuanto a la vacunación en particular, evaluando sus alcances, posibilidades y cuestionamientos, es importante revisar el marco jurídico establecido durante la pandemia con el propósito de promover la vacunación ciudadana.

CAPÍTULO 3

VACUNACIÓN - ASPECTOS JURÍDICOS

3.1. El derecho a la salud

El derecho a la salud constituye un derecho fundamental, de profundo arraigo social, que la pandemia puso particularmente de relieve, haciéndonos tomar conciencia del mismo. Y es que, como decía Schopenhauer: «La salud no lo es todo, pero sin ella, todo lo demás es nada».

La Constitución de la Organización Mundial de la Salud dice en su preámbulo que «La salud es un estado completo de bienestar físico, mental y social», siendo un derecho fundamental de todo ser humano. Para la Carta de los Derechos Fundamentales de la Unión Europea, del año 2000, «toda persona tiene derecho a acceder a la prevención sanitaria y a beneficiarse de la atención sanitaria en las condiciones establecidas por la legislación y prácticas nacionales (...)». Es de mencionar, además, que el Convenio de Oviedo señala en su artículo 3 que «Las Partes, teniendo en cuenta las necesidades de la sanidad y los recursos disponibles, adoptarán las medidas adecuadas con el fin de garantizar, dentro de su ámbito jurisdiccional, un acceso equitativo a una atención sanitaria de calidad apropiada», aun cuando debe acotarse como dato curioso que este convenio todavía no ha sido firmado o ratificado por países como Austria, Alemania, Bélgica, Irlanda, Italia, Luxemburgo, Países Bajos, Reino Unido y Suecia.

Es importante mencionar que la Declaración Universal de los Derechos Humanos de 1948 reconoce el derecho a la salud en su artículo 25. A su vez, el Comité de Derechos Económicos, Sociales y Culturales de Naciones Unidas se refiere en su Observación General 14 (2000) al derecho al disfrute del más alto nivel posible de salud, reconociendo al derecho a la salud como un derecho humano fundamental e indispensable para el ejercicio de los demás derechos humanos. A su vez, la Carta Social Europea (1996) también reconoce dicho derecho.

Sin embargo, como han anotado ya estudiosos del tema, la mención a la salud en todos estos textos es solo de carácter pragmático, como un derecho de naturaleza social y económica que informa sobre la actuación de los Estados pero que en sí no resulta directamente exigible ante los tribunales.

En cuanto al concepto del derecho a la salud, puede definírsele como el derecho al acceso a la asistencia sanitaria al amparo la ley, teniendo en cuenta los recursos de cada Estado, como dice Pemán (2020):

> el derecho a una concreta asistencia sanitaria ofrecida por el sistema público de salud en los términos fijados por la correspondiente legislación positiva vigente en cada momento y lugar en función de las posibilidades existentes y de las opciones que cada legislador decide adoptar, es decir, en función del volumen de recursos que cada Estado puede y quiere dedicar a un sistema público de salud (p. 28).

En España, el artículo 43.1 CE consagra el derecho a la protección de la salud; sin embargo, se ha señalado que su incuestionable importancia como derecho fundamental contrasta con la relativamente parca y difusa atención que ha merecido, acusándose que tiene un tenue reconocimiento constitucional, apareciendo relegado en un segundo plano y con menores garantías que los derechos del Capítulo II CE (Murillo de la Cueva, 2023, pp. 58 y 65). Empero, también hay quienes han resaltado que el referido artículo deja al legislador una amplia flexibilidad para adecuar sus contenidos en función de las circunstancias y a las diferentes opciones de política legislativa (Pemán, 2020, p. 72).

Aunque se trata de un derecho de indudable relevancia en el sistema europeo de derechos humanos y en el constitucionalismo comparado[129], es posible advertir un contraste «entre la débil regulación constitucional y convencional del derecho a la protección de la salud, frente a una vigorosa protección jurisdiccional» (Murillo de la Cueva, 2023, pp. 66, 68 y 69); en todo caso, debe precisarse, conforme a la STC 139/2016, del 21 de julio, que el referido artículo no constituye una norma únicamente programática, vacía de contenido, sin referencias que la informen, especialmente respecto al legislador, el cual debe configurarlo atendiendo al mandato del art. 43.2 CE[130] para establecer las prestaciones necesarias a efectos de tutelar la salud pública. Por tanto, se trata de un principio rector constitucional dirigido a orientar y determinar la actuación de los poderes públicos, debiendo el legislador regular las condiciones y términos en los que acceden los ciudadanos a las prestaciones y servicios sanitarios, respetando el contenido del mandato constitucional.

---

129 «El reconocimiento del derecho a la protección de la salud se encuentra plenamente asentado tanto en terreno del Derecho Internacional de los Derechos Humanos como en el del constitucionalismo comparado, tras un proceso de consolidación y generalización acaecido durante la segunda mitad del siglo XX» (Pemán, 2020, p. 27).

130 Art. 43.2 CE: «Compete a los poderes públicos organizar y tutelar la salud pública a través de medidas preventivas y de las prestaciones y servicios necesarios. La ley establecerá los derechos y deberes de todos al respecto».

Dado que el referido artículo forma parte de los Principios Rectores de la Política Social y Económica del Capítulo III del Título I, debe tenerse en cuenta el art. 53.3 CE que descartaría su directa aplicabilidad sin una ley que lo desarrolle[131]; no obstante, es de tener presente que las normas sobre derechos fundamentales tienen por lo general la estructura de principios, los cuales son «mandatos de optimización», como los denomina Alexy (Murillo de la Cueva, 2023, pp. 58 y 61), lo cual exige en consecuencia su desarrollo.

De esta manera, continuando con Murillo de la Cueva (2023), en el reconocimiento que hace el artículo 43.1 CE del derecho a la protección de la salud, «el constituyente, en lugar de concebir la salud y su protección como un derecho individual y de reconocerlo como tal, lo caracterizó como un principio rector de la política social y económica difiriendo su configuración y garantía al legislador» (p. 37).

Como señala el CBE, el derecho a la protección de la salud tiene una doble vertiente: la salud pública, que contempla las medidas que el Estado debe desarrollar para preservar la salud ciudadana, y las acciones a adoptar para garantizar la asistencia sanitaria que cada ciudadano pueda requerir, haciendo notar que, junto a la previsión, existen otras normas de desarrollo. Así, la Ley 14/1986, de 25 de abril, Ley General de Sanidad (en adelante, LGS), que nace con el objeto de hacer efectivo el derecho a la protección de la salud consagrado en el artículo 43 CE; consagra como principio general del sistema, la promoción de la salud y la prevención de las enfermedades (artículo 3.1), y considera como actividad fundamental del sistema sanitario realizar los estudios epidemiológicos necesarios para orientar la prevención de los riesgos para la salud, así como la planificación y evaluación sanitaria, basándose en un sistema organizado de información sanitaria, vigilancia y acción epidemiológica (artículo 8). Ello es complementado por la Ley 16/2003, de 28 de mayo, de cohesión y calidad del Sistema Nacional de Salud, cuyo artículo 11 define la prestación de salud pública y detalla sus alcances (CBE, 2016, p. 9).

Añade el CBE, dentro de dichas disposiciones, la Ley Orgánica 3/1986, de 14 de abril, de Medidas Especiales en Materia de Salud Pública, la cual recoge un sistema de medidas para situaciones de urgencia o necesidad en la materia; pero que el Comité considera extraordinariamente parca, si bien menciona las medidas de reconocimiento, tratamiento, hospitalización y control[132]. Adicionalmente, la Ley 33/2011, de 4 de octubre, Ley General de

131 Artículo 53.3 CE: «El reconocimiento, el respeto y la protección de los principios reconocidos en el Capítulo Tercero informarán la legislación positiva, la práctica judicial y la actuación de los poderes públicos. Sólo podrán ser alegados ante la Jurisdicción ordinaria de acuerdo con lo que dispongan las leyes que los desarrollen».

132 La limitación de la autonomía por motivos de salud pública requiere, entre otros, los siguientes requisitos: ha de resultar proporcionada (STC 163/2006, del 22 de mayo) y ha de respetar el contenido esencial del derecho fundamental afectado; esto es, aquella

Salud Pública (en adelante, LGSP) supone una importante novedad y recoge una regulación más o menos sistemática de la salud pública; con ella «el derecho a la protección a la salud de los ciudadanos que consagra el citado artículo 43 CE avanza en su doble vertiente, tanto asistencial como preventiva» (CBE, 2016, p. 10), aun cuando no hace mención alguna a las vacunas (De Montalvo, 2022, p. 304).

Además, el artículo 3 de la LGSP consagra los principios generales de acción en la salud pública (lo cual puede entenderse extensivo a las vacunas): a) Equidad. b) Salud en todas las políticas. c) Pertinencia. d) Precaución. e) Evaluación. f) Transparencia. g) Integralidad y h) Seguridad.

Cabe señalar que la protección de la salud no se reduce a la libérrima voluntad del paciente. De hecho, la Ley 41/2002, de 14 de noviembre, básica reguladora de la autonomía del paciente y de derechos y obligaciones en materia de información y documentación clínica (en adelante, LBAP), dispone en su artículo 9.2 que los facultativos podrán realizar una intervención clínica en favor de la salud del paciente, sin necesidad de su consentimiento, cuando haya un riesgo inmediato grave para su integridad física y no sea posible conseguir su autorización, y cuando exista riesgo para la salud pública a causa de razones sanitarias establecidas por la ley (tema este último sobre el que volveremos más adelante).

Así, por ejemplo, si bien la decisión respecto al lugar donde va a dar a la luz una embarazada es un acto de libertad, ello tiene un límite cuando dicha elección atenta contra el derecho a la vida de otra persona; es el caso de una mujer que decide dar a luz en su domicilio poniendo en evidente peligro al *nasciturus*; de acuerdo con el Tribunal Constitucional español, ella puede ser internada forzosamente en un hospital para inducirla al parto al amparo de una resolución judicial, por más que no contara ello con previsión legislativa expresa y que se dictara sin darle audiencia a la gestante, teniendo en cuenta lo pedido por los médicos al constatar que la gestación se había prolongado más allá del plazo ordinario establecido en el protocolo médico para proteger el derecho a la vida y a la salud del bebé; conforme la STC que resolvió el caso: «Los derechos fundamentales admiten limitaciones, justifi-

parte del contenido del derecho que es necesaria para que los intereses jurídicamente protegibles, que dan vida al derecho, resulten real, concreta y efectivamente protegidos (STC 11/1981, del 8 de abril). Las medidas deberán ser objeto de control judicial. Las ya adoptadas se comunicarán a la autoridad judicial en el plazo máximo de 24 horas siempre que dispongan el internamiento obligatorio de personas (art. 9.2.a LBAP). El deber de proteger la salud colectiva es un bien constitucionalmente protegido, a los efectos de justificar, en su caso, la restricción de determinados derechos fundamentales. Según se deriva de lo dispuesto en el artículo 43 Constitución española, ha de garantizarse la protección de la salud en su perspectiva individual y también en su dimensión colectiva, pues, como ha señalado Magdaleno, corresponde a los poderes públicos organizar y tutelar la salud pública a través de medidas preventivas y de las prestaciones y servicios necesarios (Magdaleno, 2016, pp. 335 y ss).

cadas en protección de otros derechos y bienes constitucionalmente relevantes que, previstos por la ley, sean proporcionados a esa finalidad legítima» (STC 66/2022, del 22 de marzo).

Ello concuerda, en términos generales, con el artículo 54 de la LGSP, que dispone que las autoridades competentes podrán adoptar medidas de inmovilización, cierre preventivo, suspensión de actividades y otras de haber indicios de razones de riesgo para la salud.

A nivel europeo, el Tribunal Europeo de Derechos Humanos (TEDH) ha señalado que el derecho a la salud no constituye parte de los derechos garantizados por el Convenio Europeo de Protección de los Derechos Humanos y de las Libertades Fundamentales (Sánchez Patrón, 2021, p. 516). Sin embargo, lo ha amparado indirectamente alegando la transgresión de diversos derechos que sí están expresamente reconocidos en la Convención Europea de Derechos Humanos, como el derecho a la vida, a la integridad, a no padecer un trato inhumano, entre otros; es decir, ningún artículo de la CEDH menciona expresamente el derecho a la salud, pero el TEDH sí ha admitido su tutela indirectamente invocando el respeto a la vida privada y familiar, la prohibición de torturas y tratos inhumanos o degradantes, etc. La Declaración Universal de los Derechos Humanos de 1948, sí lo menciona en el art. 25; la Carta Social europea también reconoce el derecho a la salud, mientras el Comité de Derechos Económicos Sociales y Culturales de Naciones Unidas en su Observación General 14 (2000) señala que la salud es un derecho humano fundamental.

Sin embargo, la mención a la salud en todos estos textos tiene un carácter pragmático, como un derecho de naturaleza social y económica que informa sobre la actuación que deben tener los Estados pero que no resulta directamente exigible ante los tribunales.

En cuanto a la salud colectiva, es de destacar la Sentencia del TEDH en el caso Vavřička y otros contra la República Checa, del 08.04.2021,[133] la cual constituye el aval definitivo al establecimiento de medidas de protección poblacionales, las cuales pueden implicar una injerencia en la integridad física para vacunar a menores pese a la oposición de sus padres, teniendo en cuenta el interés superior del menor —como destaca Ojuelos—, legitimando «el uso de mecanismos como el de la exigencia de vacunación para el acceso a centros preescolares de menores (previos a los de educación obligatoria) y resuelve el juicio de prevalencia de derechos a favor de la salud pública» (2021). Así, el TEDH no considera desproporcionado que se limite el acceso de los menores no vacunados a la escuela (Sánchez Patrón, 2021, p. 531).

133 Sentencia del Tribunal Europeo de Derechos Humanos, asunto Vavřička y otros contra la República Checa (8 de abril del 2021)
https://www.iustel.com/v2/revistas/detalle_revista.asp?id_noticia=423689

En el ámbito interamericano, es de mencionar que, conforme Resolución 4/2020 de la Corte Interamericana de Derechos Humanos:

> Cualquier tipo de tratamiento médico de las personas con COVID-19 debe recabar el consentimiento previo, libre e informado de las personas afectadas. Cuando esté comprobado que su condición de salud no se lo permita, es necesario contar con el consentimiento de sus familiares o representantes. Dicha regla sólo admite como excepción una situación de urgencia donde se encuentre en inminente riesgo la vida y le resulte imposible a la persona con COVID-19 adoptar una decisión en relación con su salud. La urgencia o emergencia se refiere a la inminencia de un riesgo y, por ende, a una situación en que la intervención es necesaria ya que no puede ser pospuesta, excluyendo aquellos casos en los que se puede esperar para obtener el consentimiento (...).

En el Perú, el derecho a la salud tiene reconocimiento constitucional; si bien no está contemplado entre los derechos fundamentales formalmente consagrados en el artículo 2 de la Constitución, es reconocido en el capítulo de los derechos económicos y sociales —artículo 7—[134], habiendo señalado el Tribunal Constitucional peruano que «los derechos sociales, como la salud pública, no pueden ser exigidos de la misma manera en todos los casos, pues no se trata de prestaciones específicas, ya que dependen de la ejecución presupuestal para el cumplimiento de lo exigido; lo contrario supondría que cada individuo podría exigir jurídicamente al Estado un puesto de trabajo o una prestación específica de viviendo o salud en cualquier momento» (fundamento 31 de la sentencia del 05.10.2004 recaída en el EXP. N.O 2016-2004-AA/TC).

Asimismo, el Tribunal Constitucional peruano ha señalado en el fundamento 5) de su sentencia respecto al Expediente 5176-2005-PHC/TC, 2005, que: «La libertad personal no es sólo un derecho fundamental reconocido, sino un valor superior del ordenamiento jurídico, pero su ejercicio no es absoluto e ilimitado; se encuentra regulado y puede ser restringido mediante ley».

---

134 El artículo 7 CPer. señala que: «Todos tienen derecho a la protección de su salud, la del medio familiar y la de la comunidad, así como el deber de contribuir a su promoción y defensa. La persona incapacitada para velar por sí misma a causa de una deficiencia física o mental tiene derecho al respeto de su dignidad y a un régimen legal de protección, atención, readaptación y seguridad». Posteriormente, el Tribunal Constitucional peruano, interpretando esta norma, reconoce el carácter fundamental del derecho a la salud, manifestando textualmente en su sentencia 1429-2002-HC/TC (fojas 14) que: «Si bien el derecho a la salud no está contenido en el capítulo de derechos fundamentales, su inescindible conexión con el derecho a la vida (art. 2°), a la integridad (art. 2°) y el principio de dignidad (art. 1° y 3°), lo configuran como un derecho fundamental indiscutible, pues, constituye «condición indispensable del desarrollo humano y medio fundamental para alcanzar el bienestar individual y colectivo» (art. I, Título Preliminar de la Ley N.° 26842, General de Salud). Por ello, deviene en condición necesaria del propio ejercicio del derecho a la vida y, en particular, a la vida digna».

Como veremos más adelante, la autonomía puede ser limitada para salvaguardar otros derechos constitucionalmente protegidos; de ahí que se haya dicho que:

> La omisión de vacunarse, al implicar que esa persona puede ser un potencial vector de contagio, excede los entornos de la moral personal —no por la elección, sino por los resultados—. Por ello, puede y debe el Estado, bajo determinadas circunstancias, interferir sobre tal posibilidad, pues integra parte del ámbito de la moral intersubjetiva, que se pone en juego con tal proceder (Andruet, 2024, p. 30).

A su vez, el artículo 79 de la LGSPe, señala que la Autoridad de Salud está facultada para dictar medidas de prevención[135] y control para evitar la aparición y propagación de enfermedades transmisibles, dentro de lo que, por tanto, se incluiría la vacunación contra el coronavirus.

3.2. La autonomía personal como derecho

Hace unos años, Rafael de Junquera (2008), advertía que nos encontramos en un momento en el que hay una «inflación» del término autonomía; así se habla de la «autonomía del ser humano», «autonomía del paciente», el «principio de autonomía» en Bioética, etc. (p. 129).

Aparte de ello, cabe recordar la importancia que tiene la autonomía de la voluntad como base del derecho civil, al situarnos en una dimensión fundamental de la persona, como es la libertad, dando sentido a nuestra existencia. La autodeterminación está intrínsecamente vinculada con nuestra dignidad como parte de nuestra condición humana, la construcción y el ejercicio de nuestra identidad y el desarrollo de nuestro proyecto de vida.

Cuestión esencial para este trabajo es, precisamente, determinar hasta dónde llega la autonomía del paciente en materia vacunatoria, lo que requiere revisar algunos conceptos.

Para empezar, debe tenerse en cuenta que la libertad no es solo un derecho fundamental, sino también valor supremo y condición esencial de nuestra existencia; la autonomía es «el estado o condición de los sujetos que gozan de entera independencia de ejercer su potestad para regular, *motu proprio*, sus derechos y obligaciones mediante el ejercicio de su libre albedrío» (Abad, 2020, p. 237). Se refiere entonces a la posibilidad de ser dueños de nosotros mismos.

Si se propugna la libertad como valor superior del ordenamiento jurídico, dentro de ella quedarían recogidas todas sus manifestaciones (Junquera,

135 Teniendo en cuenta los fines preventivos de la norma, ella ampara en el Perú el establecimiento de la cuarentena, el uso obligatorio de mascarillas, la restricción de aforos, la suspensión de clases, las multas por no cumplir con las medidas sanitarias, etc.

2013, subcapítulo 1.2), naturalmente que siempre dentro del marco de dicho ordenamiento y recordando que no existen derechos absolutos.

En tanto posibilidad de elegir sin poder anticipar con certeza los resultados de nuestra elección, la libertad tiene algo de apuesta[136]. Pero aun cuando no podamos prever sus consecuencias, aun cuando podamos equivocarnos y elegir mal, como personas preferimos mantener la potestad de elegir, pues esta atribución es consustancial a nuestra existencia y dignidad. En ese sentido, por ejemplo, si alguien demostrara científicamente que los matrimonios eran más felices cuando los padres escogían la pareja de sus hijos, igual nadie aceptaría volver a los tiempos en que ello era así.

Ahora bien, si una persona decide hacer algo que no nos parece lo mejor y que no va contra el ordenamiento jurídico, podemos aconsejarle, advertirle, criticarla, manifestarle nuestra discrepancia, intentar disuadirla, etc., pero no podemos imponerle nuestra opinión a la fuerza, aun cuando sea (o parezca) irracional lo que quiera hacer[137]. Como dice Mill (1984):

> Nadie puede ser obligado justificadamente a realizar o no realizar determinados actos, porque eso fuera mejor para él, porque le haría feliz, porque, en opinión de los demás, hacerlo sería más acertado o más justo. Estas son buenas razones para discutir, razonar y persuadirle, pero no para obligarle o causarle algún perjuicio si obra de manera diferente (p. 37).

Las personas necesitan sentir que tienen su vida bajo su control, requieren de libertad y autonomía (Berger, 2022, pág. 24); «es mejor sentirse libre, aunque no lo seas, que serlo y sentirte esclavo», dice Morgado (2023, p. 224).

Ahora bien, puede que no seamos todo lo libres que quisiéramos (y de seguro que la neurociencia irá reduciendo cada vez más los reales alcances de nuestra autonomía); pero por más pequeña que sea esa autonomía, o precisamente por ello, debemos defenderla pues es la base de nuestro sistema jurídico y está en el sentido mismo de nuestra existencia.

Siendo la libertad posibilidad de elegir, puede que haya casos en los que prefiramos no elegir, lo que también es válido[138], sea por la complejidad de

136 «El gran valor que se nos otorga y que nos confiere dignidad como humanos es la autonomía para escoger y decidir, con todos los riesgos que ello comporta» (Camps, 2016, p. 49).

137 En la sentencia recaída en el expediente N.° 00032-2010-PI/TC, de fecha 19.07.2011, el Tribunal Constitucional peruano ha consagrado justamente que: «La persona humana debe gozar del mayor grado de libertad posible en la construcción y ejecución de su propio proyecto de vida y de la satisfacción de sus propios intereses, aun cuando éstos puedan resultar irracionales para una amplia mayoría social, pues incluso el error propio (cometido a veces a expensas de altos costos personales, tanto materiales como espirituales), es fundamental para la maduración de las ideas y de las acciones futuras, cuyo libre flujo es de singular importancia en el ámbito de una sociedad democrática».

138 Como dice Sánchez Trujillo (2022, p. 21), «la libertad es la posibilidad racional de hacer o no hacer».

las decisiones, por desconocimiento (y entonces muchas veces preferimos las opciones por *default*), porque no tenemos las condiciones o conocimientos adecuados para decidir, o por otros múltiples factores. Como dicen Sunstein y Thaler (2018), «obligar a la gente a elegir no es siempre lo mejor y ser neutral no es siempre posible» (p. 263).

Por otro lado, es de resaltar que, el tener más opciones no significa que, por ese solo hecho, seamos más felices. Por ejemplo, si una persona va a comprar un par de zapatos porque tiene una fiesta, más se angustiará si encuentra varios modelos que le gustan entre los cuales escoger, que si tuviera solo una opción; y, adquirido uno de los pares, es muy probable que esa misma noche, al alistarse para ir a ese compromiso, pensará entonces si no hubiera sido mejor comprarse tal otro.

Menciona Gigerenzer (2018) que cuando Procter and Gamble redujo sus variedades de champú *Head and Shoulders* de veintiséis a quince, las ventas aumentaron un 10 %, demostrando que más opciones no es siempre mejor (pp. 39 y 45).

De vuelta al ámbito de la autonomía[139] en el área de la salud, es de tener presente que el paciente que es plenamente capaz y está en uso de la razón puede aceptar o negarse a recibir un tratamiento, aun cuando sea útil para curarlo[140], como también puede vacunarse o negarse a ser vacunado, invocando, entre otros, el derecho a la integridad física (artículo 15 CE). Así, el derecho a vacunarse tiene dos vertientes: una positiva que implica la potestad de acceder a una determinada vacuna bajo ciertas condiciones de seguridad y una negativa que se manifiesta en su negativa a vacunarse (Murillo de la Cueva, 2023, p. 87).

Si bien no existe en el derecho internacional el reconocimiento de un derecho humano a vacunarse, este puede deducirse a propósito de las vacunas esenciales y la consagración del derecho de todo ciudadano al disfrute del más alto nivel posible de salud, recogido en el artículo 12 del Pacto Internacional de Derechos Sociales, Económicos y Culturales, como señala Cierco (2021, p. 318).

En tal virtud, la aplicación de vacunas sin consentimiento de la persona constituiría un atentado contra su autonomía, su identidad y su integridad, entre otros derechos. Inocular una vacuna a una persona sin su consenti-

139 Vale citar aquí la aguda observación de Abad (2020): «la autonomía personal en el ámbito sanitario es más radicalizada. Se desliga del concepto de la autonomía de la voluntad en tanto no supone intervención alguna para un acto negocial jurídico, aunque comparte el elemento de libre arbitrio con que cada individuo cuenta al momento de pactar» (p. 240).

140 Claro que hay quienes defienden la intervención del médico aun en contra de la voluntad del paciente, invocando el juramento hipocrático, mas ello termina siendo una cuestionable forma de paternalismo médico para justificar la realización de acciones compulsivas que atentarían contra la libertad.

miento, no solo afecta su libertad sino también su integridad tanto física como moral, siendo de señalar que el derecho fundamental a la integridad física y moral protege, según doctrina reiterada del TC (véase, entre otras, la STC 220/2005, de 12 de septiembre y 160/2007, de 2 de julio), «la inviolabilidad de la persona, no sólo contra ataques dirigidos a lesionar su cuerpo o espíritu, sino también contra toda clase de intervención en esos bienes que carezca del consentimiento de su titular» (STC 120/1990, de 27 de junio y 119/2001, de 24 de mayo).

Pero ¿qué pasa si la decisión de no vacunarse pone en riesgo a los demás? La cuestión nos lleva a preguntarnos acerca de los límites del derecho a la libertad.

Como se ha mencionado ya, ningún derecho es absoluto[141]. Todos tienen límites o casos de excepción en los que pueden ser afectados sin que el ordenamiento jurídico imponga una sanción. Incluso el derecho a la vida, siendo el más importante, no es absoluto, como podemos ver en el caso de la guerra, la legítima defensa, el estado de necesidad o el aborto terapéutico.

En cuanto a la libertad, como subraya Camps (2021), debe tenerse en consideración que «no solo no es un valor absoluto, sino que no es nada si no va acompañada de otros valores» (p. 90).

La discusión, por tanto, no es si la autonomía tiene límites, sino más bien cuáles serían[142]; y, para efectos de este trabajo específicamente, cuáles en concreto en el caso de la negativa de una persona a vacunarse.

Vale recordar que, incluso un autor tan paradigmático para el pensamiento liberal como John Stuart Mill, considera que, si bien somos soberanos para el ejercicio de la libertad, ello tiene un límite cuando dicho ejercicio causa un daño a los otros. De ahí que pueda decirse que «la autonomía exige que se reconozca la decisión libre de los individuos sobre sus propios intereses siempre que no afecte a terceros» (Junquera, 2008, p. 131), siendo la cuestión aquí determinar el criterio para calificar a una conducta como jurídicamente dañosa, teniendo en cuenta que el significado del término «daño» no es evidente (Jorqui, 2010, p. 102).

Admitida entonces que la afectación a terceros es un límite, la discusión se mantiene, solo que ahora el tema sería determinar cuándo y en qué casos dicha afectación puede ser jurídicamente invocable para restringir la libertad.

---

141 «Ningún derecho fundamental es absoluto e ilimitado, ya que puede colisionar con el ejercicio de otros valores, derechos o bienes jurídicos. En tales casos surge la necesidad de recurrir a métodos de resolución de los conflictos en la aplicación de los derechos fundamentales» (Pérez Luño, 2021, p. 36). A fines de enero de 2022, en el Parlamento alemán, cuando se discutía el caso de los antivacunas, Karl Lauterbach, Ministro de Salud, recordaba a Hegel para decir que «la libertad es el reconocimiento de la necesidad»; no consiste en que cada uno haga lo que quiere, sino en el reconocimiento del bien.

142 Sobre los límites a la autonomía de la voluntad, para un desarrollo más amplio nos remitimos a lo expuesto en Cárdenas Krenz (2015).

Es de tener en cuenta que no toda afectación a terceros genera un derecho: Si yo compro el último pan de un supermercado, estoy afectando al resto; si ocupo un espacio determinado en la playa, estoy impidiendo temporalmente a los demás usar de él; si «le gano» el taxi a otro pasajero lo estoy afectando en su derecho a ir al trabajo; la cama de hospital que tomo es la cama que no va a poder usar otra persona enferma; el remedio que me dan, puede ser la medicina que no va a encontrar el siguiente paciente; el tiempo que le quito al médico por atenderme de una indigestión, significará la prolongación del dolor del paciente que se encuentra más grave; la vacuna que me pongo, puede ser la vacuna que ya no encontrará el siguiente ciudadano. En todos estos casos (podría haber infinidad de ejemplos más), el acto que yo realizo afecta a otra persona y hasta puede que sea yo consciente de ello, pero en ninguno de ellos puede ser válida acción legal alguna contra mi persona.

En suma, ¿la autonomía tiene límites? Sí; pero el problema es determinarlos. ¿Puede considerarse como límite la afectación al otro? Sí, pero la cuestión es entonces determinar en qué circunstancias y cuándo.

3.3. Autonomía y bien común

Como ha quedado dicho, la libertad es un derecho fundamental y valor esencial de rango constitucional; en el Derecho Civil, a partir de ella se estructura toda la teoría del acto jurídico o negocio jurídico; mientras en el Derecho Penal, sustenta el sistema de la responsabilidad penal.

El hecho de que no haya derechos absolutos y todos tengan límites, no significa que no haya algunos derechos «más absolutos» que otros, siendo la libertad uno de ellos.

Empero, si hablamos de la libertad, ella tiene límites como el respeto a la vida y la dignidad del ser humano, el orden público, las buenas costumbres, los derechos fundamentales, la ley, la libertad de los demás (el derecho de uno termina donde empieza el del otro se ha dicho clásicamente)[143], la responsabilidad (no hay libertad sin responsabilidad ni viceversa), el principio de autotelia (la consideración del ser humano como fin)[144], el interés superior del niño, la racionalidad[145], la prohibición del abuso del derecho, el bien común como condición necesaria para la convivencia social (Cárdenas Krenz, 2014, p. 167).

143 En el expediente N.° 00032-2010-PI/TC, con fecha 19.07.2011, el Tribunal Constitucional peruano ha señalado en el fundamento 18 de su sentencia: «el respeto por la libertad natural del ser humano, debe ser el fundamento principal de todo sistema jurídico, de forma tal que el Estado debe proteger ese espacio amplio y esencial de autonomía moral, a menos que, al ejercerse, se afecte el respectivo ámbito de libertad de otro ser humano».

144 El principio de la autotelia se inspira en la filosofía kantiana y es llamado así por Miró Quesada (2003, p. 158 y 1992, p. 108), constituyéndose en base del humanismo.

145 «... reconocer la capacidad de una «voluntad autolegisladora» implica tomar en conside-

Es preciso señalar que el Estado, en determinadas y muy estrictas circunstancias, aun desde una perspectiva liberal como la de Fukuyama, puede salir a la palestra para proteger al individuo en circunstancias que escapan a su control:

> Un principio básico del liberalismo debería ser que se espera de los individuos que sean responsables de su felicidad y de su vida, pero que el Estado tiene plena justificación para entrar en escena y ayudarlos cuando se ven sometidos a circunstancias adversas fuera de su control (Fukuyama, 2022: 43).

Sobre la trascendencia y los límites de la libertad, el artículo 17 CE, señala en su inciso 1 que: «Toda persona tiene derecho a la libertad y a la seguridad. Nadie puede ser privado de su libertad, sino con la observancia de lo establecido en este artículo y en los casos y en la forma previstos en la ley».

En Argentina, señala Andruet, la tesis consolidada de que el bien común se antepone al interés privado parece estar reflejada en buena medida en la Ley 27491, de diciembre de 2016, sobre el control de enfermedades prevenibles por vacunación, que comprende la vacunación como una política de Estado, definiéndola como un bien social y estableciendo la prevalencia de la salud pública respecto al interés particular, aunque nada dice respecto de quiénes no se vacunen (Andruet, 2024, p. 25).

Por su parte, el Tribunal Constitucional peruano ha ratificado que la libertad personal no es solamente un derecho fundamental, sino un valor superior del ordenamiento jurídico; añadiendo que «no obstante, su ejercicio no es absoluto e ilimitado; se encuentra regulado y puede ser restringido mediante ley. Por ello, los límites a los derechos pueden ser impuestos por la misma norma en que se reconocen tales derechos (sentencia recaída en el Expediente 5176-2005-PHC/TC, 2005, fundamento 5).

En concordancia con lo ya expuesto, la libertad que tiene una persona para vacunarse o no, no sería una potestad absoluta[146]. Mirando al ordenamiento jurídico español, puede afirmarse que si todos los derechos tienen por límites los de los demás (art. 10.1 CE), «la protección de la salud a través de las vacunas tiene la particularidad de que, en realidad, se trata de un derecho-deber en su misma definición constitucional del artículo 43 CE» (Murillo de la Cueva, 2023, p. 90). Como dice Pemán (2020): «La afirmación de un derecho de toda persona a la salud no excluye la existencia también de deberes en un sentido jurídico en relación con la propia salud» (p. 33).

---

ración no cualquier decisión personal caprichosa (...), sino aquellas decisiones, que sin hacer abstracción del propio sentido de la responsabilidad y de la solidaridad para con otros, sean racionalmente adoptadas (Jorqui, 2010, p. 115).

146 Sin embargo, para Girotto (2022), «el rechazo voluntario a la vacunación por parte de las personas que tienen la oportunidad de ser inoculadas es un «lujo» que no encuentra justificación en ningún planteamiento ético, ni siquiera en el más liberal que reconoce el deber de no dañar a otros individuos» (p. 854).

Vale incidir con el CBE (2016), en que la salud pública tiene una doble dimensión: como derecho y como deber[147], perspectiva esta última que abre espacio para la limitación (no supresión) de la libertad personal, siendo su aspecto jurídicamente más complejo, pero paradójicamente omitido en la Ley General de Salud Pública española, que se enfoca en ella en cuanto prestación a la que se tiene derecho al amparo de la autonomía de la voluntad y no en cuanto lo que tiene de deber al amparo de una cultura de la responsabilidad (pp. 12-13).

En Argentina, el artículo 19 de la Constitución reconoce la autonomía personal y, a su vez, el artículo 59 del Código Civil y Comercial menciona que nadie puede ser sometido a exámenes o tratamientos sin el consentimiento libre e informado por su parte[148]. Sin embargo, como señala Abad (2020), siendo la salud un derecho y un deber a la vez, esta posibilidad de aceptar o rechazar tratamientos debe armonizarse con el derecho de nuestros vecinos y familiares a que atendamos nuestra salud porque tenemos un compromiso social; de ahí que, en el caso de la pandemia, respetar el encierro por la cuarentena y el régimen general de vacunación obligatoria, «son claras adecuaciones al deber ciudadano de allanarse a la socialización de su conducta» (p. 251).

A su vez, el artículo 3 de la LO 3/1986 española dispone que, con el fin de controlar las enfermedades transmisibles, la autoridad sanitaria, además de las respectivas acciones de prevención, podrá adoptar las medidas oportunas para el control de los enfermos, de quienes hayan estado en contacto con ellos y del medio ambiente inmediato, además de «las que se consideren necesarias en caso de riesgo de carácter transmisible».

Señala Cáceres (2020), que el bien común constituye un argumento sustancial en contra del absolutismo en la decisión del paciente de no ser inmunizado (p. 273), habiendo puesto en evidencia la propagación de la COVID-19 cómo las libertades individuales pueden verse limitadas; de hecho las cuarentenas obligatorias, la obligación de permanecer en casa, la imposibilidad de abandonar un crucero y el sometimiento a determinados exámenes fueron

147 «La salud pública trasciende a la esfera individual de los derechos y constituye uno de los principales límites a los derechos individuales, en su condición de expresión de un interés colectivo. De este modo, podemos afirmar que de la salud pública se deriva un verdadero derecho-deber, de manera que los ciudadanos tendríamos el derecho a la protección de nuestra salud a través de las citadas actuaciones de vigilancia, promoción y prevención, pero al mismo tiempo seríamos también destinatarios del deber legal de someternos a dichas medidas para la debida protección de la salud pública como interés colectivo» (CBE, 2016, p. 12).

148 «¿Cuál es el bien protegido en el consentimiento del paciente y cuál es el rol que desempeña la voluntad del paciente en la determinación de la licitud o ilicitud de la intervención médica? La respuesta conduce al reconocimiento del principio de autonomía del paciente como fundamento del consentimiento, y este a su vez traduce el derecho de libertad» (Woolcott, 2022, p. 76).

ejemplos de cómo «la salud pública general puede terminar limitando el propio campo de acción de las personas, incluido el de su autonomía médica» (p. 274).

Es importante observar que:

> la vacunación obligatoria ha venido superando los exámenes de compatibilidad con las libertades individuales en tribunales constitucionales y supremos desde antaño en las distintas latitudes. Existe, en efecto, un corpus jurisprudencial rico y compacto en el constitucionalismo comparado que legitima la restricción de los derechos individuales en beneficio de los programas de vacunación sistemática. Corpus en el que no falta tampoco la destacada contribución del Tribunal Europeo de Derechos Humanos (Murillo de la Cueva, 2023, pp. 316-317).

La autonomía de la voluntad, consecuentemente, puede verse jurídicamente limitada cuando los efectos de nuestros actos (u omisiones) puedan afectar a los demás, lo que naturalmente se aplica también en cuestiones de salud.

Naturalmente que, como ha señalado el CBE (2016), la cuestión central en salud pública, tanto desde una perspectiva jurídica como desde una óptica ética, es determinar en qué medida son admisibles políticas de Estado que, si bien pueden beneficiar a la colectividad, afectan derechos y libertades personales[149]; respuesta que es compleja por el riesgo de desembocar en prácticas paternalistas que atenten contra la libertad o, peor aún, cuando detrás de ellas subyace la idea de conformar manipuladoramente una moralidad determinada (p. 13) o se den situaciones de preferencia o discriminación.

El reto para una sociedad democrática es entonces poder buscar el más justo equilibrio entre la autonomía individual y la salud colectiva, entre el derecho y el deber, entre la libertad y la responsabilidad, sin recurrir a medios coactivos. Como dice Velázquez (2024), «la superación del egoísmo individual debe ser pensada y hecha en base al bien común. Con esta pandemia, nos hemos dado cuenta de que el individuo por sí solo no puede resolver sus problemas. Uno debe ser capaz de contar con una sociedad y, por lo tanto, tiene responsabilidad hacia ella» (p. 103).

149 A propósito de la solidaridad social, una pregunta interesante que aborda de Miguel (2021b), en respuesta a un artículo de Giubilini, Savulescu y Wilkinson, es si deberíamos vacunar a los niños para salvar a los mayores, concluyendo que puede ser justo utilizar niños para combatir epidemias si esto sólo les causa poco daño, pero en tanto ese «pequeño riesgo» no signifique un alto riesgo para un pequeño número de niños; agregando que la aceptabilidad de la vacunación de los niños no debe basarse en excepciones al imperativo categórico kantiano, sino en una presunción de consentimiento altruista de los niños en la que podemos confiar.

3.4. Sobre la obligatoriedad de las vacunas

Cualquier discusión sobre la obligatoriedad o no de las vacunas, requiere determinar previamente si la pregunta se plantea en un sentido moral o en un sentido jurídico. Como dice de Miguel (2022, p. 74), si consideramos que no hay razones morales sólidas para imponer la medida, difícilmente podemos defender su legalidad.

Podría intentar sustentarse la obligatoriedad moral de aplicar las vacunas aun contra la voluntad de la persona, basándose en el propio bien del individuo; pero, aparte de lo subjetivo que puede ser la definición de bien, la vulneración de la libertad del paciente y el retroceso que significaría la medida respecto a los avances contra el paternalismo médico, sería contradictorio que, en nombre de la integridad de una persona se atente contra su integridad. Por lo demás, no es comparable este caso con otros de protección legal como la exigencia del uso del casco para los motociclistas que, aunque es también «por su propio bien», tiene una naturaleza distinta, como bien ha analizado a profundidad de Miguel (2022, pp. 76-77).

En realidad, la obligatoriedad moral de las vacunas, más que en el bien de la persona vacunada, en los costos que implica la hospitalización de aquel que terminó internado por no vacunarse o en razones religiosas, reposa en términos de responsabilidad social y en el «pensar en el otro» como mandato ético que analizaremos más adelante. Siguiendo a de Miguel (2022, p. 83), no se trata de la necesidad de protegerse uno mismo, que no es necesariamente un deber moral, sino más bien de una obligación que la vida en sociedad nos impone frente a terceros.

La discusión en torno a la obligatoriedad o no de las vacunas, importa la valoración del principio de autonomía como criterio ético y jurídico primordial o no respecto a cualquier otro, cuestión que demanda una reflexión filosófico-jurídica para encontrar respuestas, partiendo del reconocimiento de la dignidad de la persona y del derecho a la libertad, sin caer en posiciones absolutistas.

Se trata de uno de los temas más complejos desde un punto de vista médico. Para Francisco León (2024), en el caso del coronavirus no es aceptable la vacunación obligatoria, y «lo que se debe hacer es dar razones, tratar de que todos se vacunen, pero mediante campañas de información pública aunadas a la vacunación en centros de salud, parques y jardines, con énfasis en los grupos con mayor vulnerabilidad y la justa distribución de las vacunas (p. 85).

En cambio, se ha dicho también que una pandemia como la de la COVID-19 puede suponer la restricción del ejercicio de la autonomía personal en aras de los intereses generales de la salud pública y el bien común (Jorqui, 2020, p. 202). Y es que la libertad debe supeditarse a los intereses generales de la sociedad (Savater, 2012, pág. 91); la pregunta que surge entonces es cuáles son los alcances de esas restricciones. ¿Debe el sistema jurídico establecer entonces la obligatoriedad de las vacunas? Y, de optarse por ello, ¿cómo entender dicha obligatoriedad? ¿cuáles serían sus alcances?

Tratamiento legislativo de la vacunación en España

Aunque el tratamiento legislativo en materia de vacunación no ha estado libre de críticas[150], en España la vacunación es voluntaria, teniendo como excepciones históricas las dos vacunas obligatorias establecidas a nivel estatal en 1921 (contra la viruela) y en 1944 (contra la difteria), teniendo en cuenta su alta tasa de mortalidad (Mora, 2020, p. 11)[151].

Si bien existe la Ley 22/1980, de 24 de abril, de modificación de la Base IV de la Ley de Bases de la Sanidad Nacional de 25.11.44[152], «La eficacia jurídica y operatividad de esta norma es discutible, de manera que una decisión concreta de vacunación obligatoria difícilmente podría fundamentarse en tal norma» señala el CBE (2016, p. 16), explicando que, de acuerdo a la Disposición Final 5.ª de la Ley General de Sanidad, dicha norma, junto con muchas otras, habían de ser objeto de refundición, regularización, aclaración y armonización en un término de 18 meses; pero pasados más de 30 años ello nunca se cumplió, matizándose así su eficacia.

No obstante, señala la CBE (2016) que la ausencia de una cláusula expresa de obligatoriedad no impide que puedan adoptarse en España decisiones individuales o colectivas de vacunación obligatoria, pero ciertamente se trata de un marco excesivamente disperso y con normas muy diseminadas y heterogéneas, tanto por su rango como por su encuadramiento histórico, siendo en definitiva un marco un tanto confuso (p. 21), todo ello aparte de los problemas de definir los alcances del concepto jurídico de urgencia o necesidad sanitaria y los problemas generales de la educación en materia de salud. En consecuencia, puede concluirse que «las vacunas en España son voluntarias

150 «El marco jurídico español tanto del derecho excepcional como especialmente la legislación ordinaria se ha demostrado claramente insuficiente» (Cotino, 2021, p. 190). A su vez, Cierco Seira (2021), califica la legislación española en materia de vacunación como parca (p. 325).

151 «La vacunación obligatoria adoptada por la Ley gallega 8/2021 —art. 38.2.b). 5.° de la Ley 8/2008, de 10 de julio, de salud de Galicia— fue suspendida por el TC con ocasión del recurso de inconstitucionalidad interpuesto por el Gobierno que fue finalmente retirado» (Morales, 2022, p. 191).

152 El artículo único de la referida norma dispone: «Las vacunaciones contra la viruela y la difteria y contra las infecciones tíficas y paratíficas, podrán ser declaradas obligatorias por el Gobierno cuando, por la existencia de casos repetidos de estas enfermedades o por el estado epidémico del momento o previsible, se juzgue conveniente. En todas las demás infecciones en que existan medios de vacunación de reconocida eficacia total o parcial y en que ésta no constituya peligro alguno, podrán ser recomendados y, en su caso, impuestos por las autoridades sanitarias».

salvo supuestos excepcionales, como el de una epidemia o, con sus dudas, los brotes epidémicos, en los que existen mecanismos legales para establecer su obligatoriedad» (p. 22).

Para de Miguel (2022b, p. 90), la vacunación obligatoria es, en principio, una medida que puede implementarse al amparo del artículo 3 de la Ley Orgánica 3/1986 y el artículo 9.2 de la LBAP, siendo de precisar que, en todo caso, esta obligatoriedad puede adoptar diversas formas. Si se impusiera la vacunación a través de multas o impidiendo a los no vacunados realizar ciertas actividades, sería suficiente la aprobación de una ley; en cambio, si se quisiera forzar físicamente a vacunarse a quienes se resistan, se requeriría obligatoriamente de la intervención judicial conforme el artículo 8.6 párrafo segundo de la Ley 29/1998, de 13 de julio, Reguladora de la Jurisdicción Contencioso-Administrativa.

Más allá de estos supuestos excepcionales, siguiendo a Cierco, puede decirse que en España, la vacunación no es solo voluntaria, sino, más todavía, recomendada[153], acotando que una primera vía para poder generalizar la vacunación es que la administración pública recomiende a los ciudadanos que se vacunen, «La piedra angular en la inteligencia de la vacunación recomendada radica en una idea: un sistema recomendado es algo más que un sistema voluntario»; ello teniendo en cuenta que la vacunación no se puede imponer a la fuerza, pero tampoco implica que el poder público se quede cruzado de brazos, pues hay un interés general de primera magnitud que exige su intervención (2022, cap. VI).

Dado que el Estado español tiene la facultad de imponer la vacunación ante ciertos supuestos, como cuando una nueva epidemia implique un riesgo colectivo, ello deberá hacerse respetando los requisitos constitucionales que debe cumplir la autoridad para poder afectar la libertad e indemnidad de un ciudadano, satisfaciendo el requisito de proporcionalidad y teniendo en cuenta el artículo 9 de la LBAP que se refiere a los límites del consentimiento informado (CBE, 2016, p. 20).

Sea como sea, es de dejar en claro, que la adopción de un sistema de vacunación voluntaria u obligatoria más que un asunto técnico, es finalmente una cuestión política (Murillo de la Cueva, 2023, p. 104), en forma similar a como ocurre muchas veces cuando se niega la admisibilidad de vacunas procedentes de determinado país.

Un punto clave a abordar aquí es que, si bien puede establecerse la obligatoriedad de la vacunación, la cuestión es si ello implica que pueda ser aplicada a la fuerza. El tema nos lleva a distinguir entre los conceptos de vacunación obligatoria y vacunación forzosa, que, aunque parezcan similares, tienen alcances distintos. Siguiendo a De Montalvo (2022), la primera se

153 Para el referido autor, existen cinco clases de vacunación: voluntaria, recomendada, condicionante, obligatoria y forzosa.

refiere a un deber cuyo incumplimiento genera una consecuencia legal, que puede consistir en una sanción económica o en la limitación de un derecho. «Así pues, el individuo que lo desatiende (rechaza ser vacunado) será multado, verá limitada su libertad de circulación, alteradas sus funciones laborales o suspendido su empleo y sueldo». De esta manera, la consecuencia jurídica del incumplimiento no es la vacunación a la fuerza de la persona, sino una multa u otra sanción. En cambio, en el caso de la vacunación forzosa, «el individuo que desatiende la obligación será legalmente compelido a vacunarse, recurriéndose, incluso, a la fuerza de la autoridad» (p. 306); empero, vale subrayar con de Miguel (2022b, p. 91) que ningún país occidental (ni otros) se ha planteado seriamente aplicar esta medida, al menos durante la pandemia de la COVID.

Cosa distinta son las situaciones de emergencia médica, en las que la intervención del médico en el cuerpo del paciente constituye de por sí una acción invasiva, pero con frecuencia son pacíficamente aceptadas y justificadas cuando ni el paciente ni su representante pueden dar su consentimiento (Woolcott, 2022, p. 76). Sin embargo, en el caso que estamos analizando, no se trata de la situación de una persona que no *puede* expresar su consentimiento, sino que no *quiere* darlo.

Sostiene Murillo de la Cueva (2023) que, siendo la vacunación, por regla general voluntaria, existen casos en que ha de poder aplicarse, de manera excepcional, sin el consentimiento de la persona, siempre que se trate de situaciones muy graves y enfermedades altamente contagiosas, a fin de proteger la salud pública y el sistema sanitario, y en tanto no existan alternativas menos radicales, constituya el único modo de conjugar la salud individual y la salud pública, y se cumplan las condiciones del caso de transparencia, eficacia y seguridad (p. 91 y 101)[154].

Como se ha mencionado, el artículo 9.2 a) de la LBAP autoriza que los médicos puedan realizar intervenciones clínicas indispensables para la salud del paciente, sin necesidad de su consentimiento, cuando haya riesgo para la salud pública por razones sanitarias determinadas por la ley.

Comenta De Montalvo (2022) que, ante el debate sobre la obligatoriedad de las vacunas, se planteó en el ámbito autonómico (Galicia) una propuesta para incorporar al ordenamiento jurídico español una cláusula expresamente habilitadora de la vacunación obligatoria[155] (p. 305).

154 Empero, señala Murillo de la Cueva (2023, p. 139), las previsiones legales que se refieren a esta posibilidad excepcional son vagas y genéricas, estando en discusión tanto su falta de precisión como su rango.

155 «Se trata de la Ley de la Comunidad Autónoma de Galicia 8/2021, de 25 de febrero, de modificación de la Ley 8/2008, de 10 de julio, de Salud de Galicia, la misma que fuera declarada en suspenso como hemos señalado más atrás.

La Comisión Europea de Derechos Humanos considera que, si bien la extracción de sangre a un conductor sospechoso de conducir bajo los efectos del alcohol, es una intervención banal, de todos modos, es un atentado contra la integridad física de la persona; siguiendo dicho criterio, no queda duda que la vacunación no consentida sería ilegal (Sánchez Patrón, 2021, p. 532 y 533).

Sin embargo, se ha señalado que ello no constituye un derecho absoluto, considerando que el segundo párrafo del art. 8 de la CEDH admite la posibilidad de injerencia de las autoridades del Estado en ciertas circunstancias en tanto ella tenga amparo legal y se justifique por razones de seguridad nacional, seguridad pública, bienestar económico del país, defensa del orden y prevención de las infracciones penales, protección de la salud o de la moral, o protección de los derechos y las libertades de los demás. Por tanto, la vacunación obligatoria es una cuestión de «solidaridad social».

Es destacable que la Corte Europea de Derechos Humanos, en sentencia del año 1978, señaló que: «las autoridades nacionales pueden razonablemente poner en práctica una política de vacunación obligatoria a fin de esperar un nivel apropiado de protección contra las enfermedades graves», respaldando la idea de la obligatoriedad de la vacunación, aunque sin ser suficiente para justificar su aplicación forzada.

Hace algunos años, ocurrió un caso interesante en San Marino, en donde un grupo de residentes denunció al Estado por obligar a vacunar a sus hijos menores contra la hepatitis B, alegando que se había vulnerado su derecho a la libertad de pensamiento, de conciencia y de religión, reconocidos por el art. 9 de la CEDH. Llegado el caso a la Comisión Europea de Derechos Humanos, esta resolvió que el citado artículo protege principalmente las convicciones personales y las creencias religiosas del fuero interno de la persona, así como a los actos o prácticas vinculados a ellas, pero dicha protección no se extiende a todos los actos producto de tales convicciones, desestimando así lo argumentado por los accionantes, haciendo presente además que dicha obligación había sido aprobada para todos sus destinatarios en general sin hacer diferencias en función de ideas o creencias (Sánchez Patrón, 2021, p. 527-528).

Yendo más atrás, puede mencionarse que, a principios de siglo XX, el Tribunal Supremo de Estados Unidos se pronunció sobre la vacunación obligatoria, en el caso Jacobson v. Commonwealth of Massachusetts[156]: La historia cuenta que un hombre mayor de edad no quería cumplir con la obligación de vacunarse contra la viruela; llegado el caso a la justicia, el Tribunal determinó que la comunidad tenía derecho a protegerse frente a peligros como las epidemias y que ello es un límite a la libertad de decisión sobre el propio cuerpo.

156 Justia U.S. Supreme Court. Jacobson v. Massachusetts, 197 U.S. 11 (February 20, 1905) https://supreme.justia.com/cases/federal/us/197/11/

Así, resolvió que la vacuna obligatoria es congruente con el poder policial del Estado, lo que es factible siempre que se cumplan cuatro requisitos: a) Necesidad de salud pública (public health necessity); b) Relación razonable entre la intervención y el objetivo de salud pública (reasonable relationship between the intervention and public health objective); c) No arbitrariedad u opresión de la intervención (not be arbitrary or oppressive); y d) No implicar un riesgo para la salud del sujeto (the intervention should not pose a health risk to its subject) (De Montalvo, 2022, p. 301).

En años más recientes, también en Estados Unidos, a raíz de un brote de sarampión en Nueva York en el año 2018, las autoridades dispusieron la vacunación obligatoria. Avalada la decisión por una sentencia en diciembre del 2020, en el caso C.F. Vs. New York, esta consignó lo siguiente: «a firefighter need not obtain the informed consent of the owner before extinguishing a fire, and vaccination is known to extinguish the fire of contagion»[157].

En el sistema jurídico español no existe una cláusula de obligatoriedad —como se ha expresado ya—, a diferencia de lo que ocurre en otros países como EE.UU, por ejemplo (salvo razones médicas u objeción de conciencia), siendo de recordar que, de acuerdo a la Constitución española, solo mediante ley orgánica se pueden limitar derechos fundamentales.

Ahora bien, si un gobierno estableciera la vacunación obligatoria en forma compulsiva, podría darse un conflicto entre el derecho a la integridad física y el interés colectivo.

Cabe señalar que el Tribunal Supremo español, en la STS 1112/2021 (rec. Casación 5909/2021), de 14.09.21, señaló en el Fundamento 8 que la exigencia de exhibir determinados documentos (como el certificado de vacunación o test de antígenos, por ejemplo) para entrar a establecimientos con afluencia de personas «resulta adecuada y acorde con las exigencias derivadas de protección de la salud».

Siendo claro que la vacunación es voluntaria en España, existe discusión sobre las posibilidades, aun en caso de excepción, de establecer la obligatoriedad; así, se ha dicho que ello «exigiría importantes modificaciones legales. Incluso la imposición de la vacuna del coronavirus en casos justificados por el interés general a la salud y con autorización judicial suscita muchas dudas, pues todavía no está suficientemente contrastada por su uso y sería una medida desproporcionada» (Asensio, 2020, p. 113)[158].

---

157 Supreme Court, Appellate Division, Second Department, New York. Unidos. C.F., etc., *et al.*, appellants, v. New York City Department of Healt and mental hygiene, *et al.*, respondents. 2019–04455 (December 23, 2020)
https://caselaw.findlaw.com/court/ny-supreme-court/2103172.html

158 Es de mencionar que la imposición obligatoria colisionaría con el principio del consentimiento informado. En España, el consentimiento informado está regulado por las siguientes normas: Convenio del Consejo de Europa para la Protección de los Derechos Humanos y

Barceló (2020), por su parte, luego de reconocer que en España la vacunación es voluntaria y que no hay ninguna norma expresa que establezca el deber de vacunarse, añade empero que «hay determinadas situaciones (fundamentalmente, en caso de epidemias, como la del COVID-19), que permiten a los poderes públicos imponer la vacunación forzosa, invocando el art. 4 b) de la Ley Orgánica 4/1981, de 1 de junio, y el art. 12.1» (p. 21). Similarmente se expresa De Montalvo (2022, p. 310), expresando que, dentro de los casos excepcionales, como sería el de una epidemia, existen mecanismos legales para establecer su obligatoriedad[159].

El alto índice alcanzado con la administración voluntaria de las vacunas, ascendente al 92.8 %, demuestra que la opción de la vacunación no impuesta era viable, sin necesidad de su aplicación forzada, pero sin que ello signifique no llegar a plantearse la misma en algún momento (Murillo de la Cueva, 2023, p. 32, 86 y 123).

Es de añadir que la posibilidad de establecer la medida de la vacunación obligatoria no ha sido rechazada por el Tribunal Europeo de Derechos Humanos, el cual, en sentencia del 08.04.21, en el caso Vavřička vs. República Checa, ya comentado, en relación al rechazo de unos padres a vacunar a su hijo menor de edad, estableció que la vacunación obligatoria busca proteger contra las enfermedades que puedan generar un riesgo grave sobre la salud, como un asunto de «solidaridad social». Se tiene en cuenta el deber de proteger la salud de todos los miembros de la sociedad, en particular de los especialmente vulnerables. En este sentido, el resto de la población es invitada a asumir un riesgo mínimo haciéndose vacunar. Así, siguiendo a De Montalvo (2022), puede afirmarse que para el Tribunal Europeo la inmunización constituye una respuesta profiláctica con la que se consigue grandes beneficios para la salud de la población, por lo que cuando una política de vacunación

de la Dignidad del Ser Humano con respecto a las aplicaciones de la Biología y de la Medicina (conocido internacionalmente como Convenio de Oviedo por el lugar de su firma el 04.04.97 y ratificado el 23.07.94), el cual señala en el primer párrafo de su artículo 5 que: «Una intervención en el ámbito de la sanidad solo podrá efectuarse después de que la persona afectada haya dado su libre e informado consentimiento». La LBAP, que define en su artículo 3 el consentimiento informado diciendo que es «la conformidad libre, voluntaria y consciente de un paciente, manifestada en el pleno uso de sus facultades después de recibir la información adecuada, para que tenga lugar una actuación que afecta a su salud».

159 Añade el citado autor: «Así, lo constata, por ejemplo, la Sentencia de la Sala de lo Contencioso-administrativo de la Audiencia Nacional de 29-IX-2010 cuando afirma que «fuera de estos casos (se refiera la Sentencia a la vacunación obligatoria respecto de sujetos en los que concurre una relación de especial sujeción —militares, profesionales sanitarios— o en supuestos muy concretos como son los viajes al extranjero a la entrada en España), sólo cabría justificarla en una situación extraordinaria, amparado en la LO 3/1986, que excepcione el principio general de autonomía deducible del artículo 10.9 LGS y de la Ley 41/2002, de 14 de noviembre, no tanto del paciente, como del ciudadano a la hora someterse a tratamientos preventivos y que en este caso sería una vacuna» (De Montalvo, 2022, pp. 310-311).

voluntaria no fuera suficiente para lograr y mantener la inmunidad colectiva, o dicha inmunidad no sea relevante por la naturaleza de la enfermedad, «se podría introducir razonablemente una política de vacunación obligatoria para lograr un nivel adecuado de protección contra enfermedades serias» (pp. 323-324).

> Como ha señalado el CBE: «si bien nuestro ordenamiento jurídico no ha incorporado explícitamente el deber de vacunación, no existiendo ninguna norma jurídica concreta que establezca que los poderes públicos pueden exigir de sus ciudadanos que acepten ser vacunados, sí se entiende que existe base legal suficiente que permitiría que los poderes públicos competentes adoptaran la decisión de vacunación forzosa, en determinados supuestos específicos, y fundamentalmente, en el caso de epidemias. Sin embargo, fuera del ámbito de la epidemia o de la urgencia o necesidad sanitaria, tal alternativa muestra bastantes dudas» (CBE, 2016, p. 5).

Para poder dar cabida jurídica a la imposición de la obligación de vacunarse, debe tenerse en cuenta el art. 10.2 CE, los artículos 2, 8, 15 y 16 de la CEDH y la jurisprudencia del TEDH. También la LBAP, en su art. 9.2 ya mencionado, que establece que:

> Los facultativos podrán llevar a cabo las intervenciones clínicas indispensables en favor de la salud del paciente, sin necesidad de contar con su consentimiento, en los siguientes casos: a) Cuando existe riesgo para la salud pública a causa de razones sanitarias establecidas por la Ley. En todo caso, una vez adoptadas las medidas pertinentes, de conformidad con lo establecido en la Ley Orgánica 3/1986, se comunicarán a la autoridad judicial en el plazo máximo de 24 horas siempre que dispongan el internamiento obligatorio de personas (las cursivas son nuestras).

Habría que añadir lo dispuesto en la Ley Orgánica 3/1986 que recoge un sistema de medidas para situaciones de urgencia o necesidad para la salud pública. Aunque la norma es extraordinariamente parca (De Montalvo, 2022, p. 304), menciona las medidas de reconocimiento, tratamiento, hospitalización y control.

Respecto a la vacunación obligatoria, concluye Mora, las vacunas son de carácter voluntario, pero puede imponerse por el Estado en caso de epidemia, en tanto que exista un riesgo colectivo para la salud pública, pero sería una potestad de insólita aplicación (Mora, 2020, p. 13 y 33).

Hay que tener en cuenta, asimismo, el artículo 4 de la Ley 40/2015, de 1 de octubre, de Régimen Jurídico del Sector Público. Según lo dispuesto en este precepto, toda decisión de la administración pública que limite el ejercicio de derechos individuales o colectivos o exija el cumplimiento de requisitos para el desarrollo de una actividad, debe satisfacer tres criterios: la aplicación del principio de proporcionalidad, elegir la medida menos restrictiva, sustentar su necesidad para proteger el interés público, así como justificar su adecuación para lograr los fines que se persiguen, sin que se produzcan diferencias de trato discriminatorias.

Tratamiento legislativo de la vacunación en el Perú

En el Perú, la pregunta es si, al amparo del artículo 76 de la Ley General de Salud peruana (LGSPe)[160], podría establecerse la obligatoriedad de la vacunación. Como anota Valero (2021, 299), la norma señala que el cumplimiento de las medidas dadas por la Autoridad de Salud es bajo sanción, con lo que se entiende entonces que la consecuencia del incumplimiento es una sanción (como podría ser una multa), no su ejecución forzada.

Esta interpretación se ve reforzada por el artículo 4 de la LGSPe, que dispone en su primer párrafo que: «Ninguna persona puede ser sometida a tratamiento médico o quirúrgico, sin su consentimiento previo o el de la persona llamada legalmente a darlo, si correspondiere o estuviere impedida de hacerlo». Es decir, si una persona no da su consentimiento[161], no puede ser sometida a tratamiento médico alguno; por tanto, no podría ser vacunada a la fuerza.

Sobre la obligatoriedad indirecta y otras cuestiones adicionales

Otra cuestión a abordar aquí es la de la obligatoriedad indirecta, por la que, pese a que se diga que la vacunación es voluntaria, existen sistemas en que están establecidas una serie de condicionantes, cual sanciones, que pueden hacer pensar que estamos también ante casos de obligatoriedad, aunque no sea en forma indirecta.

Este tipo de medidas o estrategias[162] se empezaron a dar ante la negativa de muchas personas a vacunarse, por lo que diversos Estados empezaron a dictar diversas disposiciones que impedían el ingreso a diferentes lugares de las personas no vacunadas, estableciéndose así una obligación indirecta de vacunación[163].

---

160 Artículo 76° LGSPe: «La Autoridad de Salud de nivel nacional es responsable de dirigir y normar las acciones destinadas a evitar la propagación y lograr el control y erradicación de las enfermedades transmisibles en todo el territorio nacional, ejerciendo la vigilancia epidemiológica e inteligencia sanitaria y dictando las disposiciones correspondientes. Así mismo tiene la potestad de promover y coordinar con personas e instituciones públicas o privadas la realización de actividades en el campo epidemiológico y sanitario».

161 Como anota Jorqui (2020), el consentimiento informado constituye «el principal criterio legitimador de la actividad médica» (p. 201).

162 «Así, la vacunación durante la pandemia era voluntaria pero se siguieron ciertas estrategias persuasivas que exigían la vacunación para poder realizar algunas actividades como el acceso a centros de trabajo, locales de ocio, viajes...puesto que el coronavirus no sólo pone en jaque la vida de la propia persona que se infecta sino la de la colectividad en general como resultado de su alto grado de contagio y letalidad» (Delgado-Sáez, 2023, p. 12).

163 En el Perú, el Decreto Supremo 179-2021-PCM, estableció la obligatoriedad de mostrar el carné de vacunación para poder ingresar en espacios cerrados donde se realicen activida-

Algo parecido se dio en el Perú, sin que la medida haya sido recurrida judicialmente. En cambio, en Brasil, el Supremo Tribunal Federal falló avalando que la vacuna fuera obligatoria y que las autoridades pudieran sancionar a los ciudadanos, argumentando que la vacunación obligatoria no significa vacunación forzada, pues puede negarse el ciudadano a ella, lo que no impide que pueda promoverse su aplicación a través de medidas indirectas, señalando una serie de consideraciones para su aplicación, como la existencia de evidencia científica y una adecuada información sobre la eficacia y riesgos de las vacunas, entre otras (Valero, 2021, p. 303).

Se plantea entonces aquí la cuestión: ¿hasta qué punto es legal, por razones sanitarias, impedir el ingreso a determinados locales de las personas no vacunadas? Recordemos que, en muchos países, se restringió el acceso a cines, teatros, iglesias, restaurantes, supermercados, gimnasios, librerías, etc. Incluso, en diversas universidades, como en la Universidad de Duke, en EE.UU., se dispuso que, para volver a las clases, todos sus profesores y alumnos debían estar vacunados obligatoriamente.

Al ponderarse nuevamente entre la libertad personal y la salud pública, se desprende que cuando se ve afectado el interés general prevalece este último. En consecuencia, sería posible implementar medidas que supongan una limitación a la autonomía de la voluntad de quienes no deseen vacunarse (como la prohibición del ingreso a determinados espacios), respetando los principios de razonabilidad y proporcionalidad (Valero, 2021, p. 308).

Respecto a este último principio, cabe recordar que el Tribunal Constitucional español lo ha consagrado diciendo que: «no siendo los derechos que la Constitución reconoce garantías absolutas, las restricciones a que puedan quedar sometidos son tolerables siempre que sean proporcionadas, de modo que, por adecuadas, contribuyan a la consecución del fin constitucionalmente legítimo al que propendan, y, por indispensables, hayan de ser inevitablemente preferidas a otras que pudieran suponer, para la esfera de libertad protegida, un sacrificio menor» (STC 66/1991, de 22 de marzo). Vale señalar que este principio se encuentra recogido también en el artículo 5 del Tratado de la Unión Europea, entre otras normas internacionales.

Precisando los alcances del principio, señala de Miguel que, para que una medida sea aceptable, debe cumplir tres requisitos fundamentales: idoneidad, necesidad y «proporcionalidad estricto sensu». El primero implica que la medida sea eficaz para el fin previsto, debiendo este fin conciliarse con los valores del sistema jurídico. El segundo significa que, de todas las alternativas posibles, se seleccione la opción que entrañe la menor restricción de derechos y libertades. El tercero dicta que, si bien una medida sea adecuada

des económicas o de culto, norma que no fue objeto de cuestionamiento legal alguno que haya permitido una opinión del Tribunal Constitucional sobre su legalidad.

y menos restrictiva que otras, el daño que cause a los derechos y libertades no debe ser desproporcionado con respecto al fin que busca lograr (de Miguel, 2022, p. XII).

Se plantea entonces la cuestión de cómo equilibrar en estos casos la libertad individual con el interés público. Creemos que un criterio para lograr dicho equilibrio es tener en cuenta la naturaleza de la actividad y la posibilidad de realizarla de una manera alternativa. Es decir: Si no me quiero vacunar, el gobierno puede impedirme ir al cine, pero si me gusta ver películas tengo la opción de poder hacerlo en mi casa; si no puedo ingresar al estadio, puedo ver el fútbol por televisión; si no puedo ir al supermercado, puedo comprar *online*; si no puedo ir al gimnasio, puedo hacer ejercicio en mi casa.

Cosa distinta sería si, como no me he vacunado, el gobierno me impide ingresar a un centro médico para atenderme en una situación de emergencia; o si me prohíbe viajar en avión cuando necesito trasladarme a otro país para operarme. En ambos casos, por tratarse de una situación en la que corre peligro la vida, debe privilegiarse la libertad individual, pero, por supuesto, tomando las mayores precauciones sanitarias a fin de reducir al mínimo el riesgo de contagio.

En ese sentido, cabe la posibilidad perfectamente razonable de requerir a quienes no desean vacunarse el sometimiento a pruebas mediante test de antígeno o PCR, lo que se inscribiría dentro de un «equilibrio reflexivo de la convivencia» (Andruet, 2024, p. 45).

Partiendo de que hay deberes coercibles y no coercibles, el Estado puede usar la coacción para constreñirme a alimentar a mis hijos ordenando a mi empleador que retenga una parte de mis haberes para el efecto; pero el Estado no puede usar la coacción para que yo le dé a mi hermano un dinero que tengo ahorrado que él desearía que se lo preste con el objeto de pagar los estudios de su hijo. No contestar el saludo es una conducta reprochable moralmente, pero no puede ser exigida a la fuerza. El voto es obligatorio en muchos países, pero nadie puede llevarme a sufragar contra mi voluntad. Es de tener presente aquí que: «La moralidad de una acción no es razón suficiente para que esa acción pueda ser impuesta por la fuerza, ni tampoco su inmoralidad lo es para imponer su prohibición de modo coactivo» (Jorqui, 2010, p. 103).

No olvidemos que el derecho a la vida (artículo 2 inciso 1 de la Constitución peruana) y el derecho a la salud (artículo 7 de la misma Carta), son derechos esenciales y su ejercicio no puede ser limitado, lo que es muy distinto naturalmente tratándose de situaciones vinculadas con el mero ocio, entretenimiento o diversión

Es de interés recordar aquí lo resuelto en la Sentencia de la Sala de lo Contencioso Administrativo del Tribunal Superior de Justicia de Cataluña, Sentencia 291/2000, del 28.03.2000: «La convivencia en un Estado social y democrático de Derecho supone, no sólo el respeto de los derechos fundamentales a título individual, sino también que su ejercicio no menoscabe el derecho del resto de la sociedad que se rige por unas pautas de conducta que persiguen el interés general»[164].

Cabe mencionar que, luego de la decisión de algunos gobiernos de declarar «obligatoria» la vacunación contra la COVID 19 con el fin de aumentar la tasa de vacunación, cuidar a la población en riesgo y alcanzar objetivos de salud pública, la OPS y la OMS emitieron un documento especial, publicado el 13.04.21 y actualizado el 30.05.2022.

En este, ambas instituciones señalan que dichas políticas pueden justificarse éticamente por su importancia para la salud y el bienestar público y que, si bien es cierto que, en ocasiones, pueden suponer una limitación de la libertad personal, dicha restricción debe estar fundamentada en la protección de otro objetivo social valioso como es la protección de la salud pública.

Sin perjuicio de ello, la OMS señala expresamente que no apoya actualmente las disposiciones que establecen la vacunación obligatoria, proponiendo más bien que se realicen campañas de información y se hagan accesibles las vacunas[165]. Si bien, añade asimismo que dicha política solo debe considerarse en tanto sea necesaria y proporcional respecto a objetivos sociales y económicos (interrumpir cadenas de transmisión, proteger a los más vulnerables, reducir la mortalidad, etc.), entre otros requisitos.

Si estos objetivos pueden lograrse con intervenciones del Estado aceptables que sean menos invasivas (como campañas de información y de movilización) y en un plazo razonable, «la justificación ética de la obligatoriedad sería más débil, porque el logro de esos objetivos con menos restricciones de la libertad individual y la autonomía tiende a producir un balance más favorable de los valores de protección de la salud y el bienestar del público, y de la libertad individual y la autonomía» (OPS y OMS, 2022, p. 2).

Sin embargo, la OMS y la OPS reconocen que, en algunos casos, la obligatoriedad de la vacunación puede ser «necesaria». Por ejemplo, cuando su no aplicación implique un riesgo significativo. Si bien las libertades individuales no han de restringirse más tiempo del necesario «para lograr el equilibrio más favorable entre los valores de protección de la salud y el bienestar del público y la libertad individual» (OPS y OMS, 2022, p. 3).

Un punto que no puede dejarse sin mencionar es el de la posibilidad de que las personas con discapacidad puedan decidir si vacunarse o no. Al respecto, queda claro con Torrelles que, tratándose de un derecho personalísimo, el único que legalmente puede decidir es la propia persona, sin perjui-

---

164 Sentencia N.° 291/2000 (28 de marzo) de la Sala de lo Contencioso Administrativo del Tribunal Superior de Justicia de Cataluña https://www.poderjudicial.es/search/indexAN.jsp?org=ap-tsj&comunidad=09#

165 Hay que recordar que dicha organización se opuso a la exigencia de la vacunación contra el coronavirus para los viajes internacionales.

cio de que, en materia sanitaria, a veces deba contar con un apoyo para que le ayude a comprender y entender el contenido y alcances de su decisión (2022, Cap. II). Cabe mencionar que, mediante Auto de 4 de junio de 2021, la Audiencia Provincial de Valencia autorizó la vacunación de una persona incapacitada judicialmente (según el régimen anterior a la reforma operada por la Ley 8/2021, de 2 de junio), cuya tutora se había opuesto a la vacunación de su representada (De Barrón Arniches, 2022).

Con la Ley 8/2021, la prestación del consentimiento para someterse a una intervención médica corresponde a la propia persona con discapacidad, la cual debe estar ayudada, de así requerirlo, por su respectivo apoyo, siguiendo la regla general de que para someterse a cualquier intervención debe respetarse la autonomía del paciente, expresada a través de su consentimiento informado.

Este consentimiento podrá ser por representación en los supuestos que reconoce el apartado tercero del art. 9 LBAP: a) Cuando el paciente no sea capaz de tomar decisiones, a criterio del médico responsable, o su estado físico o psíquico no le permita hacerse cargo de su situación. b) Cuando el paciente tenga la capacidad modificada judicialmente y así conste en la sentencia. c) Cuando el paciente menor de edad no sea capaz intelectual ni emocionalmente de comprender el alcance de la intervención.

Sobre la doctrina de las vacunas y la actitud de los tribunales en España respecto a las personas con discapacidad, es ilustrativo el estudio de Delgado-Saez (2023), quien señala con acierto que «las personas con discapacidad tienen derecho a elegir o rechazar los servicios de salud, ya que se trata de un derecho fundamental de toda persona que supone el respeto por la igualdad y la no discriminación» (p. 7)

En ese sentido, la oposición del apoyo a la vacunación de la persona con discapacidad solo cabría si el paciente así lo hubiera manifestado, teniendo en cuenta que aquel debe decidir atendiendo a la voluntad, deseos y preferencias y trayectoria vital de aquella y no en base a sus ideas.

Sin embargo, observa Delgado-Sáez (2023), revisando diversas sentencias de la justicia española, «la perpetuación del paternalismo médico de la discapacidad frente a la aplicación del nuevo patrón basado en el enfoque de derechos humanos que obliga a respetar la voluntad de la persona», al irse en diversos casos contra la voluntad del propio paciente o dándole una insuficiente atención a la misma, a su trayectoria vital, y a la existencia o no de instrucciones previas, vulnerándose diversos derechos fundamentales mediante una intromisión no consentida en su esfera personal (p. 18 y 25).

> «IV.– Es cuestionable que alguien pueda decidir por otra persona en atención a su discapacidad, aunque se encuentre asistida por un curador, guardador o familiar de referencia que se niegue a que reciba el tratamiento médico, pues si tenemos en consideración tanto el Derecho internacional como el Derecho nacional,

las personas con discapacidad tienen, como todas las demás personas, plena e igual capacidad para decidir sobre este asunto. La voluntad de decisión de la persona con discapacidad debe prevalecer y para el caso de que no coincida con la de su apoyo podría intervenir el poder judicial para hacer prevalecer la de aquella en razón de su pleno desarrollo de la personalidad» (Delgado-Sáez, 2023, p. 24).

3.5. Una breve mención sobre el toque de queda

Aunque no está recogido en el ordenamiento español, el «toque de queda» se aplicó en diferentes momentos de la pandemia, siendo una medida aplicada en diversos países en situaciones de emergencia, a través de la cual se restringe la circulación de las personas por un tiempo determinado y, por lo general, en horario nocturno.

Al inicio de la pandemia, se aplicó durante el estado de alarma, pero posteriormente, en diversas oportunidades, bajo la legislación ordinaria de salud en distintas comunidades autónomas, generando discusión y variadas respuestas de los Tribunales Superiores de Justicia, como señala Cotino (2021), hasta que el 25.10.20, con la segunda ola, fue expedido el Decreto 926/2020, de alarma, que reguló expresamente la limitación de la libertad de circulación de las personas en horario nocturno en su artículo 5, incluyendo algunas excepciones (p. 172-174)[166]. Se delegó en los presidentes autonómicos la posibilidad de adoptar una serie de medidas necesarias, vinculadas con la movilidad de las personas y la apertura y cierre de establecimientos, entre otros contenidos.

Este nuevo estado de alarma fue menos riguroso que el anterior, pero se prolongó durante 6 meses, luego de ser prorrogado el 03.11.20 hasta el 09.05.2021.

Cabe señalar que ambos estados de alarma fueron objeto de impugnaciones ante el Tribunal Constitucional español, siendo estimados parcialmente.

En el primer caso, mediante STC 148/2021, de 14.07.21, consideró que las limitaciones establecidas por el confinamiento —el cual no cuestionó— equivalían por su intensidad y carácter a la suspensión de los derechos involucrados y de la libertad deambulatoria en particular, lo que hubiera requerido la declaración del estado de excepción.

En el segundo caso, mediante STC 183/2021, de 27.10.21, por no justificar que la prórroga de seis meses fuera la estrictamente indispensable para el restablecimiento de la normalidad, al no concretarse las medidas necesa-

166 Anota el mismo autor que, al amparo de la normativa de alarma, «en el pico de la tercera ola de enero a marzo de 2021 se llegó a restringir cualquier tipo de reuniones de no convivientes o limitar las «reuniones» a un máximo de dos personas (Galicia, Murcia, Comunidad Valenciana), al igual que la prohibición de visitas a domicilio» (Cotino, 2021, p. 183).

rias para ello, cuya adopción se delegara en los presidentes autonómicos, se estimó inconstitucional al exceder los límites establecidos en el art. 7 de la Ley Orgánica 4/1981, de 1 de junio (Murillo de la Cueva, 2023, p. 23).

3.6. Otros casos de conflicto entre la libertad y el interés social en situaciones sanitarias

Se habla mucho de la promoción de hábitos saludables en materia de salud y nadie puede objetar su conveniencia, dejando de lado su aplicación forzada por más útiles que sean; se plantea entonces más bien la realización de campañas de concienciación, las cuales podrían servir como pequeños empujones para que la gente se alimente mejor.

Empero, ello no es tarea sencilla y debe hacerse con particular prudencia, teniendo en cuenta que de lo que se trata es de persuadir, no de imponer, cuestión esta última que no obstante su practicidad, puede producir resultados contrarios a los esperados.

Para promover la salud, la estrategia durante décadas ha sido advertir sobre los riesgos de fumar, de consumir mucha sal o de conducir sin usar el cinturón de seguridad, etc. Sin embargo, las advertencias pueden terminar provocando lo contrario de lo que se pretende, como cuando le decimos a un hijo que no salga con tal persona, o se le pide a un jurado que no haga caso de tal testimonio, «decir a la gente que *no* haga algo tiene el efecto contrario: hace que sea *más* probable que lo haga» (Berger, 2022, p. 23). Y es que, muchas veces, lo prohibido es más apetecible que lo permitido.

Respecto al derecho de reunión, como dice Cotino (2021): el libre desarrollo de la personalidad implica que el derecho de reunión incluya por lo menos unas posibilidades mínimas, resaltando la necesidad de «afirmar la fundamentalidad (sic) y protección constitucional de las posibilidades mínimas de relación social natural de la persona, aunque no tengan finalidad reivindicativa alguna» (pp. 181-182), añadiendo que prohibir o negar una reunión con otra persona, incluso de 2 o 3, «desdibuja hasta hacer irreconocible el contenido esencial de la libertad de reunión no reivindicativa» (p. 184).

Otro punto de tensión entre la libertad individual y el Estado fue el de las restricciones para el funcionamiento de diversos establecimientos o empresas, el cual se prohibió o limitó muchas veces con severidad durante la pandemia, tanto durante la vigencia de los decretos de alarma como bajo la legislación ordinaria, casos en los que podríamos encontrarnos ante atentados contra la libertad de empresa (artículo 38 CE) y el derecho al trabajo (artículo 35 CE); se trata de medidas restrictivas que deberían ser sometidas al proceso de autorización-ratificación judicial que exige la Ley 29/1998, de 13 de julio, reguladora de la Jurisdicción Contenciosa-administrativa, según señala Cotino[167], por cuanto implican la limitación o restricción de derechos fundamentales cuando sus destinatarios no están individualmente identificados (artículos 10.8 y 11.1 de la referida Ley).

3.7. Y entonces, finalmente, ¿es una obligación legal vacunarse?

Luego de la revisión legislativa efectuada en el presente capítulo, debemos preguntarnos si vacunarse es o no una obligación jurídica en situaciones de pandemia; y, de ser así, hasta donde llegarían sus implicancias.

Vacunarse o no es, en principio, una decisión personal, la cual depende de la autonomía de la voluntad del individuo; podemos no estar de acuerdo con él, discrepar, discutirle, darle todos los argumentos científicos del caso, pero no podemos vacunarlo compulsivamente.

Si una persona consume altas cantidades de azúcar, de sal o de grasa, podemos explicarle el daño que producen, recomendarle que cambie sus hábitos de consumo, etc., todo ello en nombre de su salud sin duda; sin embargo, no podemos impedirle a la fuerza que consuma dichos productos. Por más hamburguesas que uno coma, no puede un *Mac Donalds* impedirnos el ingreso a sus locales.

Si una persona conduce un auto sin tener licencia de conducir, sin duda está cometiendo un acto ilícito y, por tanto, merece una sanción. En cambio, si una persona no cumple con la recomendación de vacunarse, mal que bien está ejerciendo su libertad y su derecho a la integridad física, pero por ese solo motivo no puede sancionársele, aun cuando dicha omisión implique un atentado contra su propia salud.

Vale recordar aquí lo expresado por el TC español: «El derecho a la integridad física y moral no consiente que se imponga a alguien una asistencia médica en contra de su voluntad, cualesquiera que fueren los motivos de esa negativa» (STC 48/1996, del 25 de marzo, FJ 3).

Es interesante preguntarnos si podría sostenerse que el negarse a la vacunación constituye lo que algunos llaman un caso de «ejercicio antisocial» de un derecho (o, abuso del derecho, dirían otros), como sería con cierta similitud la negativa a someterse a la prueba de paternidad en un caso de filiación por parte del supuesto padre (véase lo dispuesto por el TC español

167 Añade el citado autor que: «La mayor parte de las restricciones que implican órdenes colectivas de cierre, restricción severa de horarios o aforo considero que afectan a estas libertades, por lo que han de ratificarse. Por cuanto al fondo, la relevancia social, económica y para los afectados por estas medidas es tan intensa que no parece razonable excluir a los artículos 38 y 35 CE de uno de los «derechos fundamentales» (Cotino, 2021, p. 189).

en el fundamento 1 del ATC 221/1990 en donde invoca dicho concepto). Al respecto, es destacable, como señala Morales (2022), que: «A diferencia de las demandas de filiación, no hay deber alguno (alimentos, legítimas) que pretenda eludirse porque —valga la insistencia— la vacunación es voluntaria» (p. 195).

No cabe duda de la conveniencia de la vacunación tratándose de productos que han seguido todos los protocolos científicos y sanitarios, pero, por más conveniente que sea ella, debe tenerse presente que el fin no justifica los medios. Medidas de represión o el establecimiento del pasaporte COVID pueden de hecho aumentar el número de vacunados, desde una perspectiva fáctica, mas ello es distinto de la valoración moral y jurídica de la medida.

Y al hacer una referencia a la moral, es importante detenernos para explicar que, al amparo de ella, no se puede vacunar a una persona a la fuerza, sin que ello signifique que la obligación moralmente (y jurídicamente) no exista. Ello puede explicarse mejor con algunos ejemplos: Los cónyuges tienen el deber de convivencia, pero ello no significa que pueda llevarse la fuerza a uno de ellos para que duerma en la habitación del otro. Puede ser que, como profesor, debería dictar mi clase programada para hoy en vez de estar en la playa, pero no puede la policía llevarme a la fuerza para cumplir con darla por más que sea yo un incumplido. Puede ser que, en vez de estar viendo el fútbol, debería avanzar la tesis, pero nadie podría privarme a la fuerza de ver el partido.

Podría pensarse que, en estos ejemplos, a diferencia de la vacunación, estamos ante cuestiones absolutamente personales que no afectan a nadie, pero no es así: Si no voto, le quito respaldo a la legitimidad democrática que debe tener un gobierno; si por consumir demasiada grasa tengo problemas de obesidad, terminaré usando dinero de todos para mi asistencia médica en el hospital[168]; si no dicto la clase, habré hecho que mis alumnos pierdan su tiempo; si no termino la tesis, le seguiré quitando tiempo a mi familia y haciendo perder el tiempo a mi director, etc.

Se trata entonces de cuestiones de conciencia, que tienen que ver con nuestra capacidad para poner por delante lo común antes que lo individual y tener presente, volviendo al tema de la pandemia, que:

> Por más dinero que se tenga, por más poder del que se disponga, no hay salida individual a una pandemia. Es colectiva, común a todos, o no es (...) El individualismo tan estimado de algunos, de pronto, retrocede ante la dimensión comunitaria que se revela imprescindible en una pandemia (Illa, 2022, p. 303)[169].

168 No podemos obligar a una persona a comer saludablemente, pero sí le podemos proponer, aconsejar o recomendar conductas que vayan en ese sentido.

169 «En un mundo eminentemente individualista, podemos tener la tentación de buscar respuestas individuales (...) a problemas colectivos (..); la mirada de la salud pública ha de reivindicar el poder del análisis desde lo colectivo como un marco con mayor capacidad

Por otro lado, en contextos como el de una pandemia, debe tenerse en cuenta la primacía temporal de la salud respecto a otros derechos, lo que puede justificarse ya sea en modelos estáticos o dinámicos de jerarquización de derechos, teniendo en cuenta el carácter fundamental del derecho a la salud (Calderón, 2020, p. 14). Resulta ostensible en situaciones de emergencia la noción de axiología constitucional, utilizándose esquemas de coordinación y subordinación para la resolución de conflictos[170].

Sin dejar de ser un tema sanitario, la pandemia es mucho más que ello y plantea retos en el diseño de las relaciones entre los Estados en el propósito de lograr un nuevo orden. Así:

> La Covid-19 marca un punto de inflexión en el camino hacia un nuevo orden mundial que plantea importantes desafíos que afectan a la sostenibilidad ambiental, al desarrollo económico y tecnológico y a los mismos pilares de los estados democráticos y de los sistemas jurídicos (Luquin, 2020, pp. 177-178).

Ese nuevo orden exige un sentido de comunidad, más allá de nacionalidades, razas y culturas. Como dice Innerarity (2020), la comunidad global es un factor que se revaloriza con la crisis, en oposición al antiglobalismo del Brexit, el proteccionismo y la desunión europea; si bien al principio, la crisis refuerza el repliegue nacional, en la medida que ella avanza descubrimos que nuestros destinos están compartidos, nadie está aislado plenamente ni a salvo, lo que abre las puertas a una respuesta cooperativa (pp. 53 y 55).

Necesitamos preservar los bienes comunes y ello solo se puede hacer en conjunto. Como dijera el Comité Nacional de Bioética de Italia en su Declaración de noviembre del 2020, la vacuna contra la COVID-19 es un «bien común», cuya producción y distribución a todos los países del mundo no debe regirse solo por las leyes del mercado, recomendación que no debe quedar en un simple deseo, sino que constituye una obligación internacional de los Estados, siendo fundamental también que las empresas reconozcan su responsabilidad social en situaciones de esta naturaleza:

> «I Comitato ritiene che il vaccino debba essere considerato un 'bene comune', la cui produzione e distribuzione a favore di tutti i Paesi del mondo non sia regolata unicamente dalle leggi di mercato. Questa raccomandazione non deve rimanere un mero auspicio, ma piuttosto un obbligo a cui deve far fronte la politica internazionale degli Stati. Altresì il CNB ritiene indispensabile che le aziende farmaceutiche

explicativa y, sobre todo, con un mayor potencial para generar respuestas y propuestas que mejoren la salud del conjunto de la sociedad, sin desdeñar los aportes que se realizan desde los marcos más individualistas» (Padilla y Gullón, 2020, pp. 38-39).

170 «La experiencia judicial demuestra que los conflictos de derechos se resuelven mediante esquemas de coordinación y subordinación, en que la ubicación relativa dentro del sistema axiológico de cada derecho resulta dirimente» (Calderón, 2020, p. 30).

riconoscano la propria responsabilità sociale in questa grave condizione pandémica».

Añade el referido comité, con acierto, que la distribución de las vacunas debe hacerse siguiendo el principio moral, deontológico y jurídico de la igual dignidad de todos los seres humanos, la no discriminación y el principio integrador de equidad.

En cuanto al tema de la discriminación, ella puede darse al momento de establecer prioridades de atención ante la escasez de recursos, generándose casos de discriminación cuando se toma, por ejemplo, como criterio el solo hecho de haber vivido más tiempo, generándose situaciones de edadismo.

Como ha dicho el Defensor del Pueblo español:

> Lo ético y exigible es singularizar clínicamente las decisiones de esta naturaleza aplicadas a cada paciente. Pueden existir guías, orientaciones, criterios que ayuden en las decisiones médicas, pero estas habrán siempre de singularizarse clínicamente y no incurrir en discriminación. Una denegación a grupos de personas, por edad o por discapacidad, no es admisible» (Defensor del Pueblo, 2022, p. 88).

CAPÍTULO 4

NUDGES PARA PROMOVER LA VACUNACIÓN (Y OTRAS BUENAS PRÁCTICAS)

Todo Estado debe promover buenas prácticas sanitarias, incluyendo la vacunación. El problema, sin embargo, es que las decisiones en la administración pública —como señala Kosciuczyk (2017)— más allá de la vertiente ideológica de los gobiernos, suelen partir de una visión económica clásica y reduccionista que no considera factores sociológicos, psicológicos y antropológicos, lo cual puede conducir a que no se den los resultados deseados (p. 23).

Una pandemia no es un mero asunto sanitario, sino el producto de una serie de variables. De ahí que sea importante tener presente el concepto de sindemia (del anglicismo *syndemic*), propuesto desde la literatura médica en los años 90 para —como explica Lolas— aludir al hecho de que, al estudiar una pandemia, no se le debe ver solo como el producto de agentes biológicos, sino de la influencia sinérgica de diversos factores «Así, las desigualdades estructurales de las sociedades, las inequidades en el acceso al cuidado, las discriminaciones, la polución ambiental, las tensiones raciales y económicas se suman a los factores biológicos, potencian los efectos negativos y obstruyen las medidas terapéuticas» (Lolas, 2022, p. 247).

Esta omisión en el análisis podría explicar diversas cuestiones vividas en la última pandemia, como la inefectividad del confinamiento en muchos lugares, las dificultades para romper cadenas de contagio, la falta de eficiencia en la distribución de las vacunas, la resistencia de muchos ciudadanos a vacunarse y hasta la actitud reacia al uso de mascarillas.

No cabe duda del rol activo que debe tener el Estado para la defensa de derechos fundamentales como la vida o la salud, mas igual surgen algunas preguntas: ¿Hasta qué punto puede intervenir en nuestras vidas aun cuando sea para nuestro propio beneficio o para el bienestar social? ¿Debe el Estado protegernos paternalistamente o debe dejarnos librados a la ventura de nuestras decisiones?

Como sabemos, con motivo de la COVID-19, los Estados aplicaron diversas medidas con diversos grados de coercitividad orientadas a promover la vacunación, llegando a incluir la prohibición a los no vacunados de entrar a determinados lugares, la exigencia del pasaporte Covid, multas, etc.

En otros casos, los Estados optaron por medidas más sutiles y no imperativas, entrando aquí en acción el concepto de «*Nudge*», término que, en España, algunos autores vienen traduciéndolo al español como «acicate» (así, por ejemplo: Abellán-Perpiñán *et al.*, 2022, p. 593), lo que además recomienda como alternativa válida la Fundación del Español Urgente, que promueve la agencia EFE y el BBVA. Empero, debe reconocerse que el término no termina por convencer, como tampoco el más tierno de «empujoncito» (Cabrales y Rey, 2022, p. 40).

Más allá de la intención de castellanizar la expresión, la traducción no es precisa, toda vez que se presta a distorsión. Si revisamos la primera acepción de la palabra «acicate» según la RAE, vemos que hace referencia a la «Espuela para picar al caballo provista de una punta aguda con un tope para que no penetre demasiado», idea que, ni remota ni metafóricamente, puede identificarse con el significado de *nudge*; y es que una cosa es picar a un caballo y otra el pequeño empujón del que hablan Thaler y Sunstein.

Por otro lado, en cuanto a la acepción del término como «incentivo», si bien hay bastante similitud, no existe sinonimia, pues, por ejemplo, la muerte de un ser querido puede servir de acicate a una persona para terminar una carrera profesional o el aliento del público puede motivar a un equipo a voltear el marcador en un partido de fútbol, pero en ninguno de los dos casos estamos hablando exactamente de un *nudge*, cuyo alcance y concepto pasamos a explicar a continuación.

4.1. Y entonces, ¿qué es y para qué sirve un *nudge*?

En el año 2017, el norteamericano Richard Thaler ganaba el Premio Nobel de Economía con «*Nudge*» (o la teoría del pequeño empujón). Con él, llegaban a siete los investigadores vinculados con la economía conductual o economía del comportamiento *(Behavioural Economics)* que han recibido dicho reconocimiento, con un concepto que se encuentra en el cruce de los caminos entre la economía, la psicología y la neurociencia.

El término se refiere al incentivo sutil para estimular o inducir el comportamiento de una persona, a un nivel generalmente por debajo de nuestra conciencia, con el objeto de poder tomar mejores decisiones en favor de sí misma y —muchas veces— también de los demás.

Como explica Beltrán de Heredia (2023), la teoría de *nudge* justifica una especie de ingeniería social a través de la cual, mediante determinados estímulos externos, se busca alterar el contexto y orientar así el comportamiento hacia resultados deseables (p. 62)[171].

Puede definirse también como «cualquier aspecto de la arquitectura de las decisiones que modifica la conducta de las personas de una manera predecible sin prohibir ninguna opción ni cambiar de forma significativa sus incentivos económicos» debiendo dicha intervención ser con un costo mínimo y fácil de evitar (Sunstein y Thaler, 2018, p. 20).

Dicha «arquitectura de las decisiones» puede promover en las personas el cuidado del medio ambiente, alimentarse mejor, ser más diligentes en el cumplimiento de sus responsabilidades y preservar su salud, entre otras múltiples posibilidades, las cuales incluyen la vacunación.

Como seres humanos, siempre estamos eligiendo, lo que está determinado no solo por una deliberación racional que hacemos de las opciones disponibles, «sino también por el diseño del entorno de la elección en el que se presenta la información, que puede ejercer una influencia inconsciente en el resultado» (Capdeferro y Ponce, 2022, p. 234).

Tal como explican Sunstein y Thaler (2018), el solo hecho de estructurar las opciones de una manera determinada puede servir para ayudarnos a aprender, a fin de que más adelante podamos tomar mejores decisiones por nuestra cuenta, teniendo en consideración una cuestión fundamental: que se puede mantener la libertad de elección y a la vez encaminar a las personas a tomar decisiones en su propio beneficio (p. 120 y 291).

De esta manera, la distribución de un campus puede darle mayor protagonismo a la biblioteca, el diseño de un edificio puede promover la interacción social, y la organización de una clase puede ser más motivadora para los alumnos. Una idea clave en todo esto, conforme explica la psicología conductual[172], es que detalles aparentemente insignificantes «pueden tener un importante efecto en la conducta de las personas» (Sunstein y Thaler, 2018, p. 18).

Los citados autores dan cuenta de un experimento realizado en un comedor escolar en donde se demostró que el orden en la colocación de los alimentos influye en las opciones de comida que consumen los usuarios; así, si ponemos por delante el tomate, la zanahoria o la lechuga, los comensales

171 Para ubicar dicho comportamiento más o menos inducido en el contexto del pensamiento jurídico, es de recordar que «El derecho no exige adhesión íntima a las acciones, sino sólo el cumplimiento externo», conforme dice Terán (2012, p. 67).

172 Los datos que arrojan los estudios desde la psicología conductual pueden ser sorprendentes; así, por ejemplo, sostienen que, en materia educativa, más influiría en el rendimiento académico de un alumno el compañero de cuarto que le toca, que la propia universidad que haya escogido para estudiar (Sunstein y Thaler, 2018, p. 73).

comerán más verduras, a diferencia de lo que pasaría si pusiéramos en primer término el arroz o el pan, evidenciándose de esta manera que es posible influir en los hábitos alimentarios de las personas a través de pequeños cambios en la organización del contexto, propiciando así una alimentación más saludable (Sunstein y Thaler, 2018, pp. 15-16).

Otro ejemplo (muy ilustrativo, aunque no muy elegante) es el que se dio en el aeropuerto de Schiphol en Amsterdan (Países Bajos), en donde el solo hecho de pegar la imagen de una mosca en los urinarios para caballeros, hizo que varios distraídos usuarios dejen de mojar el suelo, reduciendo las salpicaduras en casi un 80 % (Thaler, 2016, p. 449), para satisfacción del personal de limpieza y de los demás usuarios del servicio, así como para —sin duda— un mejor ornato y salubridad.

Los *nudges,* consecuentemente, pueden ser útiles para promover conductas positivas. Teniendo en cuenta que el Derecho es un sistema conductual (Ulen, 2015, p. 25)[173], pueden ser muy prácticos y —detalle importante— su implementación no implica un importante desembolso de recursos, además de no requerir de un aparato fiscalizador y sancionador en caso de incumplimiento (Rivero, 2022, p. 19).

Un interesante ejemplo de aplicación de un *nudge* (o *nudging*) en el terreno del derecho, podría ser el establecimiento en diversos sistemas jurídicos de la figura de la «separación de cuerpos»[174], instancia previa al divorcio que sirve para dar un tiempo a los cónyuges para poder estar seguros de su decisión y reafirmarse en ella o reconciliarse.

En el ámbito educativo, el hecho que los propios alumnos definan y aprueben sus «reglas de convivencia», como se suele hacer en muchas escuelas, lleva a un mayor y más comprometido cumplimiento de las normas que si estas son impuestas por el profesor o por la escuela.

Por lo demás, es de tener presente que, al hablar de la eficacia de las normas, «la sanción jurídica no es el único factor ni el más importante (...). La eficacia del orden jurídico, su fuerza en general, no puede depender solo de la sanción de la norma jurídica» (Bonifaz, 2022, p. 121).

Cabe señalar que, considerando su importancia, la aplicación de *nudges* a nivel de gobiernos se viene dando ya desde hace un tiempo, con una apli-

173 «A diferencia de otras disciplinas conductuales, el enfoque distintivo del derecho conductual es moldear el comportamiento humano en función del bien social, en lugar de buscar fines individuales o centrarse en el pensamiento en lugar de la conducta» (dos Santos, 2024, p. 279).

174 De acuerdo al artículo 332 del Código Civil peruano, la separación de cuerpos suspende los deberes relativos al lecho y habitación y pone fin al régimen patrimonial de sociedad de gananciales, dejando subsistente el vínculo matrimonial, encontrándose establecidas sus causales en el artículo 333. También existe la separación de cuerpos, entre otros países, en Colombia, Paraguay, Argentina y en algunos Estados de México.

cación sostenidamente progresiva. Los gobiernos del Reino Unido (que creó en el 2010 el «Equipo de Perspectivas Conductuales»), Australia, Alemania, Países Bajos y Estados Unidos[175], entre otros, han creado ya oficinas orientadas a ello con el objeto de, a partir de una mejor comprensión del comportamiento humano, promover una mejor toma de decisiones.

Como no siempre actuamos racionalmente, los *nudges* pueden ser individual y socialmente útiles. Así, por ejemplo, si hablamos de las vacunas, «*Nudge*» constituye la posibilidad de que el Estado, a través de pequeños «empujoncitos» —como esos golpes de codo con el que llamamos la atención del que está a nuestro lado— pueda inducir a las personas a realizar la conducta positiva de vacunarse, la que redundará en su propio beneficio, favoreciendo de paso la salud ciudadana e incrementando los índices de vacunación.

Es preciso señalar que —como hemos visto en el capítulo segundo— no siendo siempre racionales, podemos a veces recurrir a la inteligencia de nuestro inconsciente, pues la inteligencia no es necesariamente consciente y reflexiva (Gigerenzer, 2018, p. 22), siendo este otro espacio en donde se pueden ubicar los *nudges* como una tercera vía que busca conciliar el interés social, promovido desde el Estado, y la libertad individual.

Debe mencionarse que la intervención a través de *nudges* comprende tanto evitar conductas que puedan dañar a otros como a nosotros mismos en la búsqueda de la satisfacción de nuestros deseos e intereses (Snead, 2020, p. 74)[176].

Es necesario generar incentivos para que las personas actúen positivamente en beneficio de la sociedad, sin afectar sus propios intereses, aun cuando no sean del todo conscientes de ello, y es que «es preferible y menos costoso que las personas logren adaptarse a mejores reglas de convivencia que pretender que las reglas logren internalizarse en las decisiones de las personas» (Rojas y Palomino, 2015, p. 170).

Finalmente, debe evitarse confundir un *nudge* con otras medidas:

- Poner la fruta en un lugar preferencial en un comedor es un *nudge*; prohibir la comida «chatarra», no.
- Colocar la imagen de cartón de un policía al lado de una carretera para inducir a las personas a bajar de velocidad es un *nudge*; poner una multa por exceso de velocidad, no.

---

175 «...governments are increasingly interested in using behavioral insights as a supplement to or replacement for traditional economic levers, such as incentives, to shape the behavior of citizens and government personnel to promote public priorities. A number of governments around the world have formed nudge units» (Benartzi *et al.*, 2017, p. 1041).

176 «The law must intervene to protect the vulnerable from exploitation and harm, and from the temptation to harm others or even themselves in the pursuit of their own desires and interests» (Snead, 2020, p. 274).

- Motivar a que los alumnos creen sus propias normas de convivencia es un *nudge*; suspender a un alumno por faltar el respeto a otro, no.

Nótese que la «arquitectura de la elección» puede perseguir fines positivos (como promover la buena lectura o mantener limpio un lugar) o negativos (manipular a las personas o dificultar el acceso a servicios públicos); en estos últimos casos, estamos ante lo que Thaler y Sunstein llaman —en la edición final de su libro, *sludges*—[177], término que hace referencia al lodo viscoso y fangoso que nos impide avanzar en una determinada dirección, haciendo un símil con las cargas administrativas que se imponen para impedir o reducir el acceso a algo, como por ejemplo, cuando se pone un listado exagerado de requisitos para desanimar a las personas de postular a una beca o a una mejora en el empleo.

También debe advertirse de los casos de «arquitectura hostil» en los que se configura el espacio para evitar determinados usos de los lugares públicos, como explica Aguado I Cudola (2023, p. 26).

4.2. Aplicaciones: *Nudges* en acción

El uso de *nudges* puede tener diversas aplicaciones:

- Motivar el cuidado del medio ambiente, como cuando a través de pequeños avisos en las habitaciones de los hoteles nos dicen que «9 de cada 10 huéspedes reutilizan sus toallas».
- Hacer que los conductores de automóviles bajen la velocidad al llegar a una esquina, al estar pintadas las líneas del paso de cebra en formato 3D, dando la sensación de que flotan sobre la calle, ilusión que los induce a disminuir la marcha, tal como se ha aplicado en Ísafjörður, pequeño pueblo pesquero de Islandia, técnica que se ha aplicado también en India y China[178].
- Evitar dejar olvidada la tarjeta del banco en los cajeros automáticos a la hora de sacar dinero (lo que se llama «función de forzado»), al devolvernos la máquina nuestra tarjeta antes de entregarnos el dinero que hemos ido a retirar.
- Alertar a los conductores que están por dormirse mientras conducen, a través de un sonido para despertarlos cuando empiezan a cabecear.

177 Traducidos al español como «chapapotes» por Pablo Grande (2021), quien explica: imponer a quien percibe el ingreso mínimo vital la obligación de presentar una declaración de impuesto siendo que está exento de ello y pese a que la Administración tiene los datos para conocer su nivel de ingreso y patrimonio, ¡eso es puro chapapote tributario!

178 https://www.bbc.com/mundo/noticias-41426126

- Promover el ahorro de energía, como cuando en la factura de la luz, unos gráficos nos informan del consumo en el vecindario, medida que en España es resultado de una previsión en el Real Decreto-ley 18/2022 (Aguado I Cudola, 2023, p. 24)[179].
- Ahorrar papel, con el solo hecho de establecer por defecto en una fotocopiadora la opción de doble cara a la hora de imprimir.
- Evitar accidentes de tránsito, al reducirse automáticamente la velocidad del vehículo cuando el sistema detecta fatiga en el piloto[180].
- Motivar el pago del impuesto vehicular, cuando al poner la entidad recaudadora la foto del coche en una notificación administrativa recuerda al contribuyente la posibilidad de perder su vehículo (Moreul, 2022, p. 95).
- Hacer ejercicio, como ha ocurrido en Estocolmo, en donde en la estación de Odenplan del metro, en las escaleras ordinarias al lado de las escaleras mecánicas, se hizo una adaptación para que cada escalón suene como una tecla de piano al ser pisada; producto de ello, muchas personas dejaron de usar las escaleras eléctricas para divertirse tocando las teclas con sus pisadas.
- Evitar dejar olvidada la tapa del tanque a la hora de echar gasolina, poniéndole un pequeño plástico para que no se desprenda del todo de su lugar.
- Motivar una alimentación más saludable, mediante las etiquetas de «octógonos» o «semáforos nutricionales» para que el consumidor pueda conocer las calorías, las grasas saturadas, el azúcar u otros elementos potencialmente dañinos que contiene un producto antes de consumirlo.
- Darnos la opción de subsanar nuestra omisión al olvidar acompañar el adjunto a un correo electrónico, a través de la aplicación que automáticamente nos advierte que falta precisamente el «adjunto» que se menciona en el texto de un e-mail que estamos escribiendo.
- También puede mencionarse la aplicación *ToneCheck*, diseñada para detectar contenidos de carga negativa —sea ofensivo, humillante o agresivo— en nuestros correos electrónicos, los cuales pueden dar

179 «Una de las herramientas del «nudge» más efectiva es informar a las personas que la mayoría de los demás están involucrados en un comportamiento enfatizando lo que las personas deben hacer. La fuerza de la norma social es considerada otro factor que determina los comportamientos socialmente responsables, por ello, se entiende que otra estrategia óptima para el desarrollo de los «nudges públicos» está asociada a incitar a las personas pertenecientes a un mismo entorno de proximidad (...) a tener hábitos similares para adecuarse a la norma social» (López, 2023, p. 302).

180 En Australia existe ya un auto que, al detectar a través de sensores la fatiga del conductor, reduce entonces la velocidad a fin de evitar el riesgo de accidente (Manes y Miro, 2019, p. 189).

un mensaje equivocado o ser malinterpretados; de esta manera la aplicación puede ayudarnos a usar un lenguaje más suave y positivo.

- Frente a la resistencia al cambio en el uso de productos, las muestras gratuitas (bien utilizadas) pueden ser un buen incentivo.
- En el ámbito comercial, las políticas flexibles de devolución pueden servir para motivar a las personas a comprar con más confianza y menor reparo.
- Propiciar el cumplimiento de propósitos: Enviar un correo electrónico personalizado puede generar mejores resultados que el envío de correos masivos (Moreu, 2022, p. 96).
- Motivar el uso del transporte público: En Durham (Carolina del Norte, EE.UU), se han empleado empujones informativos para el efecto, enviando correos electrónicos personalizados con rutas de los domicilios al trabajo, mostrando diversas opciones para los empleados (Ranchordas, 2019, p. 21) .
- Incentivar la graduación académica, al invitar a los doctorandos de un Doctorado que así lo deseen, a exponer en un seminario en donde presentarán también sus avances otros tesistas, lo que puede ser un buen incentivo para impulsar el avance de la tesis.
- Cuidar el medio ambiente y hacer ejercicio a la vez, como es el caso de un parque en San Borja (Lima), en donde el municipio puso unas bicicletas estacionarias que, a la vez que sirven para que los vecinos hagan ejercicio, genera electricidad para la iluminación del mismo parque.
- Propiciar un uso más ordenado y responsable de los carritos de compra de los supermercados, a través del mecanismo de poner una moneda para poder utilizarlos, siendo devuelta al retornarlos a su sitio[181]; de esa manera, ya los carritos no son dejados desperdigados en el estacionamiento como solía ocurrir antes.
- Ahorrar tiempo, a través del uso del GPS[182] para llegar a nuestro destino con un costo absolutamente mínimo.

181 Mucha gente que usaba los carritos de compra en los supermercados los dejaban abandonados en cualquier lugar, dificultando que otras personas puedan acceder a ellos, causando desorden y distrayendo al personal de la empresa que debía dedicar tiempo a recolectarlos; para motivar que las personas dejaran los carritos en su sitio, se pusieron letreros e incluso se establecieron multas, pero no daban el resultado deseado, hasta que se halló una solución muy sencilla que no requería de reglas ni de coerción como señala Moreso (2022, p. 50): establecer el sistema de que, para obtener un carrito, el cliente deba poner una moneda de poco valor en la ranura del vehículo, la cual es devuelta cuando dicho cliente coloca el carrito en su sitio.

182 El GPS es un empujón, no lo es un subsidio, un impuesto, una multa, una sentencia de cárcel o un castigo. «To count as such, a nudge must fully preserve freedom of choice.

- Promover la honestidad: Según un estudio del que da cuenta Ariely, el solo hecho de recordar a un grupo de alumnos sus códigos morales antes de que se les presente la oportunidad de hacer trampa en una evaluación, puede reducir los problemas de deshonestidad (Ariely, 2009, p. 4).
- En el Perú, el Ministerio del Ambiente, teniendo en cuenta que muchas personas botan irresponsablemente basura al río Rímac en Lima, instaló equipos en un puente desde el que muchas personas tiran sus desperdicios, de modo que, apenas alguien intenta arrojar algo, una voz misteriosa y grave lo interroga sobre el significado de lo que está haciendo motivando a las personas a la reflexión para no contaminar el río que suministra de agua a la ciudad y da albergue a plantas y aves;[183] la campaña de sensibilización redujo sensiblemente la contaminación en dicho lugar.

La aplicación del celular que nos informa cuánto caminamos, el despertador que dejamos puesto para levantarnos temprano, los mensajes de texto que nos recuerdan el pago de un impuesto, el uso de ciertos tipos de letra grande y colorida para llamar la atención en un aviso, todos ellos son *nudges*, recordándonos este último ejemplo un dato importante: Si el *nudge* es divertido, mejor.

Asimismo, la aplicación del *nudging* puede servir para otras cosas[184], como evitar dejar encendidas las luces del auto, poner el freno de mano automáticamente ya que a veces olvidamos hacerlo, promover la transparencia y prevenir conductas indebidas en el ámbito administrativo (ver dos Santos, 2024 p. 263), complementar las estrategias de *compliance* por su repercusión en aspectos conductuales que no pueden abordarse únicamente con reglamentos y controles (dos Santos, 2024, p. 322), y hasta propiciar el acercamiento entre países en conflicto.

Otra aplicación interesante es cuando en el Reino Unido se hizo un experimento con dos grupos de personas que no habían pagado sus impuestos: a un grupo se le mandó una carta exhortándolos al pago, mientras al otro se le solicitó ponerse al día enviándoles una comparación que mostraba cuántos ciudadanos sí estaban al día. El resultado fue que el segundo grupo —al que le indicaron que la mayoría paga sus impuestos a tiempo— empezó a pagar sus impuestos puntualmente.

If an intervention imposes significant material costs on choosers, it might of course be justified, but it is not a nudge» (Sunstein, 2015, p. 17).

183 https://www.youtube.com/watch?v=A74MPDWwnco

184 Frente a quienes critican la obligación de provisionar fondos para nuestra jubilación, cabe decir con Fukuyama: «Obligar a la gente a reservar unos ahorros a lo largo de su vida profesional no es una vulneración de sus libertades fundamentales, sino que se trata de algo que beneficia su libertad a largo plazo» (Fukuyama, 2022, p. 43).

En el Perú (Molina, 2019), el envío de mensajes positivos habría servido también como un incentivo no monetario para funcionarios públicos en el caso del programa social denominado «Cuna Más»; sin embargo, existe otro estudio que revela que los mensajes que apelan a las normas sociales no influirían significativamente en la recaudación y la lucha contra la evasión de impuestos en el Perú, ya que dicho impacto no se da en entornos de desconfianza ligados a la corrupción, que es uno de los problemas sociales más importantes; ello es más difícil todavía cuando no existe un sentimiento de identificación (García y Serda, 2023, p. 15-16). Como señala Wenzel (2004, 213 y ss.), las normas sociales deberían motivar comportamientos concurrentes si los contribuyentes se identifican con aquel grupo al que se le atribuyen las normas, pero serán ineficaces cuando dicha identificación es débil.

Otro caso interesante es el que se dio cuando el Congreso peruano aprobó en mayo del 2024 un sétimo retiro de los fondos de pensiones por sus titulares, reiterando una tendencia populista de los últimos años que pone en riesgo la disponibilidad de dicho dinero a futuro para los pensionistas; ante esta situación que afecta tanto a las empresas administradoras de fondos de pensiones como al interés futuro de los beneficiarios, una compañía —*Integra*— puso a disposición del público una sencilla herramienta digital para calcular el efecto de dicho retiro, haciendo que un ciudadano pueda saber, por ejemplo, que si hoy tenía 36 años y retiraba anticipadamente los S/. 20,000 soles que le permitía la reciente norma, ello equivaldría a perder los S/. 232,000 en los que se convertiría aquella cantidad al llegar a la edad de jubilarse.

Volviendo a la pandemia, según un estudio que comenta Cuello (2021, p. 81), en los peores momentos de aquella, el Ayuntamiento de Roma experimentó con diferentes *nudges*; siendo un dato interesante que, entre los jóvenes, el mensaje sobre externalidades («puedes infectar a 45 personas») y normas sociales («la mayoría de los italianos piensa que...») hizo que más se quedaran en casa.

Apuntan Utych y Fowler (2020) que los mensajes gubernamentales pueden surtir efectos para animar a las personas a asumir determinados comportamientos, aunque en formas matizadas y tal vez inesperadas; así, por ejemplo, en Estados Unidos, en el contexto de la COVID-19, la referencia al riesgo para personas mayores tendría poca influencia en el cambio de actitudes y comportamientos, especialmente entre los más jóvenes. Sin embargo, los mensajes que destacaban los riesgos para los adultos jóvenes, además de los riesgos para adultos mayores, hizo que aquellos vieran al virus como un mayor riesgo.

Comenta Cuello (2021, p. 80) que en Newark (Estados Unidos), durante la pandemia, el mensaje más efectivo para que la gente se quedara en casa estaba basado en el sentido de relacionalidad: «Los trabajadores que están en primera línea están poniendo su vida en riesgo para mantenerte a salvo. Es tu deber quedarte en casa y ayudar a proteger a otros durante esta crisis».

El lavado de manos —fundamental para prevenir el contagio de una serie de enfermedades—, puede promoverse a través de medidas creativas y sencillas, no impositivas. En Filipinas, el Departamento de Educación y UNICEF aplicaron con éxito creativos *nudges* durante la pandemia para promover el lavado de manos en las escuelas, como el dibujo de un sendero con huellas que conduce a los niños al baño para lavarse las manos, el cual contribuyó con el incremento de dicha práctica (Cuello, 2021, p. 79). Ya antes se había experimentado con ello en un estudio en Bangladesh, generando un incremento del 68 % en el lavado de manos de los niños (Dreibelbis *et al.*, 2016).

En un experimento en un negocio en Bélgica, se demostró que un letrero que decía «Desinfectar las manos salva vidas», junto con dos carteles de personas mayores y vulnerables al lado del dispensador repitiendo el mensaje, incrementó notoriamente el lavado de manos (Van Dessel, 2022).

Vale decir que el solo hecho de colocar dispensadores de alcohol en lugares públicos sirve para promover la práctica de la limpieza de manos.

Es de resaltar lo comentado por Cierco (2022):

> No en vano, los estudiosos del nudging vienen haciendo hincapié en su utilidad en orden a la campaña de vacunación contra la covid-19. Desde la propia OMS se ha elaborado una guía con un elenco muy variado y completo de propuestas: desde las que ponen el acento en la manera de dar la información a las que insisten en la importancia de incrementar los lugares de vacunación, cuidar su ambientación, de la articulación de equipos móviles, pasando por otras como visibilizar los avances, personalizar el acceso –avisos, recordatorios, cita previa–, entregar certificados electrónicos instantáneos y así una larga lista» (2022, cap. VI)

Las campañas vacunatorias de carácter festivo, la accesibilidad de los lugares de vacunación, la muestra al paciente de la vacuna previa a su inoculación para ganar su confianza, fueron asimismo medidas esenciales en diversos países en la lucha contra el coronavirus. Por otro lado, como señala Lopez (2023):

> «En el ámbito de la salud, encontraríamos «nudges» en la reserva por defecto de citas para la vacunación durante la pandemia del COVID-19, que ha permitido, por su facilidad, aumentar las tasas de vacunación; o la indicación con marcas en el suelo, para orientar la colocación de las personas en el acceso a farmacias, comercios o edificios públicos, para evitar aglomeraciones, y facilitar la distancia entre personas (...) (p. 153)».

El asumir compromisos de vacunación es también un interesante *nudge*; Milkman *et al.* (2011) dan cuenta de un experimento hecho con relación a la vacuna contra la influenza, que demuestra que el solo hecho de que las personas se comprometan a vacunarse en una fecha y hora específica, incrementa el cumplimiento de los programas de vacunación en un 4.2 %.

En materia ambiental, señala Moreu (2022), se ha evidenciado que los mensajes sobre el ahorro de gasolina tienen más impacto que las advertencias ecológicas sobre la reducción de emisiones. En Italia, un experimento demostró que la información sobre el costo del consumo de electricidad es más eficaz para reducir el uso de la misma que la información sobre cuánta energía gasta uno (p. 99-100).

Una información importante a tener en cuenta para próximas crisis es que el uso de mensajes positivos y empáticos de beneficio público, tiene mejor receptividad que aquellos basados solamente en el interés individual o que resaltan solo el elemento de obligatoriedad en el cumplimiento (Cuello, 2021, p. 83).

4.3. Crítica y defensa de *nudge*

Sin embargo, no puede negarse que existen también las críticas al sistema y se ha dicho que quizás el entusiasmo por el potencial de *nudge*, se ha exagerado (Selinger y Kyle, 2011, p. 924) y que se trata de un simple concepto de moda vacío de contenido en el ámbito jurídico (Moreul, 2022, p. 94), entre otros cuestionamientos.

De hecho, existen importantes críticas y riesgos que pueden acompañar a los *nudges*; así, pueden esconder motivaciones ilícitas, generar exceso de entusiasmo en sus bondades o producir efectos contrarios a los deseados al percatarse los individuos de que están siendo orientados en una determinada dirección.

Además, no debe dejarse de tener en cuenta que los arquitectos de las decisiones pueden estar sesgados y que nada puede asegurar con certeza que el Estado sea capaz de elegir nuestro bien mejor que nosotros[185].

A ello puede agregarse el desconocimiento de las variables que pueden afectar la aplicación de *nudges*, así como la fragilidad de sus efectos en el tiempo (Guemes, 2017, s/p.), habiendo también quienes cuestionan la solidez de sus evidencias (Cabrales y Rey, 2022, p. 43).

Adicionalmente, puede mencionarse la posibilidad de nuevas formas de paternalismo, autosuficiencia intelectual, manipulación, etc.

Como reconoce Sunstein, «A nudge might preserve freedom of choice, but it might manipulate people and be objectionable for that reason», de ahí la importancia de la transparencia y la rendición de cuentas (2015, p. 416).

185 Sobre esto último: «asumir que las administraciones públicas saben mejor que los ciudadanos qué es lo mejor para la sociedad en su conjunto plantea un debate moral profundo sobre los cimientos de nuestro sistema democrático» (Cabrales y Rey, 2022, p. 231).

Tampoco puede descartarse el aprovechamiento indebido: Si las empresas, con el afán de vender sus productos (antes que beneficiar al cliente), han venido usado desde hace mucho tiempo en forma manipuladora la arquitectura de decisiones para que consumamos más, ¿por qué no lo haría también el Estado?[186]

En el plano político, es de advertir que podría haber a veces detrás de su uso un objetivo político-social muy diferente al propio de los *nudges*; así, por ejemplo, para Cabrales y Rey (2022): «el BIT se usó por el gobierno británico en parte para «blanquear» los recortes presupuestarios en muchas políticas sociales y no hacer suficientes esfuerzos en atacar realmente las raíces profundas de importantes problemas sociales» (p. 44).

Ahora bien, frente a su uso indebido, los *nudges* (o por lo menos algunos de ellos) podrían ser controlados por los tribunales, ya que «un ejercicio abusivo podría constituir vía de hecho susceptible de recurso contencioso-administrativo (arts. 25.2 y 30 de la Ley de la Jurisdicción Contencioso-Administrativa de 1998) y porque, al menos en un plano teórico, podrían dar lugar a responsabilidad administrativa si concurrieran todos sus requisitos (art. 106.2 CE)» (Moreu, 2022, p. 103).

En el caso de hacerse un uso político de los mismos, naturalmente que existen también las vías de control político-administrativo.

Por otro lado, es de tener en cuenta que los empujones, como política, pueden servir como una primera etapa de regulación secuencial, pudiendo ser inevitable medidas más coercitivas o de otro tipo en etapas posteriores (Lobel y Amir, 2008, p. 2098).

Es de notar que quizás, en algunos casos, la no aplicación o las críticas contra los *nudges* puedan provenir del hecho de que por su carácter menos ideológico no terminan de convencer ni a los críticos del Estado ni a los defensores del intervencionismo clásico (Rivero, 2022, p. 19).

Algo importante a recordar, con relación a algunas críticas, es que no debe confundirse los *nudge*s con otro tipo de «incentivos», que pueden ir desde las multas y sanciones hasta los sobornos y chantajes. Ninguno de ellos constituye casos de *nudging*; las multas y sanciones no lo son ya que cambian los incentivos de las personas y añaden costos a situaciones que antes no existían (Selinger y Kyle, 2011, p. 926). Los sobornos y chantajes, por su parte, son formas de manipulación y son, además, delitos.

Al hablar de incentivos positivos (los que tampoco llegan a ser *nudges*), menciona Bill Gates que una vez que los inhibidores contra el coronavirus

186 «Las empresas, y en particular los expertos en marketing, llevan siglos utilizando la arquitectura de la decisión para influenciar nuestras compras y maximizar su beneficio. ¿O se creen que la posición de los productos en los lineales del supermercado, o su proximidad a las cajas lo decide el azar, o la conveniencia del consumidor? Y si las empresas lo hacen, ¿por qué no lo va a hacer el gobierno? (Cabrales y Rey, 2022, p. 44).

estén disponibles debería fomentarse los reembolsos federales a los médicos que se los prescriban, de la misma manera como se hace ya con otras medicinas y vacunas (Gates, 2022, p. 291).

Puede añadirse como crítica, el riesgo de que la intervención del Estado para «corregir» algunas conductas, sirva más bien para contribuir a acentuarlas. Dicho de otra manera: Está bien usar calcomanías para promover un más cuidadoso uso de los servicios higiénicos, pero ello no significa renunciar a concienciar a las personas en cuanto al debido uso de los bienes y servicios públicos.

Una interesante crítica a la economía y derecho conductual, formulada por Richard Posner, está en el uso del término «irracional» para calificar ciertas conductas, cuando en verdad podemos estar ante meras preferencias. Así, señala el famoso juez, cuando Jolls, Sunstein y Thaler llaman irracional al miedo de volar en avión que puede tener una persona comparándolo con otros riesgos alternativos, en verdad estamos ante una cuestión de preferencia, no cabiendo aquí el término peyorativo de «irracional» (Ulen, 2015, p. 50-51). Analicemos con detenimiento el caso, pues estamos ante un concepto clave que sostiene el andamiaje de la psicología conductual:

Si una persona no quiere viajar en avión porque tiene problemas de presión alta o dificultades cardíacas, no está actuando irracionalmente. Tampoco si no le gusta viajar en avión porque no desea tener que llegar dos horas antes al aeropuerto, los asientos no son muy cómodos o el pasaje es muy caro. Puede que tenga también algún trauma psicológico. En todos estos casos (y muchos más), no puede calificarse de irracional la negativa de la persona.

En cambio, sería irracional su negativa si no quiere viajar en avión porque no le gusta sentarse al lado de un extraño (pues lo mismo puede pasarle si viaja en bus), piensa que el avión se va a caer por una película que vio el fin de semana, o cree que se va a asfixiar por el solo hecho de estar en el aire.

Vinculado con esto, otra crítica de Posner, que comparte Ulen, es que el derecho conductual no distingue entre el comportamiento racional y el comportamiento irracional, ni explica por qué algunas personas son racionales en unos aspectos de su vida y en otros no, mientras también hay quienes son irracionales la mayor parte del tiempo y los que no lo son (Ulen, 2015, p. 53).

Más allá de la compleja tarea que mencionan Posner y Ulen, lo cierto es que no debemos renunciar al uso de la razón. Si hablamos de promover buenas conductas, de lo que se trata es de persuadir antes que imponer[187]; de convencer y no de manipular.

---

187 «De acuerdo con los documentos sobre bienestar del paciente emitidos por la OMS y demás instituciones públicas y privadas, resulta que las medidas sanitarias no deben imponerse a la fuerza; se debe dialogar y razonar con el paciente, y solo si no queda más remedio se impondrán forzosamente, en virtud del interés general a la salud» (Asensio, 2020, p. 104).

No se trata tampoco de comprar conductas. Como dice Gelinas (2021), la salud pública no se puede convertir en una lotería, se debe persuadir a las personas reacias a vacunarse, no comprarlas, como cuando el gobernador de Ohio hizo sorteos con cinco premios de un millón de dólares. La ética y la ley exigen respetar la voluntad de los demás, incluyendo la decisión de no vacunarse, sin una ley que imponga compulsivamente la vacunación, pero es importante promover mejores decisiones individuales atrayendo a la gente hacia ellas, a través de la ciencia, antes que mediante la inducción o la imposición[188].

Por otro lado, no solo desde la perspectiva del bienestar del paciente, sino también desde una óptica legal-constitucional, no puede establecerse una vacunación en forma coactiva[189], la cual por lo demás no tiene nada que ver en absoluto con los *nudges*.

Cuestión aparte en la aplicación de *nudges* que no puede dejarse de mencionar, es que existen *nudges* que siendo tales son discutibles, como lo que ocurre en la ciudad norteamericana de Greensboro, en Carolina del Norte (EE. UU.), en donde para evitar que las adolescentes que son madres se embaracen de nuevo, se les da un dólar diario por cada día en que no vuelvan a embarazarse; aunque el incentivo no parece ser el más adecuado, vale decir que los resultados serían prometedores (Sunstein y Thaler, 2018, p. 253). Empero, parece discutible recurrir a este tipo de incentivos pues podemos terminar monetizando o materializando algo que debe cumplirse por razones de buen criterio, y no por un interés económico[190].

Con la misma lógica de las adolescentes embarazadas de Greensboro, podría establecerse como incentivo regalar hamburguesas gratis a los estudiantes universitarios que no copien en los exámenes o bajarle la tasa del impuesto a la renta a los cónyuges que son fieles a su pareja. Sin duda, lograríamos que menos alumnos copien y que haya menos infieles, pero estaría-

188 «l'etica e le norme specifiche ci impongono ovviamente di rispettare le decisioni altrui e quindi anche la volonta di non sottoporsi a vaccinazione; la decizione di vaccinarsi rimane, almeno senza una legge che lo imponga per la popolazione generale, su base volontaria e in un momento storico come quello in cui viviamo si dovrebbe forse abbandonare la volonta di imporre a favore della scelta di spiegare e invogliare attraverso la scienza la popolazione tutta ad aderire alla campagna vaccinale.» (Matroroberto y Malandrino, 2021, p. 214).

189 «Desde múltiples espacios académicos del Derecho Constitucional, se propugna que no existe mecanismo legal que pueda obligar a una persona a inocularse, pero precautelando los derechos del resto de la población vacunada, es posible implementar medidas generales de bioseguridad, que pueden ser exigibles a toda la comunidad sin perturbar el resto de sus derechos fundamentales» (Franco, 2022, p. 312).

190 A ello se añade el riesgo del fenómeno conocido como crowding-out, que, como explican Abellán-Perpiñán *et al.* (2022, p. 594), es «el desfallecimiento o desinterés causado por la pérdida de motivación intrínseca ante lo que se incentiva monetariamente».

mos mercantilizando obligaciones que son morales, que no son negociables y que no pueden supeditarse a un incentivo económico.

En ese sentido, ciertamente, resulta cuestionable la propuesta del presidente Gustavo Petro de Colombia al proponer entregar dinero a los jóvenes que dejen las bandas criminales o estén en riesgo de caer en ella, a fin de que no delincan.

En adición a lo expuesto, como ha advertido el Instituto de Bioética Eugenio María de Hostos (2021), la estrategia de los incentivos puede generar suspicacias de algunos sectores de la población hacia la seguridad de las vacunas y sembrar descontento entre la población que cumplió con su deber de vacunarse sin esperar ningún incentivo. Ello aparte de atentar contra el valor del altruismo[191] y el desinterés que moralmente debe sustentar nuestras buenas acciones.

La distribución y sorteo de grandes sumas de dinero sienta un precedente para futuras vacunaciones, ya que hay genera el riesgo de que la población pida entonces una retribución a cambio de cumplir con sus deberes. Aparte de ello, distribuir esas cantidades de dinero como incentivo para la vacunación es un modo de aprovecharse de la vulnerabilidad económica de las personas.

Si queremos que los ciudadanos actúen correctamente y que ello sea sostenible en el tiempo —lo hemos dicho ya— debemos apelar a su razón. A veces, también, podemos hacerlo recurriendo a su subconsciente. De hecho, como hemos visto, no todas nuestras decisiones son producto del razonamiento; algunas son mecánicas y es así que no tenemos que pensar en que tenemos que respirar, ni en cómo dar cada paso para caminar ni en cómo hacer para montar una bicicleta (una vez que aprendimos bien a hacerlo).

Otras reacciones son instintivas; algo se acerca a nuestros ojos y entonces los cerramos, ponemos las manos por delante cuando nos resbalamos para reducir el impacto de la caída, bostezamos a veces para que nuestra sangre tome más oxígeno, etc.

Kahneman distingue en nuestro cerebro dos sistemas de pensamiento: El sistema 1 que es rápido, intuitivo e inconsciente; y el sistema 2 que es reflexivo, consciente y más lento (Kahneman, 2016, pp. 35 y ss.).

Si le preguntan a una persona para que conteste rápidamente: ¿qué puesto ocupa el corredor que pasa al que va segundo en una carrera? La respuesta inmediata, intuitiva, diría que va en primer lugar, que es la respuesta apurada que daría nuestro cerebro usando el sistema 1. Sin embargo, si pensamos un poquito más, el sistema 2 se percataría de que el corredor que pasa al que va segundo en realidad ocuparía el segundo lugar.

---

191 «It is not very flattering to think that we have to pay people to do the right thing. In a sense, it is a bribe that ends up rewarding those who have been unwilling to do the right thing out of pure altruism». (DE MIGUEL, 2022, p. 90).

Si un bate de beisbol y una bola cuestan 1.10, y el bate cuesta 1 dólar más que la bola, ¿cuánto cuesta la bola? Mientras el sistema 1 respondería «10 centavos», el sistema 2 (que se tomaría algo más de tiempo), diría —con razón— «0.05 centavos».

No es del caso desarrollar el pequeño ejercicio aquí, pero baste mencionar que necesitamos de ambos sistemas para vivir.

Dice Ulen, recordando a Mitchell, que quizás el Derecho busca activar el sistema 2 para minimizar los problemas que el sistema 1 podría causar (Ulen, 2015, p. 56). Acaso un buen ejemplo de ello sería el artículo 932 del Código Civil peruano, conforme al cual quien encuentre un objeto perdido debe entregarlo a la autoridad municipal; en este caso, el sistema 1 podría llevarnos a la idea de que como yo me encontré el bien en la calle, por tanto, me lo puedo quedar; sin embargo, aparecerá el sistema 2 para corregir mi actuar, haciéndome ver que se trata de un bien ajeno y entonces llevarme a entregar el objeto a la municipalidad.

Es preciso señalar que ambos sistemas interactúan entre sí y se complementan. De hecho, aunque no sea políticamente correcto decirlo, muchos policías y jueces actúan sobre la base de sus intuiciones o corazonadas, aun cuando no puedan mencionarlas, pues podrían correr el riesgo de que se invalide el proceso (Gigerenzer, 2018, p .22).

Estas ideas de Kahneman hay que tenerlas presente para la aplicación de *Nudge*, ya que su uso puede servir para suplir algunas de las deficiencias que puede tener nuestro sistema 1.

4.4. El paternalismo libertario

Thaler y Sunstein proponen el concepto de un «paternalismo libertario», el cual plantea que:

> dado que la gente tiende a tomar malas decisiones de forma frecuente, es preciso facilitar la adopción de decisiones correctas. A diferencia del resto de paternalismos clásicos, el paternalismo libertario no aboga por la coerción, la prohibición o la obligatoriedad, sino que se basa en tratar de convertir la opción deseable en la opción que sea escogida por defecto (Padilla y Gullón, 2020, p. 169).

De esta manera, se genera el debate acerca de si estamos ante un paternalismo aceptable (asumiendo que lo hubiera), que podría calificarse como *soft,* o si más bien estamos ante una contradicción que viene desde su propia denominación.

Ciertamente, la idea del paternalismo libertario es una de las más debatidas en materia de políticas públicas (Hausman y Welch, 2010, p. 123), e incluso Sunstein y Thaler reconocen que la frase no genera mucha simpatía (2018, p. 19), añadiendo que ambos términos deben verse juntos y no por separado, haciendo notar que el paternalismo libertario plantea que la gente sea libre para elegir, facilitándole seguir su propio camino, siendo legítimo en tanto los arquitectos de las decisiones tratan de influir en la conducta de la persona para hacer que su vida sea más larga, sana y mejor.

Si bien Thaler reconoce que la frase suena como un oxímoron, explica que en realidad no lo es (2019: p. 447). Es de destacar aquí que, contestando a sus críticos en la edición «final» de su libro, Thaler y Sunstein (2021) expresan:

> We have used the term paternalism to include efforts to protect people against their own errors by guiding them to the choices they would make if they were fully informed and free from behavioral biases. This is a paternalism of means, not of ends; nudges are generally designed to help people find the right means to their own ends (p. 312).

Se dice que el término es un concepto que puede generar confusión (Ponce, 2022, p. 38), que es contradictorio en tanto los valores del paternalismo y los ideales libertarios son diametralmente opuestos (Armenta, 2010, p. 1). De hecho, Thaler y Sunstein (2021, p. 12) dicen en la edición final de su libro, que es un término que, al parecer, solo ellos aman. Roppo propone usar en lugar del término poco simpático de «paternalismo», el de «regulación» (2015, p. 146), aunque también ha generado cierta aceptación el término de «intervencionismo liberal» usado por Cassese (2016, p. 241).

En todo caso, estimamos, como hemos dicho en otro trabajo, que: cualquier concesión al paternalismo debe hacerse con mucha prudencia y velando «por los derechos fundamentales de la persona a la libertad, a la identidad, a la no discriminación y respetando también nuestros derechos como consumidores, ciudadanos, trabajadores, en fin, como seres humanos» (Cárdenas Krenz, 2022, p. 101).

Es cierto que el paternalismo libertario puede devenir en formas de manipulación, más por ello debemos actuar *fronéticamente* (del término griego *phrónesis*) en su aplicación y tener presente lo siguiente:

> Aunque dicho peligro pueda existir, y deba ser controlado jurídicamente, no parece mayor que el peligro que otros tipos de incentivos, las limitaciones y prohibiciones, suponen para los derechos de los ciudadanos, lo que no hace que se descarte su uso cuando es necesario para el interés general (Ponce *et al.*, 2021, 63).

4.5. La presunción de la voluntad positiva para la donación de órganos ¿un buen ejemplo de *nudge*?

Uno de los ejemplos más citados para defender la aplicación de *nudges* es el de la donación de órganos a partir de la presunción de la voluntad positiva.

Todos sabemos que existen muchos pacientes en todo el mundo que necesitan de un órgano para seguir con vida, mejorar su salud o tener una mejor calidad de vida; lamentablemente, suele existir siempre un insuficiente número de donantes.

Hay quienes han planteado entonces la posibilidad de la venta de órganos como una forma de aumentar su disponibilidad en el mercado; desde un punto de vista pragmático de seguro que así sucedería, pero el problema parte desde cuando hablamos de «mercado», pues un órgano de un ser humano no es un objeto comercial.

Legalizar la venta de órganos, aparte de atentar contra la dignidad humana, generaría nuevas formas de discriminación, en la que podría distinguirse entre seres humanos con sus órganos completos y seres humanos con integridad corporal menoscabada. Por lo demás, es de pensar: ¿quiénes serían los que venderían sus órganos? La respuesta es sencilla: los más pobres, en beneficio de quienes tienen más posibilidad de pagar por ellos; serían las madres abandonadas y sin acceso a empleo capaces de hacer cualquier cosa por salvar a sus hijos (primero venderían su sangre, después un riñón, a continuación parte del hígado, etc.). En suma, yendo en contra de la ética kantiana, el ser humano terminaría reducido a un medio, en vez de ser considerado un fin.

Ciertamente, sería aborrecible que una persona pueda obtener un órgano pagando por este. De hecho, ningún país lo permite, salvo Irán (Thaler, 2016, p. 197), más allá de los casos ilegales de tráfico de órganos que de cuando en cuando aparecen en los diarios.

Por consiguiente, en la mayoría de los ordenamientos jurídicos, el cuerpo humano y sus partes no pueden legalmente ser objeto de lucro. Cuando una persona autoriza la obtención y utilización de su material biológico para fines de trasplante, investigación o reproducción, dicho acto de disposición no se explica en clave patrimonial, sino como una autorización para dichos fines constituyendo un acto jurídico extrapatrimonial. Las partes del cuerpo no pueden ser objeto de transacción comercial. Con la gratuidad se trata de evitar, entre otros posibles riesgos, la desigualdad en el acceso a tratamientos médicos derivada de la diferencia de recursos y preservar la naturaleza altruista de estos actos.

Se considera que el cuerpo humano y sus partes no deben ser objeto de ganancia económica, pues ello puede conllevar la cosificación de las personas, vulnerando su dignidad, además de su derecho a la salud y a la integridad. Gracias a la opción generalizada de seguir un sistema basado en el altruismo, la gratuidad y la equidad, muchas personas pueden verse beneficiadas de un trasplante o de los resultados de la investigación biomédica en virtud de los órganos y/o muestras biológicas donadas.

Dada la necesidad médica de órganos para infinidad de pacientes, algunos países, con el objeto de promover un mayor número de donantes, ha establecido el sistema de presunción de la «voluntad positiva» o de consentimiento tácito, llamado también consentimiento presunto[192], por el cual, si una persona fallece sin haber dejado constancia de su oposición expresa a donar, dicha omisión se interpretaría en sentido afirmativo.

Se trata, en este sentido, de un sistema opuesto al de la «voluntad negativa», en el cuál si una persona fallece sin haber manifestado su voluntad de donar o no sus órganos, se asume entonces que no ha querido hacerlo.

Un estudio realizado en EE.UU. puso en evidencia que, en un sistema en donde los sujetos debían optar por excluirse, las tasas de donación eran el doble que cuando debían hacerlo para incluirse como donantes, pese a que el costo de expresar su voluntad era el mismo en uno y otro caso (Ulen, 2015, p. 33).

> Cabe mencionar que, mientras, en Alemania, donde el consentimiento debe ser explícito, solo un 12 % de ciudadanos dan su aprobación para donar sus órganos; en Austria, donde rige el consentimiento implícito, el porcentaje de aprobación (por defecto) es del 99 % (Sunstein y Thaler, 2018, p. 207).

En este tema, como apunta Gigerenzer (2018), puede observarse la fuerza de una «regla de la situación por defecto», que es la que guía la conducta de la mayoría de las personas, más que la preferencia estable, la cual se considera como una recomendación razonable que evita a la persona tomar muchas decisiones, observando que «Muchas personas preferirían no tomar una decisión activa, aunque fuera en una cuestión de vida o muerte» (pp. 203-205).

A propósito del impacto que pueden tener las opciones por defecto en materia médica, un interesante estudio revela que el establecimiento del medicamento genérico como la opción por defecto (sin impedir que el médico pueda recetar otro producto si así lo deseara), hace que la prescripción de estos medicamentos por parte de los médicos aumente en hasta un 100 % (Jiménez-Gómez, 2022, p. 49-50).

Sin embargo, debe observarse que, tratándose de la donación de órganos, hablamos de algo muy distinto y el sistema no está libre de cuestionamientos, en tanto que podría haber situaciones de aprovechamiento de la desidia del ciudadano, de su ignorancia de la ley o de la falta de recursos para tra-

192 Según dispone el art. 5.2 de la Ley 30/1979, de 27 de octubre, sobre extracción y trasplante de órganos: «La extracción de órganos u otras piezas anatómicas de fallecidos podrá realizarse con fines terapéuticos o científicos, en el caso de que éstos no hubieran dejado constancia expresa de su oposición». No obstante, en España, suele ser habitual en la práctica seguir ciertos procedimientos para respetar la voluntad del fallecido. Primeramente, se consulta el Registro de Voluntades Anticipadas para comprobar si el potencial donante ha dejado constancia de su voluntad de donar. En caso negativo, la última palabra la tendrá la familia, quienes, al haber conocido de forma más cercana al fallecido, deben tomar la decisión más adecuada a lo que hubiese sido su deseo y voluntad.

mitar la manifestación de su voluntad negativa, lo que puede ser particularmente grave en países en donde los ciudadanos tienen menos facilidades de acceso a los servicios públicos.

Se ha dicho también que «en determinados contextos las políticas de «adhesión automática» son contraproducentes, especialmente cuando están implicadas cuestiones morales, como ocurre en las donaciones de órganos» (Moreu, 2022, p. 98).

Es interesante subrayar que en la primera edición de su libro *Nudge,* Thaler y Sunstein parecían simpatizar con la idea de la presunción de la voluntad positiva, dando a entender que estábamos ante un buen ejemplo de *nudge*. Sin embargo, en la versión corregida (y supuestamente final) del libro, señalan que han reescrito el capítulo en donde se refieren al tema porque cualquiera podía pensar que ellos apoyaban la política que realmente cuestionaban, por lo que en esta edición se preocupan por decir con contundencia que no están de acuerdo con la política del consentimiento presunto, pues creen más bien en la libertad de decisión de los individuos.

Para concluir la discusión de este apartado, creemos que es mejor requerir a las personas a que adopten una decisión explícita en materia de donación de órganos, ya sea a favor o en contra, lo que puede hacerse como una exigencia al momento de sacar el documento nacional de identidad o la licencia de conducir (tal como se hace en el Perú y otros países), debiendo promoverse una cultura de donación tanto para alentar las donaciones de órganos por parte de los ciudadanos como para hacer que sus familiares respeten la voluntad de estos, siendo necesario también la realización de campañas sociales en contra de los prejuicios que circulan alrededor de la donación de órganos.

Finalmente, es destacable que, en este tema, España es un excelente referente, con más de 32 años siendo líder a nivel mundial en el trasplante de órganos, con un sistema por el cual la donación debe ser voluntaria, gratuita y sin posibilidad de obtener beneficio alguno sino tan solo la satisfacción del deber cumplido en un acto de solidaridad social.

4.6. Consideraciones acerca del pasaporte COVID

Durante la pandemia, con el propósito de instar a las personas a vacunarse, dificultando la transmisión de la enfermedad e interrumpiendo las cadenas de contagio, en distintos países se estableció el pasaporte COVID como requisito para acceder a establecimientos de ocio, restauración y comerciales, así como para residencias y hospitales, entre otros.

Su aprobación tuvo por objeto contribuir con el control de la propagación del virus, constituyendo una forma indirecta de conminar a los no vacunados para que se vacunen, toda vez que la carencia de dicho documento les impedía realizar ciertas actividades o, en todo caso, les ocasionaba la molestia recurrente de someterse una y otra vez a nuevos test con la pérdida de tiempo y de dinero que ello significaba.

El 28 de julio del 2021, trece países exigían ya el pase de vacunación: Alemania, Austria, Chipre, Dinamarca, Eslovenia, Francia, Irlanda, Italia, Letonia, Lituania, Luxemburgo, Países Bajos y Portugal (McDonagh, 2021).

En España, la Comunidad Autónoma de Galicia consiguió el 14.09.2021 su aprobación; posteriormente, otras comunidades (Navarra, el País Vasco, Cataluña, etc.) adoptarían medidas similares, estableciendo que dicho documento era requisito para el acceso a establecimientos de ocio, residencias, hospitales, etc. con el propósito de evitar la propagación del virus y, además, como una forma de inducir a las personas a vacunarse. (Morales, 2022, p. 174-175).

Dado que la exigencia del pasaporte COVID hacía distingos para acceder a diversos lugares en función de si la persona estaba vacunada o no, no solo obligaba a someterse a una prueba diagnóstica a quien no se quiso vacunar, sino que también inducía a las personas en algunos casos a ir en contra de sus propias convicciones religiosas o de otro tipo, habilitaba a las autoridades sanitarias para almacenar y tratar información personal sensible, obligaba a hacer públicos algunos datos sobre la salud personal y cuyo destino no se conocía del todo, impedía la celebración de encuentros sociales y restringía la entrada a ciertos lugares, entre otros efectos (Morales 2022, p. 182-183). Así, más allá del interés público de la vacunación, se trataba de una forma de conminar, afectando derechos fundamentales como el derecho a la igualdad (artículo 14 de la CE), a la integridad física (artículo 15 CE), a la libertad ideológica y religiosa[193] (artículo 16.1 CE), a la intimidad (artículo 18.1 CE), a la protección de datos personales (artículo 18.4 CE), a la libertad de circulación (artículo 19 CE) y a la libertad de empresa (art. 38 CE).

Como señala Morales (2022, p. 175), siendo que el certificado COVID restringía derechos fundamentales, para su aplicación tenía que acudirse al procedimiento de autorización judicial previsto en los arts. 10.8 y 11.1 de la LIPJ, el cual fuera diseñado como condición previa y necesaria para las medidas que impliquen la limitación o restricción de derechos, constituyendo en la práctica un control previo por parte del poder judicial sobre las medidas sanitarias generales. Empero, cabe señalar que la STC 70/2022, del 2 de junio, considerando que dicho control desnaturalizaba la función jurisdiccional atribuyéndole funciones ajenas a su cometido constitucional, declaró la inconstitucionalidad y nulidad de dichas disposiciones, teniendo en cuenta la necesidad del respeto a las competencias y al principio constitucional de separación de poderes[194].

193 Sería el caso de las personas que se negaran a recibir vacunas en cuya elaboración se hayan usado células procedentes de fetos abortados (Morales, 2022, p. 182).

194 Señala el apartado 7 de la referida sentencia: "La exigencia, contenida en el cuestionado art. 10.8 LJCA, de autorización judicial para que puedan ser aplicadas las

Volviendo al tema de este apartado, Sánchez (2022) califica a los pasaportes COVID en España como un auténtico fiasco, denunciando un casuismo autonómico intolerable e inutilidad al incumplir gravemente el examen de proporcionalidad, además de violentar el principio de no vulneración y la libertad de circulación, que son parte del ordenamiento jurídico (p. 1).

Sin embargo, es de mencionar que, al referirse a las limitaciones impuestas por el Gobierno de Canarias para prevenir los contagios durante la pandemia, la STS 719/2021 del 24.05.21 (Rec. Casación núm. 3375/2021) expresó que: «no se corresponde con la Constitución la afirmación de que toda limitación de un derecho fundamental ha de hacerse única y exclusivamente por ley orgánica. El Tribunal Constitucional ha dejado claros estos extremos, tal como lo recuerda, entre otras, en sus sentencias núms. 76/2019, 86/2017 y 49/1999». Podemos decir entonces que no siempre habrá de requerirse de una ley orgánica para limitar un derecho fundamental, pero la discusión será entonces si puede incluirse en ello o no la vacunación obligatoria.

Es preciso señalar que, en el caso del pasaporte COVID, en sentido estricto no estamos ante un *nudge,* toda vez que, en caso de incumplimiento, la persona tendría una sanción (el costo de someterse a la prueba diagnóstica sustitutoria a dicho documento), lo que no corresponde al sentido de un auténtico *nudge*. De todos modos, es necesario comentar el caso por tratarse no solo de una medida sanitaria, sino de un tipo de incentivo en favor de la vacunación.

Hay que añadir que, ni la mera vacunación ni la recuperación del paciente, impiden la transmisión del virus. Los titulares del pasaporte también pueden contagiarse y contagiar, aparte de que pueden ser víctimas de una falsa

medidas generales adoptadas por las administraciones competentes a fin de proteger la salud pública, supone atribuir a las salas de lo contencioso-administrativo de los tribunales superiores de justicia una competencia que desborda totalmente la función jurisdiccional de los jueces y tribunales integrantes del poder judicial (art. 117.3 CE), sin que pueda encontrar acomodo en la excepción prevista en el art. 117.4 CE, a tenor de lo antes señalado. La garantía de los derechos fundamentales a que este precepto constitucional se refiere no puede justificar la atribución a los tribunales del orden contencioso-administrativo de una competencia ajena por completo a la función jurisdiccional, reservada en exclusiva a jueces y tribunales, como lo es la regulada en el precepto cuestionado, que determina una inconstitucional conmixtión de la potestad reglamentaria y la potestad jurisdiccional".

(...)

"...De ningún modo les corresponde a los jueces y tribunales integrantes del poder judicial injerirse en las tareas constitucionalmente reservadas a otro poder del Estado, como lo es la potestad reglamentaria del Poder Ejecutivo (art. 97 CE). El principio constitucional de separación de poderes no consiente que el legislador convierta una potestad atribuida por la Constitución al Poder Ejecutivo en una potestad compartida con los tribunales de justicia integrantes del poder judicial".

sensación de seguridad, relajándose los cuidados sanitarios ordinarios. En consecuencia, prohibir el acceso a quienes no presenten dicha acreditación es arbitrario y vulnera diversos derechos fundamentales.

Además de si debería exigirse el pasaporte COVID o no, diversos temas fueron en su momento asuntos centrales de debate durante la pandemia: que si las mascarillas servían o no, qué tipo de mascarilla se debía usar, que si la distancia debía ser tal o cual, que si tal producto era bueno o había que descartarlo, que si la vacunación debería ser o no obligatoria, etc. En muchos de estos temas, intervino la ciencia, dando opiniones a veces en uno y a veces en otro sentido, generando cierta sensación de desconcierto en un ir y venir de aparentes o reales contradicciones. Es necesario entonces detenernos a revisar la relación entre ciencia y certeza, más todavía en contextos de incertidumbre.

4.7. Ciencia, incertidumbre y certeza

«La incertidumbre es el hábitat natural de la vida humana», dice Baumann (2009, p. 18). Nuestra existencia se desenvuelve en un cúmulo de incertidumbres e incertezas. De hecho, quizás, no hay mayor certeza que la incertidumbre y, como dice Cierco (2021, p. 311), «casi todo parece prestarse a la vacilación».

Entusiasmados con la idea de estar en la era del conocimiento, terminamos derivando paradójicamente en una «sociedad del desconocimiento», en donde «hay más saber del que podemos saber», y en la que vivimos aprovechando de un saber que usamos sin entenderlo (Innerarity, 2021, p. 20 y 22).

Como dice Innerarity (2022)[195], conscientes de nuestro no-saber, tenemos que gestionar el desconocimiento en sus diversas manifestaciones, en una sociedad llena de perplejidades y desconciertos, y con interacciones cada vez más complejas y densas (pp. 11, 18 y 20).

Es interesante señalar que, para enfrentar la pandemia, «al final, sean cuales sean los marcos constitucionales de cada país, han sido las recomendaciones de los científicos las que se han impuesto, en términos generales, sin que el derecho haya sido un obstáculo» (Balaguer, 2020, p. 124).

---

195 Anticipándose a lo que ocurriría con la pandemia, decía Innerarity en el 2011, al presentar la primera edición de su libro «La democracia del conocimiento»: «No arriesgo demasiado si aseguro que las principales controversias de los años venideros van a girar en torno a cuestiones de este tipo: sobre lo que sabemos, lo que no sabemos y todas las formas de saber incompleto a partir de las cuales hemos de tomar nuestras decisiones colectivas» (INNERARITY, 2021, p. 13).

A raíz de la pandemia, hemos valorado más la opinión de los expertos y el cosmopolitismo científico, pero también hemos descubierto que ese conocimiento es fundamentalmente aproximativo, transitorio y equívoco, incluso en temas sanitarios[196].

> La gente pide certezas. O verdades. Y los expertos son expertos precisamente porque saben trabajar con incertidumbres. Cuando comunican sus hallazgos, suelen ser cautos porque saben cuán difícil es opinar con informaciones insuficientes o susceptibles de corrección según el estado del conocimiento. Las certezas de la ciencia suelen ser transitorias, especialmente en áreas relacionadas con el bienestar y la salud (Lolas, 2022, p. 127).

No debemos olvidar la temporalidad de las afirmaciones de la ciencia, que es algo intrínseco a su propio desarrollo y a su naturaleza; esa inseguridad —como dice Wasserman— es precisamente una razón para confiar en ella, pues es lo que hace que sus contenidos deban estar en permanente revisión y no quedarnos estancados, y es que «Quien no está inseguro no revisa sus conclusiones ni las confronta. Los dogmas no se modifican, la ciencia lo hace permanentemente y así progresa» (Wasserman, 2021).

En esa línea de pensamiento, lo más importante de la ciencia no son las verdades que descubre, sino las que se trae abajo, como explicara Popper. Es así como progresa, trabajando a través del mecanismo de ensayo-error[197]. Vale aquí anotar con MacIntyre (2023): «el elemento principal que separa la ciencia de lo que no es ciencia es la disposición de los científicos favorable a modificar sus hipótesis si no se ajusta a la evidencia» (p. 32).

Asistimos a una época en donde a la vez que la ciencia goza de reconocimiento, hay quienes recelan de ella, lo que se vio alimentado precisamente por la pandemia, cuando primero se decía que no era necesaria la mascarilla si uno no estaba enfermo, después que sí; luego, que había que usarla en forma doble, después que no; que era necesaria en parques, luego que no lo era, etc.[198] Ello hizo que la gente oscilara desde la desconfianza hasta el negacionismo extremo.

---

196 «...ni la ciencia ni la tecnología pueden ofrecernos soluciones y certezas que puedan ser consideradas como inequívocas o definitivas en los complejos problemas de naturaleza biomédica» (Blázquez, 2009, p. 34).

197 «El virus era totalmente nuevo y no debe olvidarse que el conocimiento científico es un proceso de prueba-error, por ello, no es de extrañar que, ante una situación tan insólita, los organismos internacionales y los nacionales cambien sus posiciones conforme se van descubriendo nuevos hallazgos» (Chicharro, 2020, p. 586).

198 «Recordemos que, hasta mediados de abril de 2020, la Organización Mundial de la Salud y otros expertos decían que no era necesario el uso de la mascarilla en público. Más tarde cambiaron súbitamente su recomendación. ¿Convierte eso en irracionales a todos los que no querían llevar mascarilla?» (MacIntyre, 2023, p. 283).

Siguiendo a Harari (2014), la ciencia moderna da por sentado que no sabemos todo, que lo que pensamos que es correcto hoy es probable que mañana no lo sea; ninguna idea, concepto o teoría están libres de ser puestos en entredicho; de ahí que «La revolución científica no ha sido una revolución del conocimiento. Ha sido, sobre todo, una revolución de la ignorancia», pues no sabemos todas las respuestas (p. 279).

Como anota Innerarity (2020), la ciencia puede aumentar nuestro saber, pero también nuestro no-saber y, por tanto, nuestra incertidumbre (pp. 46-47), haciendo de dicho saber algo provisional e incierto, y es en ese contexto en el que debemos tomar decisiones, administrando nuestro desconocimiento. Recordando a Kant, puede decirse que se mide la inteligencia del individuo por la cantidad de incertidumbre que es capaz de soportar.

En la necesidad de resolver esas incertidumbres y en un entorno social confuso, el Estado se dirige a la ciencia esperando respuestas absolutas que no las va a encontrar y que si las hubiera no necesariamente las va a aplicar.

Como dice Tezanos (2022, pp. 14-15), vivimos en medio de una *sensación política difusa con quebraduras sociales y sistémicas* y no pocas incertidumbres, buscando gestionarlas de la mejor manera y teniendo en cuenta que la ciencia no puede liberar a los políticos de la responsabilidad de decidir en condiciones de inseguridad (Innerarity, 2022, pp. 24 y 26: y 2021, p. 64), toda vez que el papel de la ciencia más que el de dar respuestas exactas es ayudar a la política en la gestión de la incertidumbre; ello sin perjuicio de reconocer que no pocas veces los conflictos políticos recogen o proyectan las controversias que se dan en el ámbito científico.

4.8. *¿Nudge or not to nudge?*

La crisis del modelo económico liberal, la incapacidad del mercado para una mejor redistribución de la riqueza, la frustración de las expectativas democráticas, el ocaso del «Estado de bienestar»[199], la existencia de una «sociedad del cansancio» (Han, 2022), los fantasmas del terrorismo y de la guerra, el derretimiento de instituciones y valores en el contexto de la «modernidad líquida» de la que hablara Baumann, en una sociedad volátil llena de incertidumbres, junto con las duras experiencias de la pandemia de la COVID-19, nos llevan a la necesidad de pensar en nuevas formas de relación entre el gobierno y los ciudadanos.

Ahora bien, si queremos ello, no podemos partir de una forma única de definir dicha relación, pues es imposible, ya que será diferente en función del espacio, del tiempo y de la cultura de cada sociedad.

---

199 «Probablemente estemos saliendo de la era del Estado de bienestar, entendido como aquel Estado cuya única fuente de legitimidad es la redistribución, y entremos en otra nueva en la que tan importante, al menos, es la prevención de los riesgos sistémicos» (Innerarity, 2021, p. 138).

Empero, quién sabe si, en el mismo caos de nuestra existencia, repose —como en la física cuántica—, la clave para tratar de entender mejor las cosas, teniendo en cuenta la naturaleza de la libertad que, más que un derecho o un valor de la persona, está en la esencia misma de nuestra condición humana, para, a partir de ella, ir trazando cada uno nuestro propio proyecto de vida.

La libertad es un derecho natural, inherente al ser humano y, por tanto, no concedido por el Estado; no se trata de un atributo que este otorga, sino que le antecede. Y es inalienable en tanto no puede ser enajenada; imprescriptible por cuanto no se pierde por su no uso; y, sagrada en tanto particular del ser humano como ser único, irrepetible y digno (Sánchez, 2022, p. 17).

Los tiempos de crisis pueden dar cierta legitimidad a la reducción de las libertades fundamentales, la que se supone transitoria, con cambios que pueden amenazar con integrarse al sistema de modo permanente. Por ejemplo, como bien dice Egúsquiza Balmaseda (2020): «No se puede olvidar que la geolocalización de la persona y control de sus movimientos implica una clara restricción de los derechos fundamentales, como es el de la libertad de circulación —art. 19 CE—, suponiendo una injerencia del poder público en la esfera privada de los ciudadanos» (p. 107).

Para los tiempos que corren, en los que andamos apurados y sin certero rumbo, intentando avanzar mientras tenemos la cabeza gacha, seducidos por la pantalla de nuestros móviles y capturados por sus mundos paralelos, la irrupción de la pandemia fue un recordatorio de que preservar la vida y la salud es precondición para cualquier cosa que queramos[200] y que existen bienes públicos globales[201].

Parece asomar (ojalá así fuera), un cierto cambio en los Estados, al apostar menos por medidas intervencionistas o invasivas para optar por acciones más sutiles y creativas, con menos prohibiciones o restricciones (Armenta, 2010, p. 5). Claro que acaso ello sea más una estrategia de supervivencia que convicción, pero igualmente funcional, al fin y al cabo.

Dado que el uso de los poderes atribuidos (o asumidos) en una situación de necesidad puede llevar a abusos, el Derecho ha establecido ciertos límites, como la existencia real de la necesidad, la razonabilidad y criterios de

200 Vale notar que la pandemia, si bien al principio parecía plantear el dilema de «o la vida o la economía», con el transcurrir de la misma, quedó en evidencia que se trataba de una falsa dicotomía; se demostró también que preservar la salud mediante una cuarentena demasiado extendida podría generar problemas en el acceso a recursos, de producción y de desabastecimiento que terminarían incidiendo en la desprotección de la ciudadanía que justamente se buscaba cuidar. Aparte de ello, observa con agudeza Sebastián (2022: p. 217) que la vacunación, además de sus bondades sanitarias, acabó con el presunto dilema entre salud y economía, ya que es positiva para una y otra variable.

201 «La novedad radical del coronavirus ha sido derrocar el dominio de las finanzas sobre la economía, de la economía sobre la política, de la política sobre las opciones de salud pública y —no menos importante— del egoísmo nacional con respecto a la constitución de bienes públicos globales» (Boyer, 2022, p. 50).

proporcionalidad, incluyéndose dentro de este último el principio de adecuación, el cual «exige que las medidas de crisis no duren más tiempo del necesario para superar el peligro». Por otro lado, está el principio de «intervención mínima», que supone que se aplique lo menos lesivo para los derechos individuales (Álvarez, 2021, p, 26).

El cambio de época en el que nos encontramos, demanda la revisión de viejas ideas que hasta ayer las teníamos por ciertas y que hoy parecen caducas[202], cuestionándose algunos paradigmas. En ese transitar, resulta fundamental defender la libertad sin descuidar la búsqueda de la igualdad[203], aun con todo lo que tenga de utopía, debiendo tener en cuenta también, como dice Sandel (2018), que, «No se llega a una sociedad justa solo con maximizar la utilidad o garantizar la libertad de elección», sino que «hemos de razonar juntos sobre el significado de la vida buena y crear una cultura pública que acoja las discrepancias» (p. 295)[204].

Y no es casual o retórico hablar aquí de cultura, pues como afirma con acierto Fernando Simón, «La cultura se construye a partir de las experiencias colectivas» (Illa, 2022, p. 13).

Pasada la experiencia de la pandemia[205], en la que se restringieron diversos derechos por razones de salud pública y a la vez se exigía conductas más solidarias, es necesario promover mecanismos de acción del Estado no coercitivos que, sin afectar la libertad individual de las personas, promueva conductas ciudadanas positivas conciliando el interés personal con el interés social.

Puede decirse aquí que: «El alcance de las libertades es muy superior a su sentido individual, subjetivo o personal si se prefiere. Son auténticos parámetros de democracia de un régimen» (De Bartolomé, 2002, p. 35), siendo que los poderes públicos están obligados a velar por y realizar el interés general (Álvarez, 2021, p. 24).

Al aplicarse *nudges* para estos fines (que no son la panacea, pero pueden ser de utilidad social) debe ponerse énfasis en la transparencia, proscribiéndose cualquier aplicación arbitraria. Su incorporación al sistema debe ser, sin dejar de lado las sanciones y medidas coercitivas para los casos que así lo requieran, complementaria a otras medidas de gobierno de carácter imperativo. En otras palabras, como dicen Ponce *et al.* (2021), no se trata de sustitución, sino de complementariedad (p. 63), pudiendo decirse entonces: «Nudging cannot

202 «Vivimos en el naufragio del orden de la segunda posguerra del siglo XX y, abandonados a la resaca, tratamos de asirnos a los maderos ideológicos de la flota que se hundió» (Valdez Ugalde, 2023, p. 45).

203 «La Libertad sola tiende a destruir la Igualdad. La Igualdad impuesta tiende a destruir la Libertad» (Morin, 2020, p. 73).

204 Como dice Blázquez (2016, p. 24), «en el fondo tanto la igualdad como la dignidad se asientan y descansan en la práctica de la autonomía, es decir en el ejercicio de la libertad individual».

205 Que —recordemos— por decisión oficial, se habría extinguido el 29 de marzo del 2022.

replace that traditional regulation, as an alternative to it, but can only be complementary to traditional regulation» (Cassese, 2016, p. 242).

Ciertamente, hay situaciones en las que el Estado, por razones de interés público, puede establecer ciertas disposiciones de carácter obligatorio, así, por ejemplo, el uso de los cascos para los motociclistas, el uso del cinturón de seguridad para los conductores, el uso de lentes para las personas con ciertas deficiencias visuales o la vacunación para viajar a ciertos lugares.

Pero también es cierto que el comportamiento de los individuos que viven en comunidad está regulado no solo por disposiciones jurídicas sino por normas y valores morales, con mecanismos sociales que alientan a las personas a adoptar e internalizar pautas de conducta compartidas, motivándolas a hacer lo que es tenido por correcto, sin necesidad de basarse en acuerdos legales ni sanciones morales (Bavel, 2020, p. 465).

Por ello, siendo funcional recurrir a *nudges*, no por ello pueden ni deben reemplazar a otras herramientas de políticas públicas; y es que —es de insistir— más que un reemplazo son un complemento[206] y de naturaleza pasajera.

> Should nudges therefore replace traditional policy tools? Sometimes, but often not, and so it would be a mistake to jump to this conclusion. As the case of externalities reveals, nudges are not always the best tool for pursuing policy objectives, and prohibitions and mandates have their place (consider the problem of violent crime) (Benartzi *et al.*, 2017, p. 1051).

Como señala Sunstein (2022, p. 21), hay políticas que adoptan la forma de mandatos de conducta y prohibiciones; en otros casos, de incentivos económicos; y, en otros casos, existen los *nudges,* respecto a los cuales hay un cada vez mayor interés tanto en el sector público como en el privado.

A fin de reducir los riesgos en su aplicación, un requisito esencial es que, teniendo en cuenta los principios de transparencia y publicidad, cualquier *nudge* que se aplique debe ser conocido por sus destinatarios, pues en caso de engaño estaríamos yendo contra el imperativo categórico kantiano.

Se ha planteado tres estándares mínimos para la formalización jurídica de los *nudges,* pensando singularmente en su aplicación en la administración pública: la transparencia, la proscripción de la arbitrariedad y la puesta en valor de su eficiencia (Abellán-Perpiñán *et al.*, 2022, p. 596), los que son extensivos también fuera del Estado.

Como dice Cuello (2021): «el uso de *nudges* durante una pandemia puede ofrecer grandes ventajas si se utiliza de forma inteligente y moderada. Centrada específicamente donde la evidencia empírica demuestre que tiene mayor efectividad. En esos casos, podría servir de alivio para los ciudadanos

206 «ni todas las intervenciones behavioral son *nudges*, ni los *nudges* son necesariamente el instrumento más eficaz y duradero en todas las circunstancias para alcanzar los objetivos que persigue una política pública» (Cabrales y Rey, 2022, p. 41).

en algunos terrenos, de forma que no sientan el peso de las prohibiciones constantes y disfruten de flexibilidad y libertad el mayor tiempo posible, aún en tiempos de pandemia mundial» (p. 82).

Naturalmente que cualquier aplicación que se haga de *nudges,* debe realizarse respetando la dignidad y la libertad de las personas.

Finalmente, siendo que tanto los gobiernos como las empresas pueden pretender servirse del poder de la influencia social para promover tanto causas buenas como malas (Sunstein y Thaler, 2018, p. 92); debe tenerse siempre en cuenta el componente ético en la aplicación de cualquier *nudge.*

4.9. Libertad, vulnerabilidad y responsabilidad social

En el mundo de autonomismo extremo, hedonista, materialista y autosuficiente, al que se refiere Casas (2020), la pandemia significó el reencuentro con un aspecto esencial de nuestra condición humana que la cultura actual ha tratado de minimizar: nuestra vulnerabilidad (p. 82).

Urge comprenderla para no mirarla como algo peyorativo, vinculado con la debilidad o dependencia, pues todos, de una u otra manera, somos vulnerables, existiendo circunstancias en las que podemos serlo más o menos y, por tanto, estar más expuestos a sufrir daños en comparación con otras personas (Ammerman, 2022, p. 53).

Conscientes de ello, quizás debamos prestar más atención a nuestras decisiones, no solo para evitar sesgos y prejuicios, sino porque en general aun las que parecen más personales pueden terminar repercutiendo en los demás. Vivimos en un mundo en donde todo está interrelacionado, y la propia autonomía termina siendo una noción relacional.

En consonancia con Girotto (2022), podemos decir que:

> La autonomía personal es, en última instancia, una noción relacional, porque se origina y crece en un contexto interpersonal y social. Además, los valores no son simplemente individuales, sino que se comunican a la sociedad, transmitiéndose de generación en generación, por lo que la conducta humana se basa en la racionalidad social. Por último, la autonomía y la responsabilidad están vinculadas, ya que las acciones individuales afectan a la vida de otras personas (p. 848).

En este camino, podemos encontrarnos con la teoría egológica del derecho del filósofo argentino Carlos Cossio para comprender mejor al derecho como conducta humana en interferencia intersubjetiva[207], que se conceptualiza a través de las normas jurídicas, siendo la libertad inseparable de su contenido.

207 La intersubjetividad trasciende lo jurídico y es constitutiva a nuestra existencia: «Uno no se construye como sujeto al margen de la intersubjetividad, de la relación con los otros que solo puede brindarle la comunidad» (Camps, 2016, p. 91).

Sin embargo, el derecho no es solo libertad sino también justicia, nuestra libertad no se agota en lo individual; somos vivencia y con-vivencia; la libertad no se restringe a lo individual, tiene una naturaleza también social e interrelacional.

Así las cosas, esa antropología de lo que Snead (2020) llama «individualismo expresivo», no puede ofrecer un relato coherente con nuestras obligaciones hacia los más vulnerables (p. 7). En ese individualismo, no hay obligaciones no elegidas, sino que ellas dependen de nuestro asentimiento, las relaciones son instrumentales y transaccionales, y aquellos alrededor nuestro cuya libertad y agencia están ausentes o disminuidas son invisibles, no son reconocidos como sujetos con los que tenemos deberes de cuidado (p. 271)[208].

Frente a ello, debemos fomentar una cultura de la responsabilidad, teniendo en cuenta además la imprescindibilidad social de una ética del cuidado[209], y el desarrollo de una ética pública en la atención del derecho a la salud[210].

Aplicado lo expuesto a un contexto pandémico, si una persona no quiere vacunarse pese a los mortales riesgos de un virus y al sustento científico que respalda la vacuna, no se le puede vacunar a la fuerza, pero puede el Estado —en nombre del interés social— optar por otras medidas alternativas que puedan orientarla a proteger su salud y la de los demás, sin privarla de su libertad individual, preservando de esta manera el equilibrio entre esta y el interés colectivo.

Así, si no me vacuno, puede el Estado restringirme el acceso a la ópera y me apenará mucho si soy aficionado a ella, pero dicha privación de ir al teatro no pone en riesgo mi vida y tengo la alternativa de escucharla por internet aunque obviamente no sea lo mismo. Cosa distinta, en cambio, sería si me impidieran ingresar a un centro médico cuando tengo un problema de salud, ir a comprar un medicamento que necesito a una farmacia o viajar por avión

208 «Through the lens of expressive individualism, there are no unchosen obligations, relationships are instrumental and transactional, and natural givens offer no guidance for understanding or negotiating the world. Vulnerability and dependence —that of others and even our own— are not intelligible. And those around us whose freedom and agency are diminished or absent because of age, disease, or disability, are invisible and not recognized as other selves to whom we owe duties of care» (Snead, 2020, p. 271).

209 La ética del cuidado —explica Camps (2021, p. 18, 20 y 50)— mira al sujeto como un ser relacional e interdependiente, y tiene en cuenta el requerimiento de protección, atención y ayuda que requerimos, como seres contingentes y vulnerables, en algunos momentos o a lo largo de nuestras vidas; busca responder a las necesidades de los que nos interpelan desde su fragilidad; y es que todos somos vulnerables, pero no en igual medida; la ética del cuidado se desarrolla junto a la aparición de las éticas aplicadas, que son éticas de casos, las cuales, en vez de construir discursos en los que todo cuadra, no eluden la complejidad y la incertidumbre que acompaña a los problemas reales.

210 Entendida como aquella ética cuyo ámbito de reflexión es la conducta de los seres humanos con respecto a la sociedad y el Estado (Junquera, 2018, p. 90).

porque necesito operarme en otro país, actividades todas ellas que tengo derecho a realizar (y que los demás deben permitirme hacerlo) por cierto que con las máximas medidas de seguridad para reducir al mínimo las posibilidades de contagio.

No olvidemos que el derecho a la vida y el derecho a la libertad, que tienen rango constitucional, son derechos esenciales cuyo ejercicio no puede ser suprimido, siendo otro el caso de los derechos vinculados con el ocio, la restauración o el descanso.

Es de advertir, volviendo al tema axiológico, la imprescindibilidad de una cultura de la responsabilidad, teniendo en cuenta que, en nombre de la neutralidad, no podemos caer en la indiferencia:

> Esta falacia de neutralidad moral es porque la resolución por azar a los dilemas morales contradice la esencia de la ética o moral por la inherente falta de guía axiológica de la voluntad para decidir una acción. El azar no es neutralidad entendida como imparcialidad actuando bajo una regla moral sin que influyan las subjetividades. El azar es indiferencia respecto de la propia responsabilidad y de su deontología profesional médica (Szalen, 2020).

Ahora bien, más allá del propósito de hacer lo correcto, siendo conscientes de que no siempre actuamos racionalmente y de que existen diversos factores que pueden afectar nuestras decisiones, podemos a veces recurrir a estrategias simplificadoras para una mejor toma de decisiones, como ya lo comentáramos al hablar del contrato de Ulises. Cuando no funciona la filosofía de la razón, allí está la psicología.

Así, ante la tentación de querer comprar una gran cantidad de libros al visitar una gran librería, nos podemos poner previamente como pauta comprar solo los publicados en los últimos dos años. Para auto obligarnos a ir al gimnasio, nos suscribimos por un año (y no solo por tres meses), o le decimos a nuestro hermano para que se inscriba junto con nosotros[211]. Si estamos a dieta, nos ponemos como regla no entrar a pastelerías. Si queremos practicar el inglés, desconectamos los subtítulos en español al ver una película en la televisión.

Acota Ramos Zaga (2023, p. 9) que: «La inscripción voluntaria en el Registro de Personas Prohibidas de acceder a establecimientos destinados a la explotación de juegos de casinos y máquinas tragamonedas, establecido por la Ley 29907, es un ejemplo de que el Estado fomenta la autoexclusión para el acceso a los casinos, que es totalmente voluntaria» (p. 9).

Una cuestión importante a considerar es que, siendo que la decisión de actuar correctamente depende en primer término de saber qué es lo correcto,

211 Un dato curioso es que la gente va más al gimnasio al mes siguiente de pagar una cuota, descendiendo su asistencia hasta que tiene que pagar la siguiente (Thaler, 2019, p. 112).

en esa búsqueda de la verdad a la que todos aspiramos, debemos tener en cuenta que «no existe una relación directa entre el grado de convicción que nos inspira una creencia y su veracidad» (Durand, 2023, p. 15), además del hecho de que las verdades no siempre nos son gratas y que la velocidad a la que se desplazan las mentiras es mayor[212], como lo hemos podido advertir durante la pandemia.

Preferimos la seguridad de nuestras creencias, confiando en la credibilidad de las mismas al compartirla con otros, sin necesidad de validarlas o someterlas a prueba[213], como hemos visto ya. De ahí la necesidad de buscar la verdad sin creernos dueños de ella, con humildad y no con soberbia, buscando lo correcto y no la simple y vanidosa confirmación de nuestras creencias, dejando de lado una autosuficiencia negadora de nuestra falibilidad que nos lleva a la arrogancia, dejando de lado la humildad y la tolerancia.

¿Cuál es el papel del derecho en este contexto? En primer lugar, preservar la libertad como derecho fundamental, aun cuando nuestras decisiones no siempre sean las mejores, pero teniendo siempre en consideración que los derechos de uno terminan en donde empiezan los del otro.

Corresponde al derecho, además, buscar el más justo equilibrio entre la autonomía personal y el interés colectivo, que no es sino el conjunto de las demás libertades individuales proyectadas abstractamente bajo el nombre de interés social, interés colectivo o interés público, más allá de la distinción técnica entre estos conceptos.

Así, cuando decimos que Juan debe vacunarse por su bien y por razones de «interés social», detrás de este término están Luis, Martha, Alfredo, Patricia, Eugenio, Felipe y una larga lista de nombres de personas que no quieren contagiarse por culpa de la negativa de Juan, y está también esa abstracción que es el Estado que no quiere verse desbordado en la atención de los servicios sanitarios que debe a los ciudadanos.

La tarea del Estado, en consecuencia, es buscar el bien común, teniendo en cuenta que no siempre actuamos racionalmente o lo hacemos sin tener en cuenta dicho objetivo que a todos nos compromete. Es entonces que aparece el Derecho para preservar dicho objetivo, orientado al bien-estar.

---

212 Dice la sabiduría popular «la mentira tiene patas cortas» y puede que sea cierto, pero la verdad también es que suele andar muy rápido. Como dijo Mark Twain: «Una mentira puede recorrer medio mundo antes de que la verdad tenga tiempo para ponerse los zapatos».

213 «Falsifiability may provide the cornerstone of the scientific method (Popper 1957) but believability constitutes the hallmark of a good narrative. When a fact is plausible, scientists still need to test it; that is the purpose of hypothesis generation and testing. However, when a story is plausible, most people will believe it is true. This process of believing stories potentiates cooperation among those who might not have anything else in common except their belief. The benefits offered by this cooperation far exceed the costs associates with believing lies» (McDermott, 2019, p. 222).

Como dice Ulen:

> Existe ahora una gran cantidad de evidencia que invita a ser escépticos de la proposición de que la razón dirige nuestros pasos o los de nuestros pares. (...) El derecho –tomando debida cuenta de estas predecibles desviaciones de rutina de la racionalidad– puede influenciar el comportamiento para alcanzar metas sociales y ayudar a los individuos a aumentar su bienestar. Claramente no sabemos aún lo suficiente cómo lo haremos o debiéramos hacerlo sobre la toma de decisiones humanas, y somos novatos al momento de descubrir cómo intervenir en las decisiones individuales sobre bases conductuales. Es cierto que debemos ser cautos al intervenir. No obstante, sabemos suficiente como para conocer que basar nuestros análisis sobre la asunción de que los seres humanos son siempre tomadores racionales de decisiones es un error, tanto analítico como práctico (Ulen, 2015, p. 58).

Algo fundamental a reconocer es que, pese a todos los avances de la economía conductual, la psicología conductual y la neurociencia, siendo coherentes con lo que hemos indicado en este mismo trabajo, no podemos tomar sus afirmaciones como verdades absolutas, sino que, por el contrario, debemos seguir validándolas.

El propio Sunstein reconoce que hay todavía mucho por hacer en el desarrollo de la economía conductual[214], pues aún la investigación en la materia se mantiene en una etapa muy temprana y tenemos mucho por aprender (Suntein, 2012, p. 64), debiendo aplicarse los mecanismos vinculados con *nudge* luego de un detenido análisis, sopesando previamente todos los riesgos que podrían distorsionar la práctica y evitando que ella se aleje de sus fines.

Por ejemplo, en una escuela infantil, para que los padres de familia fueran puntuales para recoger a sus hijos, se estableció una multa para quienes llegaran tarde. Sin embargo, en vez de que la medida sirviera para que los padres llegaran más temprano, estos se demoraban más, pues tomaban la multa como un servicio por mantener a sus niños en la escuela[215].

En una universidad, a fin de que los alumnos no se rezaguen sin motivos verdaderamente justificados de los exámenes, la institución dispuso que, en tales casos, la nueva evaluación sería sobre 14. La medida no funcionó ya

214 Para una crítica la economía del comportamiento, véase Campanario (2021), quien dice: «con 42 años ya en su haber, la economía del comportamiento –la subdisciplina que cruza economía con psicología– está viviendo su propia crisis de mediana edad, con algunos síntomas preocupantes, que incluyen ataques a su basamento teórico, escándalos académicos y la acusación de insumir demasiada energía y demasiados recursos para obtener resultados exiguos en un mundo en crisis, con otras prioridades» (Las negritas son de la fuente).

215 «Ponerle un precio a determinadas conductas les quita contenido emocional a nuestras interacciones humanas. Cuando esos papás pudieron «comprar» la llegada tarde, desapareció en ellos la culpa» (Fros, 2015, p. 219).

que siguieron llegando las solicitudes de rezagados, pues para esos alumnos poco les interesaba sacar una nota más alta, pues ya con un 14 se daban por satisfechos.

Más allá de la aplicación o no de *nudges,* debe tenerse en cuenta que no puede hablarse de promoción y defensa de la salud sin participación ciudadana (Chau *et al.*, 2022, p. 135), y es que el bien común es una tarea que nos involucra a todos los ciudadanos, siendo, además, fundamental en materia sanitaria el fortalecimiento y mejora de los sistemas de información epidemiológica (Illa, 2022, p. 104) para una mejor toma de decisiones.

4.10. Hacia una perspectiva global y bioética en las relaciones entre individuo y Estado

La pandemia debería servir para tomar conciencia de nuestra interdependencia, teniendo en cuenta que la autonomía personal es una noción relacional (Ten Have, 2022a, p. 121), como ya hemos señalado, existiendo una relación indesligable entre la vida de cada uno y del resto del mundo, lo que se extiende al ámbito de la relación entre la salud personal y la salud pública, como dice Paglia[216].

De ahí que podamos decir con Montaner (2007): «La única manera de proteger la libertad de todos es ponerla a salvo de quienes sólo piensan en la suya propia».

Se trata por tanto de concebir una autonomía no absoluta, teniendo en cuenta que la libertad implica responsabilidad y que el ser humano es existencia y coexistencia[217].

Nótese que esta interdependencia tiene, por un lado, una dimensión inter-personal y, por otro lado, una dimensión inter-nacional. Y es que hoy (como lo ha verificado la pandemia), así como las personas están más relacionadas unas con otras, los Estados son más interdependientes, en una dinámica que —bien o mal— genera una dependencia colectiva que implica una vulnerabilidad compartida, desvinculándose muchos de los bienes públicos de la soberanía estatal, para advertirnos que no es posible gestionarlos individualmente sin provocar reacciones adversas (Innerarity, 2020, pp. 154-155).

---

216 «During the pandemic, we became aware in an almost traumatic way of the interdependence between each person´s life and the life of all, an interdependence that also applies to the relationship between personal and public health.» (Paglia, 2021).

217 De ahí que: «El derecho, al vivenciar valores jurídicos en la vida coexistencial, debe ordenar normativamente las relaciones interhumanas a fin de asegurar a cada hombre, en cuanto ser libre, su plena realización personal, su constante liberación, dentro del bien común e interés social» (Fernández Sessarego, 1990, p. 117).

La pandemia puso en evidencia la incapacidad de las naciones para dar respuesta individual a un problema global (Padilla y Gullón, 2020, p. 39), (Murillo de la Cueva, 2023, p. 19)[218]. Los problemas globales demandan soluciones globales para ser sostenibles en el tiempo[219], «necesitamos de una respuesta solidaria de carácter global ante los desafíos que se ciernen sobre la especie humana» (de Julius, 2021, p. 141), teniendo en cuenta que la solidaridad no puede ser vista como un término hueco rodeado de buenas intenciones (Pomareda, 2021, p. 211) ni de que nos quedemos «en la estética de una bella palabra, pero inerte» (Blázquez, 2003, p. 159)[220].

A mediados de marzo de 2024, el informe del Índice de Desarrollo Humano del PNUD anunciaba que la humanidad había recuperado su nivel de desarrollo anterior a la pandemia, pero la buena noticia se diluía de inmediato cuando a renglón seguido señalaba con preocupación que la brecha entre países ricos y pobres en el planeta es cada vez mayor.

De ahí que deba decirse que las referidas relaciones de las que somos parte, deben darse dentro de una estructura de valores y un enfoque bioético integrados, teniendo presente —como decía Potter (1970)— algo que nos dejó muy claro la pandemia: «*Ethical values* cannot be separated from *biological facts*» (p. 127).

4.11. Algunas lecciones antes de la próxima pandemia (o lo que nos venga)

Decíamos al inicio del presente trabajo que era necesario rescatar las lecciones de la pandemia pues, pasada ella, pese a todo lo que se dijo, parecemos habernos olvidado de las promesas, los propósitos de enmienda y todas las buenas intenciones para construir un mundo mejor a las que nos habíamos abrazado en los momentos más difíciles.

La pandemia, que fue más que una pesadilla, pareciera haber terminado siendo para una gran mayoría apenas un mal sueño, de aquellos que nos perturban un poco, pero que al rato ya ni se les recuerda.

---

218 «... precisamente porque se trata de una crisis global, (...) debería haberse resuelto desde el principio con instrumentos de alcance global» (Balaguer, 2020, p. 127).

219 «En un planeta negativamente globalizado, los problemas más fundamentales —los auténticos meta problemas que condicionan las posibilidades y los modos de afrontar los demás problemas— son globales y, como tales, no admiten soluciones locales; no existen, ni pueden existir, soluciones locales a problemas originados y reforzados desde la esfera global» (Bauman, 2017, p. 41).

220 La solidaridad, más allá de gestos y buenas intenciones, requiere de sentimiento y expresión sincera, desinteresada, pero también, y fundamentalmente, compromiso, concreción y acción, apoyada en su ejercicio por criterios de organización y eficiencia (Blázquez, 2003, p. 137 y 160).

Por ello, es oportuno rescatar algunas lecciones, antes de que naufraguen en el olvido, sin pretender ofrecer un cuadro exhaustivo:

Prevenir antes que (volver a) lamentar: La siguiente crisis sanitaria nos debe encontrar más preparados, lo que, a decir de Tom Ingelsby, Director del Centro de Seguridad Sanitaria John Hopkins, incluye: Conseguir vacunas mucho más rápido (la misión de los 100 días tras la identificación de un nuevo virus), facilitar el desarrollo y distribución de las pruebas, aumentar la reserva de equipos de protección de alta calidad, reforzar la supervisión de la investigación y la seguridad en los laboratorios, entre otras medidas (Ingelsby, 2023). A fin de mejorar nuestra capacidad de respuesta, es necesario investigar cuál es la dinámica implicada en la difusión y gestión de la pandemia, y mejorar sin duda la infraestructura y capacidad de respuesta, especialmente en los países más pobres, lo que incluye mejorar o implementar sistemas de ayuda rápida tanto en lo sanitario como en lo económico. Se estima que, si trabajamos juntos y diseñamos antes de la próxima pandemia de coronavirus, una vacuna universal, podríamos ahorrarnos 7 millones de hospitalizaciones y 2 millones de muertes (Science Daily, 2024). Ello va de la mano con un mandato: «La prevención sanitaria no puede entenderse en nuestros días sin la vacunación» (Cierco, 2021, p. 317).

Todos somos vulnerables (aunque algunos más que otros): Nadie es inmune a las tragedias; somos seres frágiles y contingentes (Blázquez, 2020, p. 640). La protección de la salud, especialmente de los más vulnerables, es una tarea urgente, siendo es necesario contar con adecuados sistemas de salud, de carácter universal y gratuito, que puedan protegerlos. Como dice Innerarity (2020):

> Nos hemos hecho más vulnerables a los riesgos globales sin haber desarrollado suficientemente los correspondientes procedimientos de protección. Las cosas que nos protegían (la distancia, la intervención del Estado, la previsión del futuro, los procedimientos clásicos de defensa) se han debilitado por distintas razones y ahora apenas nos suministran una protección suficiente. Los organismos que parecen volver (como el Estado) ya no protegen y a los que apelamos (como la Unión Europea) todavía no protegen porque no estaban diseñados para ello» (p. 140).

Promover la investigación y el conocimiento científico como tareas imprescindibles: No podemos caer en el facilismo de reducir la pandemia a un castigo de la naturaleza, antropomorfizándola. Coincidiendo con Gaviria, el virus no es una venganza de la naturaleza, ni un castigo divino, ni un ajuste de cuentas evolutivo «Convertir esta pandemia en una fábula es, de alguna manera, estar de espaldas a la ciencia. Las fábulas tienen una gran ventaja, la sobresimplificación: juzgar siempre ha sido más fácil que entender» (Gaviria, 2020).

Empero, es de tener presente que la ciencia no es un medio para llegar a verdades absolutas, sino para acercarnos más a la verdad, lo que implica desarrollar la capacidad de cuestionar permanentemente todo aquello que tenemos por cierto. La ciencia no puede dar respuesta a todas las preguntas, pero puede ayudarnos a ir descartando las respuestas equivocadas.

Un principio fundamental: el respeto a la autonomía del paciente[221]: Toda persona que cuenta con la capacidad para decidir por sí misma en las cuestiones atinentes a su salud, tiene derecho a que se le respete, haciendo uso de su autonomía, su libertad y dignidad.

Como afirma Andruet (2020); «tener que proteger a la sociedad de una pandemia no autoriza a intervenir de manera controladora sobre la libertad y autonomía de los ciudadanos». Situación que «podría equipararse con una acción propia de paternalismo médico exagerado, que convierte el acto en un ejercicio de autoritarismo médico» (p. 147). Como recuerda Jorqui (2016), frente al viejo modelo del paternalismo médico, hoy rige el respeto de la autonomía personal (p. 291), el cual:

> supone el reconocimiento del actuar autorresponsable, de que cada ser humano tiene derecho a determinar su propio destino vital y personal, con el respeto a sus propias valoraciones y a su visión del mundo, incluso, aunque se tenga la plena convicción de que son erróneas y de que son potencialmente perjudiciales para él (Jorqui, 2010, p. 87).

De acuerdo con el TC, existen casos en los que puede limitarse la autonomía de la persona, en tanto exista un interés superior a la salud y dentro de los más estrictos mínimos de la ley; puede limitarse dicha autonomía, pero jamás negarse dicho derecho. La restricción debe hallarse constitucionalmente justificada. Como cualquier otro derecho fundamental, el derecho, por ejemplo, a aceptar o rechazar una intervención médica puede ceder ante la necesidad de preservar otros derechos constitucionalmente protegidos (por ejemplo, cuando exista un riesgo para la salud pública a causa de razones sanitarias).

Necesidad de una ética de la responsabilidad: La promoción de la libertad va de la mano con una cultura de la responsabilidad, a fin de que Estado, empresas y ciudadanos asuman el papel que les corresponde en la sociedad[222]. Más aún cuando la responsabilidad individual es menos costosa que las medidas coercitivas que restringen los derechos individuales, como dice Sebastián (2022, p. 142).

No solo el virus mata, también lo hace la indiferencia. La pandemia debe enseñarnos a tomar conciencia de la fragilidad de nuestra existencia, dejar nuestra soberbia y vanidad, y asumir nuestra vulnerabilidad.

Esta ética demanda ser conscientes de la existencia y la necesidad del otro, como dice Morin, para así forjar un sentimiento colectivo de un noso-

---

221 Principio que, señala Asensio (2020), se habría visto reforzado con la pandemia (p. 110).

222 Sobre la responsabilidad civil por contagio durante la pandemia, que es solo una de las dimensiones de la responsabilidad, ver: MÁRQUEZ (2020, p. 149 y ss.).

tros, teniendo en cuenta que el fundamento y sentido de la ética está «en la obligación de atender a los deberes que los seres humanos tenemos hacia el resto de los seres humanos», y es que «somos humanos gracias a que otros humanos nos dan humanidad y nosotros se la devolvemos a ellos» (Savater, 2012, p. 12).

Como dice Padilla (2023, p. 147) «sin importar la cantidad de normas legislativas de las que disponga una nación, si no existe un enfoque ético-médico que priorice la vida del ser humano y procure la protección de los derechos fundamentales a la vida, dignidad y salud, siempre nos quedaremos un paso atrás frente a la enfermedad.

Buscar el equilibrio: Si algo nos ha enseñado la pandemia, «es la necesidad de pensar más profundamente sobre temas que tienen que ver con la naturaleza, el balance entre la libertad individual y el bienestar colectivo, la justicia distributiva, la solidaridad y el valor de la vida, entre muchos otros» (Ortiz, 2021, p. 33). Una adecuada estrategia de vacunación debe conjugar los criterios epistemológicos conjuntamente con la libertad individual, la solidaridad y la equidad (Murillo de la Cueva, 2023, p. 115).

Cuidar el medio ambiente es preservar nuestro futuro: La lección no es nueva, es una tarea pendiente. Debemos asumir el compromiso de modificar nuestros estilos de vida. «Para prevenir el surgimiento de nuevas pandemias debemos aprender a respetar a la naturaleza, manteniendo la integridad de las áreas naturales y así preservar la biodiversidad y frenar el cambio climático» (Vanda, 2021, p. 56)[223]. Asistimos con la pandemia al desarrollo de un nuevo despertar de la conciencia ecológica (Morin, 2020, p. 17), más sensible, especialmente en los inicios de la crisis.

La infodemia es también una pandemia (y sigue con nosotros): En la sociedad de la información, el problema no es solo la ingente cantidad de información con la que nos bombardean (generando una infoxicación), sino también la calidad de la misma. La mejor vacuna contra ello es el análisis crítico y el sentido común, para no dejarnos llevar por cualquier información y saber distinguir la correcta de la incorrecta, la real de la sensacionalista. La tarea es más importante todavía ante la existencia de *fake news*. Nunca recibimos tantas noticias como en la pandemia, pero a la vez nunca estuvimos tan desinformados[224].

---

223 Con relación al consumo de animales silvestres, es de tener en cuenta que, según da cuenta The New Yok Times en su edición internacional del 27.04.23, más del 70 % de las enfermedades infecciosas emergentes, como el VIH, la influenza, el ébola, el chikungunya, el zika, la mpox (ANTES, viruela del mono) y el SARS, pueden ser atribuibles a la exposición humana a la vida silvestre.

224 «... un transparente flujo de información útil, completa, cabal, veraz, verificable, disponible y debidamente organizada, entre instituciones y ciudadanía; puede ser el mejor antídoto para disipar la niebla que representan las fake news y los efectos de la política de la posverdad. Elementos que exponen a las sociedades a retrocesos o rupturas en sus instituciones democráticas por colisión de intereses políticos, económicos o ideológicos; pero

La transparencia de la información y la rendición de cuentas como derechos ciudadanos: Tratándose de datos de interés público, es necesaria la transparencia de la información, a fin de poder tomar las mejores decisiones. Un dato revelador de la relevancia del tema es que, de acuerdo a un estudio publicado en la revista *Nature*, si las medidas de intervención no farmacéutica en China se hubieran tomado una, dos o tres semanas antes, hubiera habido una reducción en la multiplicación del contagio de 66 %, 86 % y hasta 95 % (Lai *et al.*, 2020, p. 411)[225].

Un concepto que desarrollan Thaler y Sunstein (2021) en la versión final de «*Nudge*» es el de *Smart Disclosure*, que se refiere a la mejora de la toma de decisiones a partir de una mejora en la recopilación de la información y su puesta a disposición a favor de los consumidores, lo cual tiene que ver con la divulgación y transparencia diligente de la información (p. 137). Por ejemplo, diversos experimentos evidencian que los humanos procesamos más rápidamente una instrucción si es que esta va acompañada de un elemento gráfico en vez de solo texto (Ponce *et al.*, 2021, p. 65). Este tipo de divulgación actúa como un incentivo para influir en la conducta de las personas en su beneficio.

Adicionalmente, en cuanto a la asignación y administración de recursos, no debe olvidarse «el ineludible e importante requisito de la rendición de cuentas» (Jorqui, 2020, p. 216).

Exigencia de una ética del cuidado: Si hay una tarea imprescindible en el desarrollo de la atención médica, ella es la promoción de una ética del cuidado, cuya importancia se puso en evidencia con la pandemia, con familiares que ni podían acompañar ni tenían noticia de sus parientes enfermos, con pacientes que morían sin sus familiares al lado, discriminaciones en el acceso a camas en UCI, falta de medicamentos y personal médico, postergación en la atención a pacientes con otras enfermedades, etc.

Pensar en el otro como tarea humanista: Es imperativo formar desde la escuela el sentido de pertenencia a la humanidad, lo que además es útil en la lucha contra la xenofobia y el racismo, como apunta con acierto Morin (2020), en el contexto de un humanismo caracterizado por una dialéctica constante entre el Yo y el Nosotros (pp. 85 y 96), bajo la dinámica, como plantea Blázquez (2003, p. 163), de una solidaridad en la que no se distingue entre ese yo y ese nosotros, ni entre el nosotros y el ellos; y es que —como manifiesta Andruet (2024, p. 45)— «no es posible vivir con los otros sin los otros».

---

también, hay que decirlo, por falta de credibilidad y legitimidad institucional, en muchas ocasiones justificada» (Bonilla Gutiérrez, 2021, p. 58).

225 «Our model suggests that, theoretically, if interventions in China had been implemented one week, two weeks or three weeks earlier than they actually were, the number of cases of COVID-19 could have been reduced by 66 % (IQR 50–82 %), 86 % (81–90 %) or 95 % (93–97 %), respectively» (Lai *et al.*, 2020, p. 411).

Como dice Morin (Ordine, 2020), el virus ha desenmascarado la ausencia de una auténtica conciencia planetaria de la humanidad.

En consecuencia, se trata de desarrollar un humanismo racionalista sustentado en la aplicación de dos principios fundamentales de conducta: la no arbitrariedad y la simetría (Miró Quesada, 2003, p. 53), bajo una *idea* de *otredad* (Han, 2022, p. 53), teniendo presente que «Nadie está a salvo si no estamos todos a salvo» (Padilla y Gullón, 2020, p. 150)[226] y que «Sólo hay una vida: la de todos» (Gándara, 2020, p. 14).

Y es que, «Si algo enseñan las pandemias es esto: para que yo esté a salvo, todos deben estarlo» (Lolas, 2022, p. 215); no hay hechos individuales sin consecuencias sociales[227].

Como sostienen Rockstrom *et al.* (2023), la equidad es fundamental para construir sociedades capaces de navegar por la turbulencia y el cambio. Durante la pandemia, las personas vulnerables y los grupos marginados se vieron afectados en forma desproporcionada, siendo entonces esencial la capacidad de respuesta de la sociedad en favor de dichas personas; en este ámbito, las comunidades más pobres dieron lecciones de resiliencia para las sociedades más ricas. A pesar de sus problemas económicos y el alto número de contagiados, África se caracterizó por la resiliencia en vez del colapso y el conflicto[228].

Una bioética global para un futuro global: El futuro de la humanidad solo puede entenderse en términos globales para ser viable, y requiere de una bioética global. Ninguna nación tiene la capacidad de garantizar la salud pública de sus habitantes por sí misma, manifiestan Cabrera y Constantin (2020, p. 82), al hablar del derecho de salud global. Los países somos interdependientes y los problemas que enfrentamos son transdisciplinarios, como lo ha demostrado la pandemia, en donde la COVID-19, en principio un problema sanitario, terminó siendo un problema económico y social, sin

226 «Con la pandemia, nos dimos cuenta de que no nos podíamos salvar solos, no había burbujas de cristal, ni a nivel de los países, ni a nivel de las familias, ni a nivel individual» (León, 2024, p. 76).

227 «There are no individual fases without social consequences» (Pontifical Academy for Life, 2022).

228 «Resilience research provides evidence that equity is central to building societies able to navigate turbulence and change. The experience from COVID-19, where vulnerable and marginalized groups have been disproportionately impacted, strengthens this evidence. The magnitude and severity of clusters of infection, mortality rates and ability to recover after the health crisis are all determined by the ability of societies to support the most vulnerable citizens. This equity aspect also requires a systemic shift in the global resilience research arena towards the Global South. Interestingly, evidence is emerging that poor communities may have resilience lessons to offer wealthier parts of societies in the handling of COVID-19. For example, despite high numbers of infections and severe economic hardships, COVID-19 has revealed an Africa characterized by resilience rather than collapse and conflict (...)» (Rockstrom *et al.*, 2023).

dejar de lado su componente ético y psicológico[229]. Como expresa Ten Have (2022), una amenaza global como la del coronavirus requiere de una acción colectiva y global, siendo de tener en cuenta que «La naturaleza global de la pandemia también exige la solidaridad internacional, centrándose no solo en los intereses nacionales, sino en el bienestar de la comunidad humana» (p. 180-181). En ese contexto, la Bioética asume un papel protagónico en el desarrollo y aplicación de las vacunas, a fin de facilitar su acceso y alcanzar una distribución internacional más justa y equitativa (Zonenszain, 2021, p. 228), en una tarea interdisciplinaria orientada al bien de la humanidad.

Como dice Ferrer (2024), la bioética del futuro, sobre todo en América Latina, no puede limitarse a los temas clásicos de la Bioética, pues tiene que abarcar los temas de salud pública y de justicia global (p. 15).

En el camino de lo expuesto por Rockstrom *et al.* (2023), ha llegado el momento de empezar a traducir los avances en la ciencia en acciones concretas a mayor escala que permitan construir economías resilientes y sostenibles, sociedades y ecosistemas en un mundo post-COVID-19.

Empero, dicho lo expuesto, debe advertirse que la globalización no anula la significación del espacio local en favor de un sistema mundial, y es que «Con el proceso de globalización no se destruye la localidad, sino que adquiere una nueva significación» (Innerarity, 2021, p. 231).

La pandemia: Un problema multidimensional y no solo sanitario: La lucha contra una epidemia depende de varios factores, como la confianza en las instituciones, la capacidad de respuesta del Estado, la cultura ciudadana, el desarrollo de la ciencia y la educación, el compromiso de los profesionales de la salud, la fortaleza de la economía, la responsabilidad de los medios, entre otros factores, demandando una respuesta creativa del Estado y de la sociedad para hacer frente a la crisis. La solidaridad espontánea puede desarrollarse a partir de la educación y la cultura cívica, mientras que los incentivos y exigencias vinculantes son aplicables para el resto de casos en que no exista compromiso de los ciudadanos (Pomareda, 2021, p. 215).

Nudge contra el coronavirus: Hasta contar con una cultura ciudadana suficiente para enfrentar de la mejor manera una crisis sanitaria, es necesario contar con medidas de contención y apoyo social que sirvan para encausar comportamientos y actitudes sostenibles en el tiempo, más allá de las medidas estrictamente sanitarias. En ese sentido, los *nudges* pueden constituir un estímulo para la promoción de buenas prácticas ciudadanas.

229 «Covid-19 is not just a medical or epidemiological event but a social, psychological, economical, and political crisis, necessitating a bioethical approach that is broad and encompassing, focusing not merely on medical perspectives but also on social and environmental ones» (Ten Have, 2022, p. 109).

CONCLUSIONES

1.- La Covid-19 fue una pandemia de alcances pluridimensionales, con efectos disruptivos y un enorme impacto tanto en la salud física como mental, en lo individual como en lo colectivo, profundizando y generando nuevas desigualdades. Puso en evidencia nuestra vulnerabilidad, la fragilidad de nuestra existencia, la ingenuidad de nuestra autosuficiencia, la provisionalidad de nuestras certezas, llevándonos a la necesidad de pensar el mundo y nuestro ser en él.

2.- La pandemia puso a prueba el Estado Social de Derecho, dejando en evidencia la existencia de Estados disfuncionales: empíricos, desorganizados, burocráticos e ineficientes, así como las leves costuras de la solidaridad internacional.

3.- Siendo claro que todo Estado debe tener un rol activo en la defensa de los derechos fundamentales, la cuestión es hasta qué punto puede intervenir en nuestras vidas aun cuando sea en nuestro beneficio, sin afectar los derechos fundamentales, sin caer en autoritarismos o paternalismos, lo cual es especialmente delicado en materia de salud.

La sociedad demanda bienes públicos que escapan a las posibilidades del Estado, sobre todo cuando las exigencias locales se vuelven globales. El futuro requiere de una bioética global y de la solidaridad basada no solo en intereses nacionales, sino en el bien común.

4.- La pandemia puso de relieve la importancia de la salud como derecho fundamental y de indudable relevancia en el sistema europeo de derechos humanos, lo que contrasta con su débil regulación constitucional en España, siendo importante su vigorosa protección jurisdiccional.

Siendo las vacunas un bien común, su producción y distribución no puede dejarse solo a las leyes del mercado, ni depender de un malentendido nacionalismo.

5.- Ante una pandemia, puede justificarse que se adopten medidas de confinamiento y restricción de libertades, pero ellas deben ser temporales y proporcionales, sin aprovecharse del temor y la incertidumbre ciudadana. Debe tenerse en cuenta la primacía de la salud respecto a otros derechos y la aplicación de una adecuada axiología constitucional, usándose la tecnología para proteger a las personas y no para vulnerar su intimidad y su libertad.

6.- La aparición de las vacunas en tiempo récord significó una gran esperanza; pero prontamente los gobiernos se darían cuenta de la negativa de muchas personas a vacunarse, cuyas razones deben analizarse con detenimiento para contestarlas, las cuales incluyen el problema de la desinformación, la existencia de sesgos y la manipulación.

Vacunarse o no es, en principio, una decisión personal, que depende de la autonomía de la voluntad del individuo, más allá de que decidamos siempre racionalmente o no. Así, la aplicación forzada de las vacunas sería un atentado contra la autonomía, integridad e identidad de la persona.

Empero, ningún derecho es absoluto, por lo que la discusión no es si la autonomía tiene límites, sino cuáles son. Frente al dilema entre el derecho y el deber, entre la libertad y la seguridad, el reto es lograr el más justo equilibrio, recurriendo a la ponderación, incluyendo la posibilidad de incluir medidas que incentiven el cumplimiento de la obligación sin imponerla coactivamente.

7.- El conocimiento científico es aproximativo y transitorio; empero, esa temporalidad, esa inseguridad, son precisamente razón para confiar en él, pues hace que sus contenidos estén en permanente revisión; ninguna idea está libre de ser cuestionada.

8.- Ante la necesidad de aplicar las vacunas durante la pandemia, los Estados tuvieron que adoptar las más diversas medidas para su promoción —algunas de ellas de dudosa legalidad— incluyendo multas, campañas de vacunación, regalos, restricciones y *nudges*.

Los *nudges,* que a la fecha han merecido poca atención en España, pueden promover buenas prácticas ciudadanas e influir positivamente en el comportamiento de las personas, mejorando nuestra capacidad decisoria, alentando la realización de conductas sociales valiosas, sin afectar los derechos individuales, en forma sencilla y con un costo mínimo. Pueden ser funcionales al Derecho para conciliar el interés social y la libertad individual.

9.- En la búsqueda de buenas conductas ciudadanas en materia de salud, debe tenerse en cuenta que para que un cambio sea sostenible, debe provenir del propio convencimiento, lo que resalta la importancia de la educación para la interiorización de buenas conductas como una cuestión de responsabilidad y conciencia, y no como reacción a una sanción.

10.- La protección de la salud mediante vacunas es un derecho y un deber. El bien común y la salud pública se oponen al absolutismo, pero sin dejar de respetar los derechos fundamentales de la persona.

Legalmente, en España, la vacunación para casos como la Covid-19, es voluntaria. Mas la ausencia de una cláusula expresa de obligatoriedad no impide que puedan adoptarse decisiones individuales o colectivas de vacunación obligatoria en supuestos excepcionales de mayores alcances que la última pandemia, aunque ciertamente el marco jurídico no es claro.

11.- La vacunación obligatoria, mas no coercitiva, ha venido superando los exámenes de compatibilidad con las libertades individuales en tribunales constitucionales y supremos. La autonomía de la voluntad puede limitarse jurídicamente cuando los efectos de nuestros actos (u omisiones) puedan afectar la vida en sociedad y el bien común, teniendo siempre cuidado para no caer en el paternalismo o la discriminación.

La libertad debe supeditarse al interés general, siendo posible entonces establecer la obligatoriedad de las vacunas; empero, no precisando los alcances de ella las normas vigentes, se pone de relieve el papel de la jurisprudencia y la doctrina, teniendo presente que la vacunación puede ser obligatoria, pero no puede aplicarse compulsivamente.

12.- Es necesario promover mecanismos de acción del Estado no coercitivos que, sin afectar la libertad individual, sobre la base de una noción relacional de la autonomía, promuevan conductas ciudadanas positivas conciliando el interés personal con el social; apostando por medidas más sutiles y creativas, y menos invasivas o restrictivas, defendiendo la libertad sin descuidar la búsqueda del bien común.

Es hora de pensar el mundo teniendo presente la protección de los bienes públicos globales y el desarrollo de una idea de otredad; no hay libertad sin responsabilidad, ni hechos individuales sin consecuencias colectivas. Nadie está a salvo si no estamos todos a salvo; no hay salida individual a una pandemia; la responsabilidad de nuestra sobrevivencia es colectiva.

REFERENCIAS BIBLIOGRÁFICAS

Abad, Damián (2020). «La autonomía del paciente como primer punto de análisis de la extensión de sus derechos». En: Andruet, Armando (editor). *Límites al autonomismo en materia de salud individual*. Córdoba: Universidad Nacional de Villa María, pp. 237-253.

Abellán-Perpiñán, José María; Cierco Seira, César y Jiménez-Gómez, David (2022). «Nudges y la pandemia: un análisis desde la economía y el derecho conductual. Informe SESPAS 2022». En: *Gaceta Sanitaria*, 36(S1), pp. S93–S96.

Aguado I Cudola, Vicenc (2023). «Perspectiva cognitiva, actuación administrativa conductual y nudge público». En: López Pulido, Joan-Pere. *Perspectiva cognitiva y nudge público. Actuación conductual de los poderes públicos*. Madrid: Editorial Aranzadi y Universidad de Barcelona.

Aguilera Vaqués, Mar (2021). «Estado de alarmas y los derechos y libertades en la era post COVID-19 en España». En: Landa Arroyo, César (Coordinador). *Constitución y emergencia sanitaria. Volumen II*. Lima: Palestra editores, pp. 47-40.

Albiñana, Antonio (07.07.21). «La guerra de las vacunas». *Diario El Tiempo*. Bogotá, edición digital. https://www.eltiempo.com/opinion/columnistas/antonio-albinana/la-guerra-de-las-vacunas-columna-de-antonio-albinana-565217. Revisada el 05.01.24

Alvarez García, Vicente (2021). *2020, el año de la pandemia de la Covid-19* (Estudios jurídicos). Madrid: Iustel.

Alvarez García, Vicente; Arias Aparicio, Flor y Hernández Diez, Enrique (2020). *Lecciones jurídicas para la lucha contra una pandemia*. Madrid: Iustel.

Ammerman Yebra, Julia (2022). «Las personas vulnerables ante el derecho a la protección de datos personales». En: Acedo Penco, Ángel (Coordinador). *La privacidad en el metaverso, la inteligencia artificial y el big data. Protección de datos y derecho al honor*. Madrid: Dykinson, pp. 49-63,

Andruet, Armando. «Bioética, vulnerabilidad y derechos fundamentales en tiempos de pandemia (2024)». En: Cárdenas Krenz, Ronald (Editor). *Bioética y derechos fundamentales*. Lima: Universidad de Lima, pp. 19.50.

Andruet, Armando. *Estado de excepción sanitaria. Lateralidades morales, sociales y jurídicas* (2020). Buenos Aires: Astrea.

Ang, Marvin. (15 de mayo de 2023), *1.1 Million People Have Died From COVID-19 In US, CDC Tally Shows. International Business Times*. https://www.ibtimes.com/11-million-people-have-died-covid-19-us-cdc-tally-shows-3693215

Aravena Winkler, Marcela (2021). «Crisis de pandemia, estrés e impacto personal». En: Márquez, Boris y Lecaros, Juan Alberto (editores). *Pandemia: dimensiones de una crisis mundial*. Santiago de Chile: Trayecto Comunicaciones, pp. 65-102.

Ariely, Daniel (2017). *Las trampas del deseo*. Bogotá: Editorial Planeta.

Ariely, Dan (julio 2009). *El fin de la economía racional*. Harvard Business Review América Latina.

Armenta, L. (2010). *Políticas públicas orientadas en Nudge*. https://es.scribd.com/document/333055195/Lilia-Armenta-0

Asensio Sánchez, Miguel Angel (2020). «Autonomía del paciente: Una reflexión a propósito de la pandemia». En: Raphisa. *Revista de Antropología y Filosofía de lo Sagrado*. n.° 8, diciembre 2020, pp. 93-111.

Atienza, Manuel (1993). *Tras la justicia. Una introducción al Derecho y al razonamiento jurídico*. Barcelona: Editorial Ariel.

Balaguer Callejón, Francisco (2020). «Crisis sanitaria y derecho constitucional en el contexto global». *Revista Teoría y Realidad Constitucional*, n.° 46, 2.° Semestre, pp. 121-140.

Barceló Doménech, Javier (2020). «Régimen jurídico de las vacunas en España: Reflexiones ante la situación creada por el coronavirus». En: *Actualidad Jurídica Iberoamericana*, n.° 12 bis, mayo 2020, pp. 118-125.

Basombrío Iglesias, Carlos (03.05.2023). «¿Podremos recuperar la ilusión?». En: *Diario El Comercio*. Lima, p. 18.

Bauman, Zygmunt (2017). *Tiempos líquidos. Vivir en una época de incertidumbre*. 6.ª edición. Barcelona: Tusquets Editores S.A.

Baumann, Zygmunt (2009). «¿Qué hay de malo en la felicidad?» *Claves de Razón Práctica*, n.° 189, pp. 8-18.

Bavel, J.J.V., Baicker, K., Boggio, P.S. *et al.* (2020) *Using social and behavioural science to support COVID-19 pandemic response*. Nat Hum Behav 4, 460–471. https://doi.org/10.1038/s41562-020-0884-z.

Beltrán de Heredia Ruiz, Ignasi (2023). *Inteligencia artificial y neuroderechos: la protección del yo inconsciente de la persona*. Pamplona: Aranzadi.

Bellver Capella, Vicente (25.05.20). *Conferencia en el webinar «Covid-19: Aspectos bioéticos de la crisis sanitaria».* https://www.urjc.es/todas-las-noticias-de-actualidad/5262-un-webinar-sobre-el-covid-19-y-los-aspectos-bioeticos-de-la-crisis-sanitaria.

BBC News Mundo (05.05.2023) . «La OMS declara el fin de la emergencia sanitaria global por la covid-19». https://www.bbc.com/mundo/noticias-65500141

Benartzi, Shlomo; Beshears, John; Milkman, Katherine L.; Sunstein, Cass; Thaler, Richard; Skankar, Maya; Tucker-Ray, Will; Congdon, William J. y Galing, Steven. «Should Governments Invest More in Nudging?. En: *Psychological Science* 2017, Vol. 28(8), p. 1041-1055. https://journals.sagepub.com/doi/full/10.1177/0956797617702501

Berger, Jonah (2022). *El catalizador. Cómo conseguir que alguien cambie de opinión*. Barcelona: Editorial Reverté S.A.

Bermúdez Vásquez, Manuel y Sánchez Cotta, Agustín (2023). *Persuasión, populismo y pandemia. Los discursos políticos frente a la COVID-19*. Córdoba: Editorial Universidad de Córdoba.

BIT (2010), «MINDSPACE: Influencing Behaviour through Public Policy», London, *Cabinet Office. Institute for Government*. Behavioural Insights Team. http://www.instituteforgovernment.org.uk/publications/mindspace

Blázquez Ruiz, Javier (2020). «Pandemia del COVID-19. Aportaciones históricas e implicaciones bioéticas». En: Luquin Bergareche, Raquel. *COVID-19: Conflictos jurídicos actuales y otros desafíos*. Madrid: Wolters Kluwer, pp. 639-647.

Blázquez Ruiz, Javier (2016). *Ensayo sobre la tolerancia. La fragilidad de los derechos*. Madrid: Dykinson.

Blázquez Ruiz, Javier (2013). *Dialéctica de los Derechos Humanos*. 2.ª Edición. Madrid: Dykinson.

Blázquez Ruíz, Javier (2003). *Libertad, igualdad y dignidad*. Pamplona: Universidad Pública de Navarra.

Bohórquez, Lucía (10.07.2020). «Multas de hasta 3.000 euros por participar en fiestas sin mascarilla». Cadena SER. https://cadenaser.com/emisora/2020/07/10/radio_mallorca/1594380739_413306.html

Bonilla Gutiérrez, Julio César (2021). «Fake news, posverdad y rupturas institucionales». En: Cárdenas García, Jaime y otros. *Fake News, posverdad y la COVID-19: Las razones de la irreflexión*. México: Tirant Humanidades, pp. 49-61.

Bonifaz Alfonzo, Leticia (2022). «Validez y eficacia en el derecho». En: Vega Gómez, Juan (Coordinador). *Manual de Filosofía del Derecho*. México: Tirant lo blanch, pp. 103-135.

Bosoer, Fabián (10.04.2020). «¿Como en la Edad Media?» En: *Diario Clarín*. Buenos Aires: edición digital. https://www.clarin.com/opinion/-edad-media-_0_Pbp1HSsya.html

Boyer, Robert (2022). *Los capitalismos ante el desafío de la pandemia*. México: Universidad Autónoma Metropolitana.

C.F. vs. New York City Dept. of Health & Mental Hygiene. Sentencia del 18.04.2019. https://law.justia.com/cases/new-york/appellate-division-second-department/2020/2019-04455.html

Cabanas Veiga, Manuel (2022). *La gestión de las crisis sanitarias en España a la vista de la jurisprudencia constitucional*. Madrid: Editorial Reus.

Cabanas Veiga, Manuel (2021). «El derecho de excepcionalidad español ante futuras pandemias». En: Dueñas Castrillo, Andrés; Cañueto, Daniel; Guerrero Vásquez, Pablo; y Moreno González, Gabriel. *La Constitución en tiempos de pandemia*. Madrid: Ediciones Universidad de Valladolid y Dykinson S.L., pp. 35-60.

Cabrales Goitia, A., & Rey Biel, P. (2021). *Mas allá de los nudges: Políticas públicas efectivas basadas en la evidencia de las ciencias del comportamiento.* Gestión y Análisis de Políticas Públicas, (25), pp. 38–45. https://doi.org/10.24965/gapp.i25.10864

Cabrera, Oscar y Constantin, Andrés (2020). «Salud Global y Derecho». En: Salamero Teixido (Coordinadora). *Retos del Derecho a la Salud y de la salud pública en el siglo XXI*. Pamplona: Thomson Reuters - Aranzadi, pp. 77-93.

Cáceres de Irigoyen, María Virginia (2020). «Los límites a la autonomía del paciente». En: Andruet, Armando (editor). *Límites al autonomismo en materia de salud individual*. Córdoba: Universidad Nacional de Villa María, pp. 255-278.

Calderón, Maximiliano R. (2020). «Incidencia en material constitucional». En: Márquez, José Fernando y Calderón, Maximiliano R. *Derecho y emergencia sanitaria*. Córdoba: Advocatus, pp. 9-34.

Calderón de Pacheco, Gabriela (2024). «Morir en tiempos de COVID-19». En: Cárdenas Krenz, Ronald (Editor). *Bioética y derechos fundamentales*. Lima: Universidad de Lima, pp. 249-255.

Campanario, Sebastián (12.09.2021).«Revolución senior al diván: la crisis de mediana edad de la economía del comportamiento». En: *Diario La Nación*. https://www.lanacion.com.ar/economia/revolucion-senior-al-divan-la-crisis-de-mediana-edad-de-la-economia-del-comportamiento-nid12092021/

Camps, Victoria (2021). *Tiempos de Cuidados. Otra forma de estar en el mundo*. Barcelona: Arpa & Arfil Editores.

Camps, Victoria (2016). *Elogio de la duda*. Barcelona: Arpa y Arfil Editores.

Canestrari, Stefano e Caproni, Maria Letizia (2021). *Un Diritto Gentile. Por una discusión «gentil» sulle politiche vaccinali per ilcontenimento della pandemia*. Un Dirito Gentil. 2021. https://tinyurl.com/4n8hezpe

Cano Valle, Fernando (2021). «Posverdad y pandemia». En: Cárdenas Gracia, Jaime y otros (Coordinadores). *Fake News, posverdad y la COVID-19: Las razones de la irreflexión*. México: Tirant Humanidades, pp. 15-21.

Capdeferro Villagrasa, Oscar y Ponce Solé, Juli (2022). «Nudging e inteligencia artificial contra la corrupción en el sector público: posibilidades y riesgos». *Revista Digital de Derecho Administrativo*, n.º 28, segundo semestre, pp. 225-258.

Capogrossi, Sara y Macri, Simone (2019). *¿Qué pasa en tu cabeza? El cerebro y la neurocienca*. Madrid: Ediciones Siruela S.A. 2.ª Edición.

Carabe, María (2022). «Una mirada a las epidemias de la historia». En: Saldaña Almazán (editor). *Pandemia y mecanismos sociales en México. Educación, política y sociedad en contextos de crisis*. México: Tirant lo Blanch.

Cárdenas Krenz, Ronald (2023). *Health Policies and Nudges. Reflections before the next pandemic. Medical Research Archives*, [S.l.], v. 11, n. 12, dec. 2023. ISSN 2375-1924. https://doi.org/10.18103/mra.v11i12.4839.

Cárdenas Krenz, Ronald (2022). «¿Es posible obligar a las personas a vacunarse? Nudge contra el coronavirus». En: *Acta Bioethica*, Vol. 28, num. 1. Santiago de Chile: Centro Interdisciplinario de Estudios de Bioética de la Universidad de Chile, pp. 95-104.

Cárdenas Krenz, Ronald (2022b). «Neurociencia práctica para abogados. Apuntes sobre neurociencia, economía conductual y derecho». En: Castañeda, Juan (Coordinador). *Justas Objeciones Modernas. Visiones jurídicas, filosóficas, penales e informáticas. Ponencias del IV Congreso Internacional en Filosofía del Derecho & Análisis Económico*. Lima: Palestra.

Cárdenas Krenz, Ronald (2015). «Acerca de la importancia del principio de autonomía de la voluntad y sus límites en el ordenamiento jurídico». En: *Vox Juris*, Vol. 29. Lima: Universidad San Martín de Porres. https://repositorio.usmp.edu.pe/handle/20.500.12727/1229?show=full

Cárdenas Krenz, Ronald (2014). «Libre desenvolvimiento de la personalidad vs. medidas paternalistas. A propósito del denominado «derecho» a fumar». En: *Gaceta Constitucional & Procesal Constitucional,* n.° 79. Lima: Gaceta Jurídica.

Casas Martínez, María de la Luz. *Enseñanzas de la pandemia COVID-19. El reencuentro con la vulnerabilidad humana (2020)*. Bioethics UPdte UPdate 6, pp. 80–91. https://doi.org/10.1016/j.bioet.2020.09.001

Cassese, S. (2016) «Exploring the legitimacy of Nudging». En: Kemmerer, Alexandra; Möllers, Chirstoph; Steinbeis, Maximilian; Wagner, Gerhard (eds). M. STeinBeis y G. WaGner (coords.), *Choice Architecture in Democracies. Exploring the Legitimacy of Nudging*, Hart-Nomos, pp. 241-246. https://www.researchgate.net/publication/305334081_Choice_Architecture_in_Democracies_Exploring_the_Legitimacy_of_Nudging_Recht_im_Kontext_6_Nomos_Baden-Baden_Hart_Publishing_Oxford_2016_forthcoming_380_pp_hdbck_ISBN_978-3-8487-2288-4#fullTextFileContent

Chau, C., Vilela, P., & Sánchez Calderón, J. (2022). «La salud y la promoción de la salud en tiempos de pandemia». En T. Velásquez, *Salud mental y covid 19*. Lima: Pontificia Universidad Católica del Perú, pp. 119-139.

Chicharro, Alicia (2020). «La responsabilidad internacional de las organizaciones internacionales: La Organización Mundial de la Salud y la pandemia del COVID-19». En: Luquin Bergareche, Raquel. *COVID-19: Conflictos jurídicos actuales y otros desafíos*. Madrid: Wolters Kluwer, 2020, pp. 757-594.

Cierco Seira, César (2022). «Algunas reflexiones sobre la vacunación recomendada». En: De Barrón Arniches, Paloma (Directora). *La salud y los derechos de la persona*. Navarra: Editorial Aranzadi.

Cierco Seira, César (2021). «La vacunación con la COVID-19 y sus principales debates jurídicos». *Anuario de la Facultad de Derecho de la Universidad Autónoma de Madrid*, n.º extra 1, pp. 309-336. http://hdl.handle.net/10486/704184

Cobo del Rosal Pérez, Gabriela (2021). La novedad de una pandemia en el contexto de un mundo democrático: miradas multidisciplinares. En: Cobo del Rosal, Gabriela (Directora) y Navalpotro, Jesús María (Editor). Derechos fundamentales en estado de alarma: Una aproximación multidisciplinaria. Madrid: Universidad Rey Juan Carlos y Editorial Dykinson, S.L, pp. 13-35.

Comisión Interamericana de Derechos Humanos. (2020). *Derechos humanos de las personas con COVID-19*. https://www.oas.org/es/cidh/decisiones/pdf/Resolucion-4-20-es.pdf

Comité de Bioética de España (19.01.2016). *Cuestiones ético-legales del rechazo a las vacunas y propuestas para un debate necesario*. https://comitedebioetica.isciii.es/cuestiones-etico-legales-del-rechazo-a-las-vacunas-y-propuestas-para-un-debate-necesario-2/

Comité de Bioética de España (25.03.2020). *Informe del Comité de Bioética de España sobre los aspectos bioéticos de la priorización de recursos sanitarios en el contexto de la crisis del coronavirus*. https://www.bioeticaweb.com/informe-del-cbe-sobre-el-derecho-al-acompanamiento-y-asistencia-espiritual-pacientes-con-covid-19/.

Comité Italiano de Bioética (27.11.2020). *I Viaccini e COVID-19: Aspetti etici per la ricerca, il costo e la distribuzione*. https://bioetica.governo.it/en/opinions/opinions-responses/vaccines-and-covid-19-ethical-aspects-on-research-cost-and-distribution/

Costas Pérez, Elena y Tucat, Pablo (2021). «Nudge: diseño y evaluación». En: *GAPP: Gestión y Análisis de Políticas Públicas*, n.º 25. Marzo 2021, pp. 8-22.

Cotino Hueso, Lorenzo (2021). «Los toques de queda, confinamientos territoriales, prohibiciones de pequeñas reuniones y de actividades y horarios en la contención del COVID-19. Su polémica adopción bajo la legislación de salud o el estado de alarma y propuestas de futuro». *Revista Administración & Ciudadanía*, (EGAP) Santiago de Compostela: Vol. 16_núm. 1_enero-junio, pp. 171-194.

Cowie, Sam (2019). «Brazil´s Flat Earthers to Get Their Day in the Sun». *The Guardian*, 06.11.2019. https://www.theguardian.com/world/2019/nov/06/brazil-flat-earth-conference-terra-plana.

Coya, Hugo (09.05.2020). «Los culpables son los otros». Lima: *Diario El Comercio.*

Cuello Díaz, «Hugo (mayo 2021). Cómo cambiar comportamientos durante una pandemia: El uso de nudges para enfrentar la COVID-19». En: *GAPP*, 25. https://revistasonline.inap.es/index.php/GAPP/article/view/10873/11905#:~:text=Nudges%20basados%20en%20mostrar%20una,el%20efecto%20contrario%20al%20deseado.

Cuerda, Antonio (2021). *Cum Laude. Guía para realizar una tesis doctoral en derecho o un trabajo de fin de grado o máster en derecho (3.ª Edición).* Madrid: Tecnos.

De Barrón Arniches, Paloma (Directora) (2022). *La salud y los derechos de la persona*. Navarra: Editorial Aranzadi.

De Julios-Campuzano, Alfonso (2021). «Revisando paradigmas a propósito de la crisis del coronavirus». En: Sánchez Rubio, David y Sánchez Bravo, Álvaro (editores). *Temas de teoría y filosofía del derecho en contextos de pandemia*. Madrid, Editorial Dykinson S.L., pp. 123-145.

De la Rosa Rodríguez, Paola y Sandoval Navarro, Víctor (2016). «Los sesgos cognitivos y su influjo en la decisión judicial. Aportes de la Psicología Jurídica a los procesos penales de corte acusatorio». *Derecho Penal y Criminología*, 37, 102 (jun. 2016), 141–164. DOI: https://doi.org/10.18601/01210483.v37n102.08.

De Miguel Beriain, Iñigo. (2022b) «Posibles soluciones para convivir con el virus, respetando los derechos fundamentales». En Regueiro, M. (Ed). *Impacto de la crisis sanitaria del covid-19 en el ejercicio de los derechos fundamentales*. Madrid: Tirant lo Blanch, pp. 85-104.

De Miguel Beriain, Iñigo (2022). «Vaccination (II): Vaccination Policies». In: *The Ethical, Legal and Social Issues of Pandemics*. Springer, Cham. https://doi.org/10.1007/978-3-031-03818-1_4

De Miguel Beriain, Iñigo. (2021b). «We should not vaccinate the young to protect the old: a response to Giubilini, Savulescu, and Wilkinson». *Journal of law and the biosciences*, 8(1), lsab015. https://doi.org/10.1093/jlb/lsab015

De Miguel Beriain, Iñigo (11.01.2021). «Covid-19: la dificultad para el aislamiento es nuestro talón de Aquiles». En: *The Conversation*. https://theconversation.com/covid-19-la-dificultad-para-el-aislamiento-es-nuestro-talon-de-aquiles-152696

De Montalvo Jääskeläinen, Federico (2022). «La vacunación obligatoria en el contexto de la pandemia de la COVID-19: Análisis desde la teoría constitucional de la limitación de los derechos fundamentales». *UNED. Teoría y Realidad Constitucional*, núm. 49, 2022, ISSN 1139-5583, pp. 293-332.

De Montalvo Jääskeläinen, Federico y Bellver Capella, Vicente (2020). «Una crisis bioética dentro de la crisis sanitaria provocada por la Covid 19: Una reflexión sobre la priorización de pacientes en tiempos de pandemia». En: *Revista Derecho y Salud*. Volumen 30, pp. 58-73.

De Bartolomé Cenzano, José Carlos (2002). *El orden público como límite al ejercicio de los derechos y libertades*. Madrid: Centro de Estudios Políticos y Constitucionales.

Defensor del Pueblo. (2022). *Acciones ante la pandemia de covid-19*. Madrid.

Delgado-Sáez, Jésica (marzo-abril 2023). «Consentimiento informado y personas con discapacidad a propósito de la experiencia vivida a través de la vacunación». *Revista de Derecho Privado*. Madrid: Editorial Reus.

Diario El Peruano (14.01.2024). «OMS llama a no bajar la guardia ante el covid-19». Lima.

Díaz Albertini, Javier (29.04.2020). «La impunidad del rebaño. El uso de la ciencia durante la pandemia del covid-19». Lima: *Diario El Comercio*.

Domene Benito, Rocío. «¿La concepción bélica como arma linguística en una comunicación política eficaz durante la pandemia? Los casos de Ángela Merkel y Pablo Sánchez». En: Puebla Martínez, Belén y Vinader Segura, Raquel. *Ecosistema de una pandemia. COVID 19. La transformación mundial*. Dykinson, pp. 885-907.

Dos Santos Alves, Ederson. *Compliance y nudge en la administración pública. Herramientas innovadoras para la prevención de la corrupción y promoción de la integridad de los empleados públicos*. A Coruña: Editorial Colex.

Drago Alfaro, Mario & Rojas Klauer, Carlos (2012). «Redefiniendo el concepto de racionalidad a partir de la percepción del riesgo: derecho y economía conductual aplicada al terremoto de Pisco». *Advocatus*, (026), pp. 381-415. https://doi.org/10.26439/advocatus2012.n026.4139

Dreibelbis R, Kroeger A, Hossain K, Venkatesh M, Ram PK. (14.01.2016) «Behavior Change without Behavior Change Communication: Nudging Handwashing among Primary School Students in Bangladesh». *Int J Environ Res Public Health*;13(1):129. doi:10.3390/ijerph13010129. PMID: 26784210; PMCID: PMC4730520.

Dror, Itiel y Rosenthal Robert (2008). «Meta-analytically Quantifying the Reliability and Biasability of Forensic Experts». *Journal of Forenic Science*, 53, pp. 900-903. https://doi.org/10.1111/j.1556-4029.2008.00762.x

Dueñas Castrillo, Andrés; Cañueto, Daniel; Guerrero Vásquez, Pablo; y Moreno González, Gabriel (2021). *La Constitución en tiempos de pandemia*. Madrid: Ediciones Universidad de Valladolid y Dykinson S.L.

Durant, Thomas C. (2023). *Bulos, chorradas e ideas perniciosas*. Barcelona: Plataforma Editorial.

Eagleman, David (2017). *El cerebro. Nuestra historia*. Barcelona: Editorial Anagrama.

Egúsquiza Balmaseda, María Ángeles (2020). *Desafíos en materia de protección de datos ante el COVID-19: Big Data y decisiones automatizadas. En: Luquin Bergareche, Raquel. COVID-19: Conflictos jurídicos actuales y otros desafíos*. Madrid: Wolters Kluwer, 2020, pp. 101-112.

El Diario NY (25.03.2021). «Puedes obtener gratis palomitas de maíz, donas, boletos de cines, alcohol y hasta marihuana solo por recibir la vacuna de la COVID.19». *El Diario NY*. https://eldiariony.com/2021/03/25/puedes-obtener-gratis-palomitas-de-maiz-donas-boletos-de-cine-alcohol-y-hasta-marihuana-solo-por-recibir-la-vacuna-de-la-covid-19/

El Financiero. (16.04.2021). «China recurre a los huevos y descuentos en tiendas para que población se vacune contra COVID». https://www.elfinanciero.com.mx/mundo/2021/04/16/china-recurre-a-los-huevos-y-descuentos-en-tiendas-para-que-poblacion-se-vacune-contra-covid/

El Tiempo. Redacción internacional (20.03.2020). «Abuelos deberían sacrificarse por EE.UU.: vicegobernador de Texas». https://www.eltiempo.com/mundo/eeuu-y-canada/dan-patrick-dice-que-adultos-mayores-deberian-sacrificarse-por-estados-unidos-476492

El Universal. Redacción (17.02.2021). «En este país regalan pizza a cambio de ponerse vacuna contra covid 19». *El Universal*. https://www.eluniversal.com.mx/destinos/regalan-pizza-cambio-de-ponerse-vacuna-contra-covid-19

Etienne, Camille (2022). «Pandemic and Public Health in Latin America». En: Paglia, Vincenzo y Pegoraro, Renzo (editors). *Public Health in Global Perspective. XXVII General Assembly of Members 2021.* Rome: Pontifical Pontifical Academy for Life.

Fangacio, Juan Carlos (16.05.2020). *Entrevista a Javier Cercas*. Lima: Diario El Comercio.

Fariña, Francisca; Arce, Ramón; Novo, Mercedes (2022). «Heurístico de anclaje en decisiones judiciales». *Psicothema*, vol. 14, num. 1, Universidad de Oviedo, pp. 39-46. https://www.psicothema.com/pdf/684.pdf

Fernández de Casadevante Mayordomo, Pablo (2021). «Desafíos constitucionales ante el coronavirus». En: Cobo del Rosal, Gabriela (Directora) y Navalpotro, Jesús María (Editor). *Derechos fundamentales en estado de alarma: Una aproximación multidisciplinaria*. Madrid: Universidad Rey Juan Carlos y Editorial Dykinson, S.L, pp. 143-170.

Fernández Sessarego, Carlos (1990). *Nuevas tendencias en el derecho de las personas*. Lima: Universidad de Lima.

Fernández Silva, Ángel (2021). «La restricción de los derechos fundamentales durante la crisis sanitaria en España». En: Dueñas Castrillo, Andrés; Cañueto, Daniel; Guerrero Vásquez, Pablo; y Moreno González, Gabriel. *La Constitución en tiempos de pandemia*. Madrid: Ediciones Universidad de Valladolid y Dykinson S.L., pp. 119-134.

Ferrer, Jorge (2024). «Palabras inaugurales». En: Cárdenas Krenz, Ronald (Editor). *Bioética y derechos fundamentales*. Lima: Universidad de Lima, pp. 13-16.

Franco Zamora, Paul Enrique (2022). «Dilemas bioéticos presentes en el Derecho Constitucional». En: Castañeda, Juan (editor). *Justas Objeciones Modernas. Visiones jurídicas, filosóficas, penales e informáticas. Ponencias del IV Congreso Internacional en Filosofía del Derecho & Análisis Económico*. Lima: Palestra.

Fros Campelo, F. (2015). *El cerebro del consumo*. Buenos Aires: Ediciones B.

Fuertes Iglesias, Carlos (2021). «Análisis de la respuesta penal y administrativo-sancionadora ante la inobservancia de las restricciones impuestas por la autoridad gubernativa en virtud de los estados de alarma en el marco de la pandemia del covid-19 en España: propuesta de un desarrollo legislativo». En: Martín Ostos, José (Director) y Martín Ríos, Blanca (Coordinadora). *Derecho y pandemias*. Sevilla: Astigi Editorial, pp. 103-113.

Fukuyama, Francis (2022). «El liberalismo y sus desencantados. Cómo defender y salvaguardar nuestras democracias liberales». Bogotá: Editorial Planeta Colombiana.

Gándara, Alejandro (2020). *Dioses contra microbios. Los griegos y la Covid-19*. Barcelona: Editorial Planeta.

García Botta, Micaela y Serda Morquencho, Pamela Gracia (2023). *El efecto de los mensajes que apelan a las normas sociales sobre el cumplimiento con obligaciones tributarias. Trabajo de Suficiencia Profesional presentado para optar el Título Profesional de Licenciado en Economía*. Lima: Universidad del Pacífico.

Gates, Bill (2022). *Cómo evitar la próxima pandemia*. Barcelona, Penguin Random House Grupo Editorial.

Gaviria, Alejandro (09.05.2020). «Los dilemas éticos de la pandemia». *Diario El Tiempo*. Bogotá. https://www.eltiempo.com/lecturas-dominicales/rector-de-la-universidad-de-los-andes-alejandro-gaviria-reflexiona-sobre-la-pandemia-493500

Gelinas, Nicole (16.05.2021). «People need to trust vaccines — not be bribed to get them». En: New York Post.

Gigerenzer, G. (2018). *Decisiones instintivas. La inteligencia del inconsciente*. Barcelona: Ariel.

Giraldo Acosta, Manuela; Del Río López, Alicia; y García Cano, Beatriz (2021). «La pandemia COVID-19: Priorización sanitaria en España». *Bioderecho.es*, n.º 13, enero-junio, pp. 2-26. https://revistas.um.es/bioderecho/article/view/481321/314151

Girotto, Sabina (2022). «Vacunación: entre la autonomía y la solidaridad. El equilibrio de principios desde una perspectiva bioética global frente a la pandemia del COVID-19». En: *Revista Medicina y Ética*, edición julio-septiembre, Vol. 33, Núm. 3, pp. 837-859.

Gladwell, Malcolm (2017). *Blink. Inteligencia intuitiva. ¿Por qué sabemos la verdad en dos segundos?* México: Penguim Random House Grupo Editorial.

Gómez Sánchez, Yolanda (2022). «La incidencia de la COVID-19 en los derechos». En: Tezanos, José Féliz (ed.) *Cambios sociales en tiempos de pandemia*. Madrid: Centro de Investigaciones Sociológicas, pp. 599-628.

González, Horacio Ricardo (2007). *Estado de no derecho. Emergencia y derechos constitucionales*. Buenos Aires: Del Puerto.

Grande, Pablo (04.03.2021). Ingreso mínimo vital y chapapote tributario. En: Blog NMR, rednmr.wordpress.com. https://rednmr.wordpress.com/2021/03/04/ingreso-minimo-vital-y-chapapote-tributario/

Guemes, Cecilia (2017). «¿Nudge en América Latina? Incidir en el comportamiento individual, obtener resultados colectivos. Reforma y Democracia». *Revista del Centro Latinoamericano de Administración para el Desarrollo*, n.º 68, pp. 43-74. https://www.redalyc.org/journal/3575/357559198002/html/#:~:text=%C2%BFNudge%20en%20Am%C3%A9rica%20Latina%3F,comportamiento%20individual%2C%20obtener%20resultados%20colectivos&text=Este%20trabajo%20se%20ocupa%20de,objetivos%20por%20ellas%20mismas%20planteados.

Hammond, John S., Keeney, Ralph L. y Raiffa, Howard. (2002). «Las trampas ocultas en la adopción de decisiones». En Drucker, P.F. y otros. Harvard Business Review. *La toma de decisiones*. Barcelona: Deusto, pp. 159-187.

Han, Byung-Chul (2022). *La sociedad del cansancio*. 3.ª Edición, 3.ª Reimpresión. Barcelona: Herder.

Harari, Yuval Noah (2014). *De animales a cosas. Breve historia de la humanidad*. 2.ª edición. Barcelona: Penguin Random House Grupo Editorial, S.A.U.

Hasani Maturano, Amir Al (2021). «La concentración del poder de dirección del Ejecutivo en el período de pandemia». En: Dueñas Castrillo, Andrés; Cañueto, Daniel; Guerrero Vásquez, Pablo; y Moreno González, Gabriel. *La Constitución en tiempos de pandemia*. Madrid: Ediciones Universidad de Valladolid y Dykinson S.L., pp. 17-34.

Hausman, Daniel M. y Welch, Brynn. (2010). *Debate: To Nudge or Not to Nudge. The Journal of Political Philosophy*, 18(1), pp. 123-136. https://onlinelibrary.wiley.com/doi/abs/10.1111/j.1467-9760.2009.00351.x

Hlavka, J. *et al.* (16.05.2023). «The COVID-19 pandemic cost the U.S. economy $14 trillion, new research finds». *Fortune Well* https://fortune.com/well/2023/05/16/how-much-did-covid-19-pandemic-coronavirus-cost-economy-14-trillion/

Ibarra Rosales, Guadalupe (2021). «Los retos de la bioética y de la ética profesional ante el Covid 19». En: Puebla Martínez, Belén y Vinader Segura, Raquel. *Ecosistema de una pandemia. COVID 19. La transformación mundial*. Dykinson S.L, pp. 395-416.

Ilia, Salvador (2022). *El año de la pandemia. Del estado de alarma al inicio de la vacunación*. Barcelona: Ediciones Península.

Ingelsby, Tom (13.03.2023). *Prevenciones ante la próxima pandemia*. Diario El Comercio. Lima.

Innerarity, Daniel. (2022). *La sociedad del desconocimiento*. Barcelona: Galaxia Gutenberg.

Innerarity, Daniel (2021). *La democracia del conocimiento. Por una sociedad inteligente*. 7.ª Impresión. Barcelona: Paidós

Innenarity, Daniel (2020). *Pandemocracia. Una filosofía de la crisis del coronavirus (3.ª Edición)*. Barcelona, Galaxia Gutenberg.

Instituto de Bioética Eugenio María de Hostos (13.07.2021). *Consideraciones éticas sobre los incentivos de vacunación contra el Covid-19*. San Juan: Decanato de Asuntos Académicos de la Universidad de Puerto Rico, Recinto de Ciencias Médicas.

Jewett, Christina. (09.01.2024). *Few take Paxloid, even as Covid surgen in the U.S.* The New York Times International Edition.

Jiménez, Edilberto (2021). «Nuevo coronavirus y buen gobierno. Memorias de la pandemia de COVID-19 en Perú. Lima: Embajada de España en el Perú - Instituto de Estudios Peruanos. de juegos y nudging para el buen gobierno». En: Ponce Solé, Juli (Coordinador). *Acicates (nudges), buen gobierno y buena administración. Aportaciones de las ciencias conductuales, nudging y sector público y privado*. Madrid, Marcial Pons, Ediciones Jurídicas y Sociales, pp. 45-60.

Jorqui Azofra, María (2020). «Marco ético-jurídico referencial para la toma de decisiones clínicas ante la escasez de recursos en tiempos de pandemia». En: Luquin Bergareche, Raquel (Directora). Covid-19: *Conflictos jurídicos actuales y otros desafíos*. Madrid: Wolters Kluwer, pp. 197-216.

Jorqui Azofra, M. (2016), «¿Disentir bajo la objeción de conciencia sanitaria?». En: Arcos Vieira, María Luisa (Directora). *Autonomía del paciente e intereses de terceros: Límites*, Pamplona, Thomson Reuters Aranzadi, pp. 267-308.

Jorqui Azofra, María (2010). *Análisis genéticos en el ámbito asistencial: Reflexión ético-jurídica*. Granada: Editorial Comares.

Junquera de Estéfani, Rafael (2019). «Retos éticos de la investigación». En: *Revista Perspectiva Teológica*, Belo Horizonte, v. 51, n. 3, set-dic. pp. 503-517.

Junquera de Estéfani, Rafael (2018). «Ética privada, ética pública, ética civil». En: **Junquera de Estéfani**, Rafael (Coordinador). *Ética y Deontología Públicas*. 2.ª Edición. Madrid: Editorial Universitas S.A.

Junquera de Estéfani, Rafael y De la Torre Díaz (2013). *La reproducción médicamente asistida. Un estudio desde el derecho y la moral*. Madrid: Universidad Nacional de Educación a Distancia (e-book).

Junquera de Estéfani, Rafael (Director) (2008). *Bioética y Bioderecho. Reflexiones jurídicas ante los retos bioéticos*. Granada: Editorial Comares. Biblioteca de derecho y ciencias de la vida.

Junquera de Estéfani, Rafael (2004). «El derecho y la bioética». En: Aldaba: *Revista del Centro Asociado a la UNED de Melilla*, n.º 32, pp. 119-137

Kahneman, D. (2016). *Pensar rápido, pensar despacio*. México: Penguim Random House Grupo Editorial.

Kahneman, Daniel; Sibony, Olivier y Sunstein, Cass R. (2021). Noise. *A Flaw in Human Judgment*. New York: Little Brown Spark.

Kauffmann, Sylvie (04.02.21). «Europe's Vaccine Rollout Has Descended Into Chaos». *The New York Times*.

Korobkin, Russell B. y Ulen, Thomas S. (2000). «Law and Behavioral Science: Removing the Rationality Assumption from Law and Economics». *California Law Review*, 88 (4), pp. 1053-1144.

Kosciuczyk, Vera (2017). «El aporte de la Economía Conductual o Behavioural Economics a las políticas públicas: Una aproximación al caso del consumidor real». *Palermo Business Review* (7). https://www.palermo.edu/economicas/PDF_2012/PBR7/PBR_02VeraKosciuczyk.pdf

Jericó Ojer, Leticia (2020). «Responsabilidad penal en época de coronavirus: una reivindicación de las garantías penales ante el nuevo escenario de riesgo». En: Luquin Bergareche, Raquel (Directora). Covid-19: *Conflictos jurídicos actuales y otros desafíos*. Madrid: Wolters Kluwer, pp. 461-485.

Laborde, A. (05.05.2021). «Donuts, cerveza y marihuana gratis para incentivar la vacunación en Estados Unidos». *Diario El País*. https://elpais.com/sociedad/2021-05-05/donuts-cervezas-y-marihuana-gratis-para-incentivar-la-vacunacion-en-estados-unidos.html

Lai, S., Ruktanonchai, N.W., Zhou, L. *et al.* (2020). «Effect of non-pharmaceutical interventions to contain COVID-19 in China». *Nature 585*, pp. 410–413. https://doi.org/10.1038/s41586-020-2293-x,

Lamo de Espinosa, Emilio (2022). «Como un caracol dentro de su concha. Sociedad, familia y estado en tiempos de pandemia». En: Salidó, Olga y Massó, Matilde (eds). *Sociología en tiempos de pandemia. Impactos y desafíos sociales de la crisis del COVID-19*. Madrid: Federación Española de Sociología.

Larson Bosco, Guido (2021). «Crisis, incertidumbre y emocionalidad». En: Márquez, Boris y Lecaros, Juan Alberto (editores). *Pandemia: dimensiones de una crisis mundial*. Santiago de Chile: Trayecto Comunicaciones, pp. 19-63.

León Correa, Francisco (2024). «Bioética, investigación y vacunas». En: Cárdenas Krenz, Ronald (Editor). *Bioética y derechos fundamentales*. Lima: Universidad de Lima, pp. 75-84.

Lobel, Orly and Amir, On (13.01.2009). «Stumble, Predict, Nudge: How Behavioral Economics Informs. Law and Policy». *Columbia Law Review*, Vol. 108, San Diego Legal Studies Paper n.º 09-006. https://ssrn.com/abstract=1327077

Lobo, Ramón (02.04.2020). «El virus y el lenguaje militar». *Diario El País*. https://elpais.com/elpais/2020/04/02/opinion/1585822472_869082.html

Loftus, Elizabeth y Ketcham, Katherine. (2010). *Juicio a la memoria. Testigos presenciales y falsos culpables*. Barcelona: Alba Editorial.

López Garrido, Diego (29.08.2021). «El Tribunal Constitucional se olvidó del derecho a la vida». *Diario El País*. https://elpais.com/opinion/2021-08-30/el-tribunal-constitucional-se-olvido-del-derecho-a-la-vida.html

López Pulido, Joan-Pere (2023). *Perspectiva cognitiva y nudge público. Actuación conductual de los poderes públicos*. Madrid: Editorial Aranzadi y Universidad de Barcelona.

Lolas Stepke, Fernando (2022). *Reflexiones y viñetas. Escritos de circunstancia*. Buenos Aires: Hygea.

Lossio, Jorge y Cruz, Mariana (2022). *¿Qué hicimos mal? Sociedad y Estado frente al Covid 19*. Lima: Instituto de Estudios Peruanos – Pontificia Universidad Católica del Perú.

Luquin Bergareche, Raquel (2020). «Contratación tecnológica en la era del algoritmo: gestión de la COVID-19 y futuro Blockchain». En: COVID-19: *Conflictos jurídicos actuales y otros desafíos*. Madrid: Wolters Kluwer, pp. 177-196.

Magdaleno Alegría, Antonio (2016). «Algunas consideraciones constitucionales en torno a la autonomía del paciente. Sobre la necesidad de adaptar el ordenamiento jurídico español a las garantías de los derechos fundamentales». En: Arcos Vieira, María Luisa (Directora). *Autonomía del paciente e intereses de terceros: Límites*, Pamplona, Thomson Reuters Aranzadi, pp. 309-341.

Malek, Abdul & Hoque, Ashabul (2023). «Impact of vaccination on the entire population and dose-response relation of COVID-19». *Vacunas* (English Edition). Volume 24, Issue 4, October–December, pp. 278-290. https://www.sciencedirect.com/science/article/pii/S2445146023000584

Manes, Facundo y Niro, Mateo. (2019). *El cerebro del futuro. ¿Cambiará la vida moderna nuestra esencia?* Barcelona: Paidós.

Manes, Facundo y Niro, Mateo (2014). *Usar el cerebro. Conocer nuestra mente para vivir mejor*. Santiago de Chile: Editorial Planeta.

Mansilla, José (2020). *La pandemia de la desigualdad. Una antropología desde el confinamiento*, Barcelona: Ediciones Bellaterra.

Márquez, José Fernando y Calderón, Maximiliano R. (2020). *Derecho y emergencia sanitaria*. Córdoba: Advocatus.

Márquez, José Fernando (2020). «Responsabilidad civil por contagio, en el marco de la pandemia provocada por COVID-19». En: Márquez, José Fernando y Calderón, Maximiliano R. *Derecho y emergencia sanitaria. Córdoba: Advocatus*, pp. 149-187.

Martabit Tellechea, Pía (2021). «Una pandemia en post-verdad: Cuando la ciencia es cuestionada». En: Márquez, Boris y Lecaros, Juan Alberto (editores). *Pandemia: dimensiones de una crisis mundial*. Santiago de Chile: Trayecto Comunicaciones, pp. 145-192.

Martín Ríos, Blanca (2021). «Presentación». En: Martín Ostos, José (Director) y Martín Ríos, Blanca (Coordinadora). *Derecho y pandemias*. Sevilla: Astigi Editorial, pp. 7-10.

Mastroroberto, Luigi y Malandrino, Pasquale (2021). «Medici che non aderiscono alla campagna vaccinale: aspetti normativi, deontologici, disciplinaria e d.l. n. 44/2021». En: *Grandagolo. COVID-19 e responsabilitá del medico e della struttura sanitaria*. Milano, Giuffré, pp. 204-214.

Mc Evoy, Carmen (23.06.2020). «Humanización en tiempos de plaga». En: *Diario El Comercio*. Lima, p. 3.

McDermott, R. (2019). Psychological Underpinnings of Post-Truth in Political Beliefs. PS: Political Science & Politics, 52(2), pp. 218-222. DOI:10.1017/S104909651800207X

MacIntyre, Lee (2023). *Cómo hablarle a un negacionista de la ciencia*. Madrid: Ediciones Cátedra.

MacIntyre, Lee. (2018). *Post-truth*. Cambridge: MIT Press.

McDonagh, S. (28.07.2021). «El pase de vacunación se ha hecho obligatorio en estos 13 países, incluso para los turistas». *EuroNews* https://es.euronews.com/viajes/2021/07/28/el-pase-de-vacunacion-se-ha-hecho-obligatorio-en-estos-13-paises-incluso-para-los-turistas.

Milkman, Katherine; Beshears, John; Choi, James and Madrian, Brigitte (13.06.2011). «Using implementation intentions prompts to enhance influenza vaccination rates». *Proceedings of the National Academy of Sciences*, vol .108, num. 26, pp. 10415-10420. https://doi.org/10.1073/pnas.1103170108

Mill, John Stuart (1984). *Sobre la libertad*. Madrid: Sarpe.

Miró Quesada Cantuarias, Francisco (2003). *El hombre, el mundo, el destino*. Lima: Universidad de Lima.

Miró Quesada Cantuarias, Francisco (1992). *Hombre, sociedad y política*. Lima: Ariel, Comunicaciones para la Cultura.

Molina, Oswaldo (05.01.2019). «Cómo incentivar a los funcionarios públicos». En: *Diario El Comercio*. Lima, p. 25.

Montaner, Carlos Alberto (2007). *Las columnas de la libertad*. Buenos Aires: Edhasa.

Montolio Durán, Estrella; Polanco Martínez, Fernando y García Asensio, M.ª Angeles (2022). «Lingüística y ciencias del comportamiento». En: Ponce Solé, Juli (Coordinador). *Acicates (nudges), buen gobierno y buena administración. Aportaciones de las ciencias conductuales, nudging y sector público y privado*. Madrid, Marcial Pons, Ediciones Jurídicas y Sociales, pp. 133-151.

Moore, Andrew (19.05.2020). «How the Coronavirus Created a Toilet Paper Shortage». En: *College of Natural Resources News. NC State University* https://cnr.ncsu.edu/news/

Mora Moreno, María (18.05.2020). *El carácter voluntario de la vacunación. Análisis del marco jurídico y jurisprudencial de las vacunas*. Tesis. Barcelona: Universidad Autónoma de Barcelona.

Moraga-Llop, Fernando y Campins-Martí, Magda. Autumn (2023). «SARS-CoV-2 immunization: Who should be vaccinated and how?» *Vacunas* (English Edition). Volume 24, Issue 4, October-december, pp. 261-265. https://www.elsevier.es/en-revista-vacunas-english-edition--259-articulo-autumn-2023-sars-cov-2-immunization-who-S2445146023000547

Morales Sancho, Guillermo (2022). «Pasaporte COVID a examen. Nudging y Derechos Fundamentales». *UNED. Revista de Derecho Político*, n.º 115, septiembre-diciembre, pp. 171-204.

Moreso, J.J. (2022) «Filosofía del lenguaje para juristas». En: Lariguet, Guillermo y González Lagier, Daniel. Filosofía. *Una introducción para Juristas*. Madrid: Editorial Trotta, pp. 49-77.

Moreu Carbonell, Elisa (2022). «Nudges y derecho público. Oportunidad y regulación». En: Ponce Solé, Julio (Coordinador). *Acicates (nudges), buen gobierno y buena administración. Aportaciones de las ciencias conductuales, nudging y sector público y privado*. Madrid: Marcial Pons, Ediciones Jurídicas y Sociales, pp. 83-107.

Morgado, Ignacio (2023). *El cerebro y la mente humana. Cómo son y cómo funcionan*. Barcelona: Ariel.

Morin, Edgar (2020). *Cambiemos de vía. Lecciones de la pandemia*. Barcelona: Editorial Planeta.

Mosquera, Amalia (2022). *La poderosa libertad para los filósofos*. En: Libertad. Salamanca: Taugenit Editorial.

Murillo de la Cueva, Enrique Lucas (2023). *Aspectos constitucionales de la vacunación a la luz de la pandemia de COVID-19*. Madrid: Iustel.

Navas, María Elena (30.03.2020). «Coronavirus: Un enemigo increíblemente astuto: por qué el virus que causa el covid-19 se propaga con tanta eficacia entre los humanos». *BBC News*. https://www.bbc.com/mundo/noticias-52069525.

Negrotti, Enrico (12.01.24). «Covid, sette milioni di morti ufficiali Ma la nota dell'Oms resta un caso». *Avvenire*. https://www.avvenire.it/attualita/pagine/covid-sette-milioni-di-morti-ufficiali-ma-la-nota

Nieva Fenoll, Jordi (2023). «Perder el control: ¿Hacia una distopía judicial?». En: Guerra Moreno, Débora (Coordinadora). *Constitución y prototipos de inteligencia artificial en el proceso*. Bogotá: Grupo Editorial Ibañez: Universidad Libre, pp. 21-41.

Nordell, Jessica (2022). *El fin del sesgo*. Madrid, Ediciones Urano.

Ojuelos Gómez, Francisco José (2021). «La Sentencia del Tribunal Europeo de Derechos Humanos en el asunto Vavřička contra Chequia: el valor jurídico de las vacunas». *Revista Pediatría Atención Primaria*, vol. 23, n.º 90, abril-junio, Madrid. https://scielo.isciii.es/scielo.php?script=sci_arttext&pid=S1139-76322021000200019

Ordine, Nuccio (11.04.2020). Entrevista a Edgar Morin. En: *Diario El País*. Madrid. https://elpais.com/cultura/2020-04-11/edgar-morin-vivimos-en-un-mercado-planetario-que-no-ha-sabido-suscitar-fraternidad-entre-los-pueblos.html

Ordoñez, Ronald (13.12.2021). «Grupo antivacunas realizó protesta el fin de semana en Cajamarca». *Noticias SER.PE*. https://www.noticiasser.pe/grupo-antivacunas-realizo-protesta-el-fin-de-semana-en-cajamarca

Orenes Ruíz, Juan Carlos (2020). «Estado de alarma y control parlamentario: la experiencia del COIDV-19». En: Luquin Bergareche, Raquel (Directora). *Covid-19: Conflictos jurídicos actuales y otros desafíos*. Madrid: Wolters Kluwer, pp. 544-563.

Organización Panamericana de la Salud y Organización Mundial de la Salud (30.05.2022). «La COVID-19 y la vacunación obligatoria: consideraciones éticas». *Sinopsis de política*. https://iris.paho.org/handle/10665.2/57345

Orgaz Valle, Ángel (2021). «Desobediencia en tiempos de covid-19. Entre la infracción administrativa y el delito. Especial referencia al Decreto 463/2020 y a la prohibición de circulación de vías de uso público». En: Martín Ostos, José (Director) y Martín Ríos, Blanca (Coordinadora). *Derecho y pandemias*. Sevilla: Astigi Editorial, pp. 233-240.

Ortiz Millán, Gustavo (2021). «COVID-19 y bioética: los aspectos bioéticos más relevantes de una pandemia». En: Ortiz Millán, Gustavo y Medina Arellano, María de Jesús (Compiladores). *Covid-19 y Bioética*. México; Universidad Nacional Autónoma de México, pp. 3-42.

Padilla, Javier y Gullón, Pedro (2020), «Epidemiocracia». Madrid: Capitan Swing Libros.

Padilla Verde, Valeria (2023). «El derecho a la vida en tiempos del COVID-19». *Ius Et Praxis*, num. 56, pp. 133-151.

Paglia, Vincenzo (2021). «Discurso inaugural de la XXVII Asamblea General de Miembros de la Pontificia Academia para la Vida». En: https://www.academyforlife.va/content/pav/en/events/public-health-in-global-perspective.html

Paricio del Castillo, Rocío (2021). «Pandemia de covid-19 y sus consecuencias en la salud mental de la población». En: Cobo del Rosal, Gabriela (Directora) y Navalpotro, Jesús María (Editor). *Derechos fundamentales en estado de alarma: Una aproximación multidisciplinaria*. Madrid: Universidad Rey Juan Carlos y Editorial Dykinson, S.L., pp. 123-140.

Parra Gómez, David (2023). *La democracia española en cuarentena. Claves del deterioro de nuestro Estado democrático y de Derecho desde la irrupción del coronavirus*. Barcelona: Atelier.

Pemán Gavín, Juan María (2020). «El derecho a la protección de la salud entre aspiraciones y realidades. Marco conceptual y perspectiva internacional». En: Salamero Teixido (Coordinadora). *Retos del Derecho a la Salud y de la salud pública en el siglo XXI*. Pamplona, Thomson Reuters-Aranzadi, pp. 25-75.

Pérez Luño, Antonio (2021). «El derecho a una existencia digna en tiempos de pandemia». En: Sánchez Rubio, David y Sánchez Bravo, Álvaro (editores). *Temas de teoría y filosofía del derecho en contextos de pandemia*. Madrid, Editorial Dykinson S.L., pp. 17-27.

Pigliucci, Massimo (2023). *Cómo ser un estoico. Utilizar la filosofía antigua para vivir una vida moderna*. Barcelona: Planeta.

Pomareda Muñoz, Diego (2021). «Los deberes fundamentales frente a la nueva normalidad». En: Landa Arroyo, César (Coordinador). *Constitución y emergencia sanitaria*. Volumen I, Lima: Palestra editores, pp. 207-219.

Ponce Solé, Juli (2022). «Introducción: Ciencias del comportamiento y acicates. Logos, críticas y desarrollos futuros». En: Ponce Solé, Juli (Coordinador). *Acicates (nudges), buen gobierno y buena administración. Aportaciones de las ciencias conductuales, nudging y sector público y privado*. Madrid: Marcial Pons, Ediciones Jurídicas y Sociales, pp. 29-44.

Ponce Solé. J.; Montolio Durán, E. y Rozas Valdez, J. (marzo 2021) «Derecho conductual y nudges: implicaciones jurídicas y lingüísticas». *GAPP*, número 25, pp. 58-72. https://revistasonline.inap.es/index.php/GAPP/article/view/10869/11912

Pontifical Academy for Life (2022). *Pandemic and universal brotherhood. Notes on the Covid-19 emergency. Ciudad del Vaticano*: Librería Editrice Vaticana.

Potter, Van Rensselaer (1970). «Bioethics, the Science of Survival». En: *Perspectives in Biology and Medicine. John Hopkins University Press*. Vol. 14, Number 1, 1970, pp. 127-153.

Ramiro Avilés, Miguel Ángel & De Miguel Beriain, Íñigo. (14.11.2022) *COVID-19, the Immune System, and Organic Disability*. Asian Bioeth Rev. 14;15(3):1-23. DOI: 10.1007/s41649-022-00232-3.

Ramos Zaga, F. (2023). «El potencial del nudge como herramienta para la elaboración de políticas públicas». En: *Desde el Sur,* 15(2), pp. 1-23.

Ranchordas, Sofia (12.02.2019). «Nudging Citizens through Technology in Smart Cities. International Review of Law», *Computers & Technology*, Vol. 33, Forthcoming, University of Groningen Faculty of Law Legal Studies Research Paper Series, n.º 1/2019. SSRN: https://ssrn.com/abstract=3333111 or http://dx.doi.org/10.2139/ssrn.3333111

Rial, Antonio (2016). *Repensar el cerebro. Secretos de la Neurociencia*. Valencia: Universidad de Valencia.

Rivero Ortega, Ricardo (2022). «Preámbulo». En: Ponce Solé, Juli (Coordinador). *Acicates (nudges), buen gobierno y buena administración. Aportaciones de las ciencias conductuales, nudging y sector público y privado*. Madrid: Marcial Pons, Ediciones Jurídicas y Sociales, pp. 15-20.

Rockström, J., Norström, A.V., Matthews, N. *et al.* (11.05.2023). «Shaping a resilient future in response to COVID-19». *Nat Sustain*. https://doi.org/10.1038/s41893-023-01105-9.

Rodrigo Lara, Belén (2022). «La normativa española sobre COVID-19 y su impacto en la libertad religiosa». En: De Barrón Arniches, Paloma (Directora). *La salud y los derechos de la persona*. Navarra: Editorial Aranzadi.

Rodríguez Ayuso, Juan Francisco (2020). *Privacidad y coronavirus: Aspectos esenciales*. Madrid: Dykinson.

Rojas Klauer, Carlos (2012). «El alcance del deber de información en materia de protección al consumidor: un replanteamiento desde el derecho y economía conductual y el neuromarketing». Lima: *Themis*, n.º 62, pp. 65-79.

Rojas Klauer, Carlos y Palomino Cama, Giancarlo (2015). La cura es más sesgada que la enfermedad. Apuntes sobre el impacto regulatorio de la condonación desde la perspectiva de la Economía Conductual. Lima: *Advocatus*, n.º 31, pp. 169-180.

Roppo, Vincenzo (2015). «Derecho y Economía Conductual, regulación del mercado y el sistema de contratos». Lima: *Advocatus*, n.º 31, pp. 131-147.

Ross, Stephen A.; Westerfield, Randolph W & Jordan, Bradford D. (2014). *Fundamentos de Finanzas Corporativas* (10º. Edición). México: Mc Graw Hill.

RPP. Redacción (17.06.2020). «Lambayeque: con exorcismo, pastor evangélico promete "sacar el diablo causante de la covid 19"». Lima, *RPP.* https://rpp.pe/peru/lambayeque/coronavirus-en-peru-lambayeque-pastor-evangelico-practica-exorcismo-para-sacar-al-diablo-causante-de-la-covid-19-noticia-1273872

RPP. Redacción (10.08.2021). «Amazon sorteará dinero en efectivo y automóviles para los empleados que se vacunen». Lima, RPP. https://rpp.pe/tecnologia/mas-tecnologia/amazon-sorteara-dinero-en-efectivo-y-automoviles-para-los-empleados-que-se-vacunen-noticia-1351854

RTVE Noticias (03.05.2021). «Rusia: Regalos y dinero a cambio de vacunarse contra el covid 19 (video)». *Canal RTVE Noticias*. https://www.youtube.com/watch?v=ek1fRHz8rnI

Ruiz-Hornillos, Javier; Albert, Marta; Real de Asua, Diego; Herrera Abián, María; de Miguel Beriain, Íñigo y Guillén-Navarro, Encarna (2022). «Priorización de recursos sanitarios en contextos de escasez». *Informe SESPAS 2022. Gaceta Sanitaria*, vol. 36 n. 51, pp. S51-S55. DOI: 10.1016/j.gaceta.2022.04.003

Sánchez Álvarez, Nicolás; Quintana Orts, Cirenia; Mérida López, Sergio y Extremera Pacheco, Natalio (2021). «Salud mental en tiempos de covid-19: Profundizando en los efectos de la pandemia en España». En: Puebla-Martínez, Belén y Vinader-Segura, Raquel. *Ecosistema de una pandemia. COVID 19. La transformación mundial*. Dykinson S.L., pp. 266-288.

Sánchez Cotta, Agustín (2023). «Del populismo a la política. El discurso de extensión del confinamiento de Reino Unido». En: Bermúdez Vásquez, Manuel y Sánchez Cotta, Agustín. *Persuasión, populismo y pandemia. Los discursos políticos frente a la COVID-19.* Córdoba: Editorial Universidad de Córdoba.

Sánchez Morales, Ma. Rosario (2022). «¿Nuevas relaciones sociales en tiempos de pandemia?» En: Tezanos, José Féliz (ed.). *Cambios sociales en tiempos de pandemia*. Madrid: Centro de Investigaciones Sociológicas, pp. 233-274.

Sánchez Patrón, J. M. (2021). «La vacunación en la jurisprudencia europea». *Revista de Derecho Comunitario Europeo*, 69, pp. 511-553. DOI: https://doi.org/10.18042/cepc/rdce.69.02

Sánchez Trujillo, María Guadalupe (2022). *El derecho humano a la libertad. Sus manifestaciones y alcances*. México: Universidad Anáhuac – Tirant lo blanch.

Sánchez Sáez, Antonio José (coord.) (2022). «El fiasco de los pasaportes Covid en España: Casuismo autonómico intolerable y falta de idoneidad como medida de control de contagios». En: Sánchez Sáez, Antonio José (coord..). *Las restricciones de derechos y libertades con ocasión del Covid-19*. Granada: Editorial Comares, pp. 1-53.

Sandel, M. (2018). *Justicia. ¿Hacemos lo que debemos?,* 5a. Reimpresión ed. Barcelona: Penguim Random House Grupo Editorial.

Schulz, Bailey (15.05.2023). «Covid-19 still looms as big fear for some». En: USA Today.

Science Daily (11.01.24). «A universal coronavirus vaccine could save billions of dollars if ready before next pandemic, study suggests». https://www.sciencedaily.com/releases/2024/01/240111112246.htm#:~:text=In%20a%20scenario%20where%20a,over%20%242%20billion%20in %20societal

Sebastián, Miguel (2022). *El virus interminable*. Barcelona: Penguim Random House Grupo Editorial.

Selinger, Evan and White, Kyle. (2011). «Is there a right way to Nudge? The practice and ethics of choice architecture». *Sociology Compass*, 5/10, pp. 923-935. https://papers.ssrn.com/sol3/papers.cfm?abstract_id=1883243

Savater, Fernando (2012). *Ética de urgencia*. Bogotá: Editorial Ariel.

Siles, Abraham (2021). «El estado de emergencia y los derechos fundamentales en la era post COVID-19 en el Perú». En: Landa Arroyo, César (Coordinador). *Constitución y emergencia sanitaria*. Volumen II. Lima: Palestra editores, pp. 199-208.

Simonsohn, Uri (2007). «Clouds Make Nerds Look Good: Field Evidence of the Impact of Incidental Factors on Decision Making Incidental Factors on Decision Making». *Journal of Behavioral Decision Making*, 20 (2), pp. 143-152. http://dx.doi.org/10.1002/ bdm.545

Snead, Carter (2020). *What it means to be human: The case for the body in public bioethics*. Cambridge: Harvard University Press.

Sociedad Española de Medicina Intensiva, Crítica y Unidades Coronarias (2020). *Recomendaciones éticas para la toma de decisiones en la situación excepcional de crisis por pandemia Covid-19 en las unidades de cuidados intensivos*.

Stern (18.03.2020). «Klopapier, Wein, Marihuana: Was wird wo auf der Welt gehamstert?» https://www.stern.de/wirtschaft/coronavirus--klopapier--wein--marihuana---was-wird-wo-auf-der-welt-gehamstert--9187568.html

Suárez Hernández, Gladys (2023). *El derecho a la salud en el Sistema Interamericano de Derechos Humanos y su incidencia en el Perú durante la pandemia del COVID-19*. Tesis para optar el título de Abogada en la Facultad de Derecho de la Universidad de Lima. Lima.

Sunstein, Cass (2022). «Algunas ideas generales sobre las aportaciones conductuales y los nudges». En: Ponce Solé, Juli (Coordinador). *Acicates (nudges), buen gobierno y buena administración. Aportaciones de las ciencias conductuales, nudging y sector público y privado*. Madrid, Marcial Pons, Ediciones Jurídicas y Sociales, pp. 21-28.

Sunstein, Cass (2015). «The Ethics of Nudging». *Yale Journal on Regulation,* vol. 32, pp. 413-450.

Sunstein, Cass R. (2012). *Análisis conductual del Derecho*. Lima: Themis Nom 62, pp. 53-64.

Sunstein, Cass R. y Thaler, Richard H. (2018). *Un pequeño empujón. El impulso que necesitas para tomar mejores decisiones sobre salud, dinero y felicidad* (2a. reimpresión ed.). Madrid: Taurus.

Szlajen, Fishel (2020). «Bioética y pandemia: por qué el azar es un mecanismo inaceptable para la asignación de recursos vitales». En: *Infobae*. 22 .06.2020. En: https://www.infobae.com/opinion/2020/06/20/bioetica-y-pandemia-por-que-el-azar-es-un-mecanismo-inaceptable-para-la-asignacion-de-recursos-vitales/

Ten Have, Henk (2022a). «Perspectives of Conversion: Covid-19 and Global Bioethics». En: *Pontifical Academy for Life. Public health in global perspective*.

Ten Have, Henk (2022). «Bioética global y ecología integral de Potter». En: Carrasco y Valera (Editores). *50 años de Bioética. El futuro es hoy*. Valencia: Tirant humanidades, pp. 169-182

Terán, Juan Manuel (2012). *Filosofía del derecho*. México: Editorial Porrúa.

Teruel Lozano, G. M. (2022). «La legitimidad constitucional del marco jurídico para responder a la COVID-19 en cuestión: cronología comentada a la luz de la jurisprudencia constitucional». *Anuario Iberoamericano de Justicia Constitucional*, 26(2), 551-586. DOI: https://doi.org/10.18042/cepc/aijc.26.17

Tezanos, José Féliz (ed.) (2022). *Cambios sociales en tiempos de pandemia.* Madrid: Centro de Investigaciones Sociológicas.

Thaler, Richard y Sunstein, Cass (2021). *Nudge. The final edition*. New York: Penguin Books.

Thaler, Richard (2016). *Todo lo que he aprendido con la psicología económica. El encuentro entre la economía y la psicología económica. El encuentro entre la economía y la psicología y sus implicaciones para los individuos*. Barcelona: Deusto.

The Calcutta Telegraph (09.01.2024). «Use of anti-malarial Covid drug caused excess deaths among patients: Study». https://www.telegraphindia.com/india/use-of-anti-malarial-covid-drug-caused-excess-deaths-among-patients-study/cid/1992454

Torrelles Torrea, Esther (2022). «El derecho de las personas con discapacidad a tomar sus propias decisiones en el ámbito personal y sanitario. El nuevo marco normativo». En: De Barrón Arniches, Paloma (Directora). *La salud y los derechos de la persona*. Navarra: Editorial Aranzadi.

Troiano, G. and Nardi, A. (2021). «Vaccine hesitancy in the era of COVID-19». *Public Health* 194, mayo, pp. 245.251. https://doi.org/10.1016/j.puhe.2021.02.025

Torres Gutiérrez, Alejandro (2020). «Retos de la declaración del estado de alarma con motivo de la COVID-19 para el Estado de Derecho y el ejercicio de los derechos». En: Luquin Bergareche, Raquel (Directora). *Covid.19: Conflictos jurídicos actuales y otros desafíos*. Madrid: Wolters Kluwer, pp. 486-515.

Ulen, Thomas S. (2017), «La importancia del derecho conductual». *Revista de Teoría del Derecho de la Universidad de Palermo*, pp. 25-64. En: https://www.palermo.edu/derecho/pdf/teoriadelderecho/n3/TeoriaDerecho02.pdf

Utych, Stephen & Fowler, «Luke. Age-based messaging strategies for communication about COVID-19». *Journal of Behavioral Public Administration,* Vol 3(1), pp. 1-14. DOI: 10.30636/jbpa.31.151

Valdez Ugalde, Francisco (2023). *Ensayo para después del naufragio. Democracia, derechos y Estado en los tiempos de la ira*. México D.F.: Penguim Random House Grupo Editorial.

Valdivia Aguilar, Trilce (2021). «Principio de no discriminación y acceso a la atención médica en unidades de cuidados intensivos durante la pandemia». En: Landa Arroyo, César (Coordinador). *Constitución y emergencia sanitaria*. Volumen II. Lima: Palestra editores, pp. 239-256.

Valero Quispe, Christian Dennis (2021). «Vacuna contra el COVID-19: ¿el ordenamiento jurídico peruano permite su aplicación obligatoria?». *THEMIS Revista De Derecho*, (80), pp. 295-310. https://doi.org/10.18800/themis.202102.014

Van Dessel, P., Boddez, Y. & Hughes, S. (2022) «Nudging societally relevant behavior by promoting cognitive inferences». *Sci Rep* 12, 9201 https://doi.org/10.1038/s41598-022-12964-1

Vanda Canton (2021). «Nuestra responsabilidad en el surgimiento de las pandemias». En: Ortiz Millán, Gustavo y Medina Arellano, María de Jesús (Compiladores). *Covid-19 y Bioética.* México: Universidad Nacional Autónoma de México.

Velásquez, Tesania (editora) (2022). *Salud mental y COVID-19*. Lima: Pontificia Universidad Católica del Perú.

Velázquez, Lourdes (2024). «Humanismo y pandemia». En: Cárdenas Krenz, Ronald (Editor). *Bioética, vulnerabilidad y derechos fundamentales*. Lima: Universidad de Lima, pp. 95-104.

Venchiarutti, Angelo (2020). «COVID-19: Entre el derecho a la salud y la protección de la privacidad». *Ius et Praxis,* n.° 50-51. Lima: Universidad de Lima.

Wasserman, Moisés (19.04.21) «¿Confiar en la ciencia?». En: *Diario El Tiempo*. Bogotá. https://www.eltiempo.com/opinion/columnistas/moises-wasserman/columna-de-moises-wasserman-sobre-la-confianza-en-la-ciencia-584864

Wenzel, Michael (2004). «An analysis of norm processes in tax compliance». *Journal of Economic Psychology*. Volume 25, Issue 2, April 2004, pp. 213-228.: https://www.sciencedirect.com/science/article/abs/pii/S016748700200168X

Woolcott-Oyague, Olenka (2021). «El consentimiento informado: Síntesis de una ponderación entre la libertad de decisión del paciente y la tutela de la salud». En: Woolcott-Oyague *et al. La colisión de los derechos individuales en tiempos contemporáneos. Estudios sobre la privacidad, la salud, la propiedad, la justifica y la capacidad*. Bogotá: Universidad Católica de Colombia, pp. 71-99.

Zonenszain Laiter, Yael (2021). «Las vacunas contra el Covid-19: dos dilemas éticos a considerar». *Medicina y Ética*, vol. 32, núm. 1, enero-marzo, pp. 215-231. https://revistas.anahuac.mx/bioetica/article/view/474

SENTENCIAS

Tribunal Constitucional de España

- Sentencia n.º 11/1981 (8 de abril). Tribunal Constitucional de España. https://hj.tribunalconstitucional.es/es-ES/Resolucion/Show/11
- Sentencia n.º 120/1990 (27 de junio). Tribunal Constitucional de España. https://www.boe.es/diario_boe/txt.php?id=BOE-T-2007-14788
- Sentencia n.º 66/1991 (22 de marzo). Tribunal Constitucional de España. https://hj.tribunalconstitucional.es/es-ES/Resolucion/Show/1705
- Sentencia n.º 48/1996 (25 de marzo). Tribunal Constitucional de España. https://hj.tribunalconstitucional.es/es-ES/Resolucion/Show/3100
- Sentencia n.º 119/2001 (24 de mayo). Tribunal Constitucional de España. https://www.boe.es/diario_boe/txt.php?id=BOE-T-2007-14788
- Sentencia n.º 220/2005 (12 de septiembre). Tribunal Constitucional de España. https://hj.tribunalconstitucional.es/es-ES/Resolucion/Show/5480
- Sentencia n.º 163/2006 (22 de mayo). Tribunal Constitucional de España. https://www.boe.es/diario_boe/txt.php?id=BOE-T-2006-11126
- Sentencia n.º 160/2007 (2 de julio). Tribunal Constitucional de España. https://www.boe.es/diario_boe/txt.php?id=BOE-T-2007-14788
- Sentencia n.º 83/2016 (28 de abril). Tribunal Constitucional de España. https://hj.tribunalconstitucional.es/HJ/es/Resolucion/Show/24935
- Sentencia n.º 139/2016 (21 de julio). Tribunal Constitucional de España. https://www.boe.es/buscar/doc.php?id=BOE-A-2016-7904
- Sentencia n.º 148/2021 (14 de julio). Tribunal Constitucional de España. https://hj.tribunalconstitucional.es/HJ/es/Resolucion/Show/26778
- Sentencia n.º 1112/2021 (14 de setiembre). Tribunal Constitucional de Espana. https://vlex.es/vid/876010841
- Sentencia n.º 183/2021 (27 de octubre). Tribunal Constitucional de España. https://hj.tribunalconstitucional.es/es/Resolucion/Show/26843

- Sentencia n.° 66/2022 (2 de junio). Tribunal Constitucional de España. https://www.boe.es/diario_boe/txt.php?id=BOE-A-2022-11082
- Sentencia n.° 70/2022 (2 de junio). Tribunal Constitucional de España. https://www.boe.es/buscar/doc.php?id=BOE-A-2022-11086

Tribunal Superior de Cataluña

- Sentencia n.° 291/2000 (28 de marzo) de la Sala de lo Contencioso Administrativo del Tribunal Superior de Justicia de Cataluña. https://www.poderjudicial.es/search/indexAN.jsp?org=ap-tsj&comunidad=09#

Tribunal Supremo

- Sentencia del Tribunal Supremo n.° 719/2021 (24 de mayo). https://vlex.es/vid/868869142

Tribunal Constitucional del Perú

- Sentencia recaída en el exp. n.° 1429-2002-HC/TC (19 de noviembre del 2002). Tribunal Constitucional del Perú. https://www.tc.gob.pe/jurisprudencia/2003/01429-2002-HC.html
- Sentencia recaída en el exp. n.° 2016-2004-AA/TC (5 de octubre del 2004). Tribunal Constitucional del Perú. https://international.vlex.com/vid/peru-tribunal-constitucional-sentencia-874484282
- Sentencia recaída en el exp. n.° 5176-2005-PHC/TC (17 de agosto de 2005). Tribunal Constitucional del Perú. https://www.tc.gob.pe/jurisprudencia/2006/05176-2005-HC.html
- Sentencia n.° 00032-2010-PI/TC (19 de julio de 2011). Tribunal Constitucional del Perú. https://www.tc.gob.pe/jurisprudencia/2006/05176-2005-HC.html

Otros tribunales

- Justia U.S. Supreme Court. Jacobson v. Massachusetts, 197 U.S. 11 (February 20, 1905). https://supreme.justia.com/cases/federal/us/197/11/
- Supreme Court, Appellate Division, Second Department, New York. Unidos. C.F., etc., *et al.*, appellants, v. New York City Department of Healt and mental hygiene, *et al.*, respondents. 2019–04455 (December 23, 2020). https://caselaw.findlaw.com/court/ny-supreme-court/2103172.html
- Sentencia del Tribunal Europeo de Derechos Humanos, asunto Vavřička y otros contra la República Checa (8 de abril del 2021). https://www.iustel.com/v2/revistas/detalle_revista.asp?id_noticia=423689

Made in United States
Orlando, FL
04 November 2026

90200719R00111